HISTOIRE

DE

L'ALGÉRIE

1830-1878

PAR

V.-A. DIEUZAIDE

TOME Ier

ORAN
IMPRIMERIE DE L'ASSOCIATION OUVRIÈRE
HEINTZ, CHAZEAU ET Cie
16, boulevard Malakoff, 16

1880

HISTOIRE

DE

L'ALGÉRIE

HISTOIRE

DE

L'ALGÉRIE

DE

1830-1878

PAR

V.-A. DIEUZAIDE

TOME Ier

ORAN
IMPRIMERIE DE L'ASSOCIATION OUVRIÈRE
HEINTZ, CHAZEAU ET Cie
16, boulevard Malakoff, 16

1880

PRÉFACE

J'entreprends d'écrire, à grands traits, l'histoire de l'administration française de l'Algérie. Avant de commencer, je dois faire un aveu au public. Depuis la Révolution de février 1848, j'ai toujours été et je suis encore l'adversaire résolu du gouvernement militaire. Il me paraissait que ce gouvernement devait finir avec les longues luttes de la conquête. Je fus déçu dans mon attente. Malgré la différence des temps et les révolutions successives, il devait demeurer pendant trente ans encore l'arbitre de nos destinées et sacrifier, par esprit de corps, la colonisation européenne aux vues étroites et personnelles d'une puissante oligarchie, composée d'une centaine d'officiers français et de quelques grands chefs indigènes. Les faits qui l'attestent se sont passés sous mes yeux. Je les raconterai sans haine et sans crainte, avec la conscience de faire le bien, en signalant aux nouveaux venus les fatales conséquences du système de compression pratiquée depuis la conquête.

Les changements survenus dans les premiers mois de l'année 1879 m'ont donné la conviction que les circonstances étaient opportunes pour la réalisation de mon œuvre. L'avènement des institutions civiles, la succession des gouverneurs militaires échue à un gouverneur civil, triste succession, qui ne doit être acceptée que sous bénéfice d'inventaire, permettent enfin d'espérer que nous en avons fini avec cette politique anti-colonisatrice, qu'elle appartient désormais au domaine de l'histoire ; qu'on peut dès lors l'apprécier, sans user des ménagements toujours dus à une administration existante. Néanmoins, je n'ai pas la prétention d'être impartial : autant vaudrait dire que j'ai été indifférent pour les bonnes comme pour les mauvaises mesures ; que je n'ai ni aversion, ni préférence. J'ai certainement pu me méprendre sur le mobile attribué à certains agents, dont j'ai vivement critiqué les actes. Mais j'affirme que j'ai exposé ces actes en toute sincérité, sans acception de personnes et dans l'unique dessein de faire ressortir la vérité dans tout son éclat.

J'ai cru devoir faire précéder mes Récits algériens par l'exposé sommaire des motifs qui déterminèrent la Restauration à déclarer la guerre au Dey, et à faire partir une expédition pour Alger. Si j'ai surtout insisté sur l'attitude hostile de l'Angleterre, et sur son opposition à tout accroissement éventuel du territoire de la France, c'est qu'il est impossible d'expliquer la politique étrange de Louis-Philippe envers l'Algérie, pendant les premières années de son règne, si l'on n'admet la pression du gouvernement britannique et des engagements personnels de la part du roi pour prix de l'alliance qu'il croyait nécessaire, afin de résister, en cas de besoin, aux puissances du Nord qui avaient vu d'un mauvais œil son élévation au trône.

Il était malheureusement dans les destinées de l'Algérie d'être constamment sacrifiée à la politique personnelle des monarques. Louis-Napoléon, à son tour, devait la jeter en pâture à l'oligarchie des bureaux arabes, dans le but certain de créer des partisans à sa dynastie. Le gouvernement républicain est le seul qui ait voulu, sans arrière-pensée, le développement de l'Algérie et les progrès de la colonisation. Les documents officiels le démontrent jusqu'à l'évidence: grâces lui en soient rendues. Mais il est nécessaire de rappeler les fautes commises dans le passé, afin que l'administration civile marche sans hésiter dans une voie nouvelle, et surtout pour venger les colons de la première heure des attaques injustes et passionnées dont ils furent l'objet, et établir enfin qu'une politique intelligente et nationale aurait secondé leurs patriotiques efforts dans l'intérêt de la prospérité et de la grandeur de la France.

V.-A. DIEUZAIDE.

HISTOIRE DE L'ALGÉRIE

PRÉLIMINAIRES

Rupture diplomatique de la France avec la régence d'Alger

I

GRIEFS DE LA FRANCE CONTRE LE DEY. — CAUSES DE L'EXPÉDITION D'ALGER

Les graves évènements destinés à changer la face des empires ont quelquefois pour principe des faits qui, au premier abord, paraissent n'avoir qu'une importance secondaire. Qui donc eût pensé, en 1827, qu'un léger coup d'éventail donné au consul de France par le Dey d'Alger, dans un élan de mauvaise humeur irréfléchie, pouvait entraîner une rupture diplomatique, non suivie d'accommodement, et aurait peut-être pour conséquence suprême une double révolution.

Les hommes politiques de l'époque étaient convaincus que le gouvernement de Charles X, en raison des embarras intérieurs suscités par ses tendances réactionnaires, se bornerait à dépêcher sur la côte d'Afrique quelques navires de haut bord qui, à l'aide de la menace d'un bombardement effectif, obtiendraient la satisfaction qui nous était due. Ces idées ne prévalurent point dans les conseils du monarque. Malgré les difficultés d'un débarquement sur le littoral de l'Algérie, que la plupart des amiraux avaient déclaré impossible, et les difficultés non moins grandes de faire vivre et de diriger un corps de troupes nombreuses dans des régions inconnues, le vieux roi fut inflexible. Une expédition fut résolue, et le ministre de la guerre, M. de Bourmont, vint en prendre le commandement en personne. Notre armée, contrairement à toutes les prévisions, débarquait presque sans obstacles à *Torre-Chica*, et, après deux victoires éclatantes, entrait triomphalement à Alger, précipitait le Dey du haut de son trône, et donnait à la France un monde nouveau à conquérir et à civiliser.

De son côté, Charles X, poussé, par les rancunes d'une aristocratie téméraire, à entreprendre une lutte impie contre l'opinion publique, fut vaincu et alla expier en exil la faute de n'avoir pas tenu compte des principes de 89. Mais que serait-il advenu si l'armée expéditionnaire n'eût point quitté le sol de la patrie et que M. de Bourmont, resté à son poste, comprenant la portée du défi jeté au parti libéral par les ordonnances, eût doublé, triplé même la garnison de Paris, qui n'était que de treize mille hommes, et organisé la répression à outrance. Il est probable que, la révolution vaincue, Charles X eût conservé le trône de ses pères, et que la marche progressive de la France eût été arrêtée pendant plus de vingt ans.

Toutefois, il m'en coûte peu de reconnaître que dans le conflit franco-algérien, le vieux roi et ses ministres ont tenu haut et ferme le drapeau national, que leur attitude fut noble et digne. Si j'ajoute que, malgré mes préventions bien naturelles contre le système suranné qu'ils essayèrent de faire prévaloir, je suis heureux et fier des évènements qui ont contribué à la grandeur de mon pays; on ne sera pas étonné si je raconte avec quelques détails les circonstances principales d'une action dont le dénouement était si imprévu.

Les relations du gouvernement français et de la Régence remontaient à une époque assez éloignée. Sous l'administration si féconde du cardinal de Richelieu, le 19 septembre 1628, un traité fut conclu entre la France et le Dey d'Alger. Des avantages considérables étaient concédés à notre commerce. Ces avantages étaient les suivants : La sécurité du parcours des navires français dans les eaux du littoral africain garantie; l'installation d'un consul à Alger, le droit de rétablir le comptoir de la Calle et les échelles de Bône ; le droit d'ajouter à la pêche du corail le commerce des cuirs, de la cire, de la laine et des chevaux, moyennant une rente annuelle de seize mille livres.

Il était nécessaire de faire connaître ce traité, parce

qu'un des griefs principaux de la Restauration contre le Dey, en 1830, était la violation illégale de quelques-unes des stipulations précitées. On lui reprochait notamment d'avoir, sous de vains prétextes, détruit notre bel établissement de la Calle, et d'avoir arbitrairement fait payer à nos navires coralliers une redevance supérieure au chiffre fixé dans un autre traité dont nous parlerons bientôt.

Certes, le Dey avait le droit incontestable de dénoncer ces traités, de ne plus permettre à l'avenir la pêche du corail le long du rivage de ses États, et de nous interdire le commerce à la Calle et ailleurs ; mais il tombe sous les sens que ce changement subit, sans donner aux intéressés un délai moral pour retirer les capitaux engagés dans des opérations courantes, constituait une violation flagrante des traités, et qu'à cet égard les imputations du gouvernement français étaient justes. Mais le Dey, à l'exemple de ses prédécesseurs, devait aller plus avant dans cette voie et attirer sur sa tête de terribles représailles.

De 1793 à 1798, la République avait acheté à deux Israélites algériens, Backri et Busnach, des quantités de grains considérables afin d'approvisionner nos départements du Midi, et pour les expéditions d'Italie et d'Egypte. Ces grains appartenaient en partie au Dey et aux corporations religieuses qui, n'ayant point figuré dans les ventes, n'avaient aucune réclamation à nous adresser. Pour faire saisir combien les prétentions du gouvernement de la Régence à cet égard ont toujours été peu fondées, je dois indiquer la nature des relations du gouvernement avec nos vendeurs Backri et Busnach, ainsi que la provenance des blés vendus.

Les revenus des biens du Beylick, cultivés sans frais par des espèces de serfs appelés *khammès*, moyennant le cinquième des produits, étaient une des grandes ressources du Dey régnant. Mais on ne pouvait songer à les écouler chez les Arabes, où on n'aurait pas trouvé d'acheteurs, ou bien on les eût vendus à vil prix. Afin d'en tirer un meilleur parti, le Dey les faisait vendre sur les marchés européens par des intermédiaires qui ne lui en remettaient le prix qu'après en avoir opéré le recouvrement. Il paraît que Backri et Busnach avaient pris, dans ces conditions, une quantité assez considérable de blés dans les silos du Beylick, pour compléter les livraisons faites à la France. Ils étaient donc, à ce titre, débiteurs du Dey Mustapha d'assez fortes sommes. — Mais les deux Israélites, ayant traité en leur nom personnel avec le gouvernement français, le Dey n'avait aucune revendication directe à lui adresser, et, à défaut d'une cession totale ou partielle de la créance, il ne pouvait agir, comme les autres créanciers, que par voie d'opposition.

Nous n'avions donc à faire qu'à Backri et Busnach qui, tout en restant titulaires du marché, furent peut-être les premiers à solliciter l'intervention du Dey. En voici la cause : ils avaient livré plusieurs chargements de blés avariés. Les avaries et des fraudes nombreuses sur la qualité et le poids ayant été régulièrement constatées, ainsi que le prouvent des documents incontestables, le Directoire refusa de payer les dernières fournitures.

Ce refus de paiement était assurément fort légitime. Néanmoins, il fut l'objet de vives réclamations de la part du Dey Mustapha. On pouvait certes lui répondre, et il est probable que, dans d'autres circonstances, le Consulat, qui avait succédé au Directoire, lui aurait répondu que cela ne le regardait point; que, s'il avait des droits à faire valoir contre Backri et Busnach, il devait s'adresser à ses débiteurs et non à la France qui n'avait point traité avec lui. Mais le premier Consul, préoccupé avec raison des affaires du continent, ayant voulu à tout prix éviter un conflit, un traité fut conclu avec Mustapha, le 17 décembre 1801.

Aux termes de ce nouveau traité, les privilèges commerciaux concédés par la convention de 1628 furent confirmés, en échange de l'obligation prise par la France de liquider la créance Backri et Busnach et moyennant une rente annuelle de soixante mille francs. Ce qui doit surtout fixer notre attention, c'est l'engagement pris par le Dey de faire rembourser toutes les sommes qui pourraient être dues à des Français par ses sujets.

Ce traité avait un inconvénient grave de confondre des faits de nature différente : l'intérêt public et l'intérêt privé, et de les comprendre dans une convention unique. Ainsi, que peut-il y avoir de commun entre une convention faite entre deux puissances pour régler les rapports commerciaux de deux pays et le paiement d'un reliquat de compte réclamé au nom de simples particuliers. Il était à craindre que dans le cas où les paiements partiels ne seraient point effectués, suivant ses désirs, le Dey n'y puisât le prétexte de retirer de son chef les privilèges concédés à notre commerce. C'est ce qui arriva en effet.

Par le traité, le gouvernement français prenait l'obligation de liquider sa dette, mais le chiffre n'en était pas fixé, pas plus que les époques des paiements. Plusieurs acomptes furent néanmoins payés à d'assez longs intervalles; mais Mustapha, mécontent de ces retards, renouvela ses instances, et n'ayant pas obtenu satisfactions annula le traité de sa propre autorité, et concéda en 1807, aux Anglais, les avantages commerciaux stipulés en notre faveur, moyennant une redevance annuelle de deux cent mille francs, et expulsa bientôt le consul de France.

L'empereur ne pouvant réprimer ces actes si contraires au droit des gens, dut se résoudre à négocier et fit verser de nouveaux acomptes en 1809; il est même probable que cette affaire eût été terminée promptement sans la fatale expédition de Russie et l'immense désastre qui en fut la suite.

La négociation ayant été reprise par la Restauration, une convention préliminaire fut signée au mois de mars 1817, et enfin, le 26 octobre suivant, le Dey Ali, successeur de Mustapha, consentit à rétablir dans son intégralité le traité de 1801. A la suite de cette nouvelle convention, le gouvernement fit étudier l'affaire des grains par des commissaires nommés à cet effet. Le 28 octobre 1819, il intervint une transaction entre Backri et Busnach, représentés par Nicolas Pleville, leur mandataire, et le gouvernement français, représenté par M. Mounier et Hely d'Oissel, conseillers d'État. La somme restant à payer fut fixée à sept millions, et il fut stipulé, dans l'intérêt des sujets français, que le montant des réclamations faites contre les débiteurs algériens, au moyen d'oppositions légales, serait retenu par le trésor, et les contestations portées devant les tribunaux français. Hussein-Pacha, qui avait succédé au Dey Ali, en 1818, adhéra à cette transaction dans les premiers jours d'avril 1820. Elle fut insérée au *Bulletin des Lois*, le 24 juillet de la même année.

Le gouvernement français, voulant remplir ses obligations jusqu'au bout, s'empressa de demander aux Chambres les crédits nécessaires, et la somme de sept millions fut versée à la caisse des consignations pour être partagée entre les ayants-droit.

A partir de ce moment, Hussein aurait dû comprendre qu'il n'avait plus rien à réclamer de ce chef à Charles X et à ses ministres, qui n'étaient pas juges du mérite des oppositions; que pour être payé du montant de sa créance il devait porter l'affaire devant les tribunaux français, suivant les termes précis de la transaction du mois d'avril 1820. Je ne sais si Backri et Busnach colludèrent avec leurs créanciers pour faire perdre au Dey une partie des sommes qui lui étaient dues. Cependant je suis assez tenté de le croire, car Backri avait eu le soin de se faire naturaliser français et Busnach s'était prudemment retiré à Livourne. Mais il est certain que le Dey se crut lésé dans ses intérêts, qu'il en conserva un vif ressentiment contre le gouvernement français qui n'en pouvait mais, et qu'il provoqua plus tard, par ses récriminations injustes, la scène de violence que je vais décrire.

Le 30 avril 1827, le consul de France, M. Deval, fut reçu par le Dey en présence de ses principaux dignitaires. A un moment donné, M. Deval déclarant qu'il prenait sous sa protection un navire romain nouvellement arrivé dans le port : « Comment, s'écria Hussein avec impatience, viens-tu me fatiguer pour des choses qui ne regardent pas la France, lorsque ton gouvernement ne daigne pas répondre aux lettres que je lui adresse pour ce qui me regarde ! » M. Deval osa répondre au souverain en plein divan : *Mon maître ne descend pas jusqu'à répondre à un homme tel que toi.* Le Dey, irrité par cette injure regrettable, frappa alors le consul avec un éventail en plumes de paon, qu'il tenait à la main, et lui défendit expressément de jamais reparaître devant lui. Force fut donc au consul d'amener son pavillon et de partir pour France avec tout son personnel.

Ce coup d'éventail fut sans nul doute le principe d'un dissentiment grave. Mais il ne faut pas croire qu'il soit la cause unique de l'expédition d'Alger. Cette expédition n'eut lieu que trois ans après. En attendant, le gouvernement français se borna à déclarer le port et la ville d'Alger en état de blocus, dans la pensée qu'un accommodement pourrait intervenir. Ce blocus, sans résultat appréciable, coûtait plus de deux millions de francs. Il fallait en finir. Mais il y avait à craindre que des mesures coërcitives d'un autre genre résolues, lorsque, par suite du temps, le souvenir de l'injure faite au consul était singulièrement effacée, eussent constitué une répression tardive, que l'Europe aurait considérée comme souverainement injuste, et peut-être vue de mauvais œil.

Certes, la conduite du Dey n'était pas exempte de reproches: il avait évidemment dépassé la limite de son droit. Mais il faut convenir aussi que l'outrage qu'il avait reçu du consul atténuait singulièrement la faute dont, à la rigueur, trois années de blocus de sa capitale pouvaient paraître une punition suffisante.

Mais, dans l'intervalle, le Dey avait comblé la mesure : Il avait, à l'instar de ses prédécesseurs, annulé de son chef le traité de 1801. Il avait, en outre, commis un acte indigne que le gouvernement ne pouvait laisser impuni. M. de la Bretonnière, commandant le vaisseau *la Provence*, était venu à Alger en qualité de parlementaire ; c'était un officier brave et intelligent. Sa mission accomplie, Hussein lui déclara que, pour s'indemniser des pertes qu'il imputait à tort au gouvernement, il entendait garder le vaisseau *la Provence ;* qu'il devait se disposer à lui en faire promptement la remise. M. de la Bretonnière était dans l'antre du lion: il dissimula prudemment son dessein ; il répondit au Dey qu'il était prêt à obéir à ses ordres, mais qu'il lui demandait comme une grâce personnelle, afin de mettre à couvert sa responsabilité, de faire rédiger un écrit constatant qu'il avait été contraint de céder à la force. En attendant, il allait se rendre à bord et tout préparer pour cette remise.

Le Dey, trompé par cette réponse humble et respectueuse, laissa partir le commandant sans défiance. A peine monté sur le tillac, M. de la Bretonnière fit immédiatement lever l'ancre et donna les ordres nécessaires pour un prompt départ de la rade d'Alger. Il manœuvra de manière à raser en quelque sorte les murs du fort de sortie, soit pour dissimuler encore ses intentions, soit plutôt pour éviter le feu des batteries. Il était déjà à une certaine distance, lorsque quelques coups de canon, qui heureusement ne l'atteignirent point, furent tirés contre le navire. Ces faits, consignés dans un rapport de M. de la Bretonnière et soumis au conseil des ministres, furent la cause déterminante de l'expédition.

Certes, le gouvernement français avait des motifs puissants pour déclarer la guerre au Dey et réprimer l'insolence de ses derniers actes; néanmoins, sa conduite fut vivement attaquée à la tribune et dans la presse, et il se produisit de l'extérieur, jusqu'au moment du départ de l'escadre de Toulon, des tentatives diverses pour le faire renoncer à son entreprise. Heureusement, la résolution de Charles X et de ses ministres devait rester inébranlable. Lorsque l'heure fatale a sonné pour les empires comme pour les individus, tous les efforts humains sont impuissants pour conjurer la catastrophe. Il fallait que le Dey disparût de la scène politique, non sans doute pour ses outrages stupides envers les représentants de la France, mais parce que son règne était un obstacle permanent à la marche progressive de la civilisation. Les faits que j'ai à raconter vont nous en donner la preuve.

Avant de commencer les préparatifs de l'expédition, les ministres ayant résolu d'entendre les officiers généraux de la marine, une réunion de ces officiers eut lieu à Paris, au ministère des affaires étrangères, le 6 février 1830. Le général Valazé, du génie, M. Deval, neveu de notre dernier consul à Alger, un autre employé du consulat, ainsi que deux capitaines de frégate, MM. du Petit-Thouars et Guay-Taradel, assistaient à la réunion.

M. le ministre de la marine posa à l'assemblée les questions suivantes :

Une expédition qui attaquerait Alger du côté de la terre était-elle praticable ? Quel était le point de la côte le plus favorable pour opérer le débarquement des troupes ?

Tous les officiers généraux de la marine déclarèrent que le débarquement d'une armée, telle qu'il la faudrait, et du matériel nécessaire, serait absolument impraticable ; ils donnaient les motifs suivants à l'appui de leur opinion :

La mer est tellement mauvaise, sur toute cette côte d'Afrique, qu'on ne peut jamais y compter sur huit jours non interrompus de beau temps, et cependant le débarquement de l'armée ne pourrait se faire en moins de quinze jours ou trois semaines.

Il est absolument impossible de tenter un débarquement dans la baie d'Alger, dont le contour est armé de batteries formidables. Il faudrait donc prendre le point de débarquement à l'ouest, du côté d'Oran ; mais, sur toute cette côte il existe de forts courants qui portent dans la baie, et il n'y a aucun mouillage tenable entre Alger et Oran.

L'intérieur du pays offre des obstacles encore plus insurmontables. Des sables brûlants, point de routes, pas d'eau, aucun moyen de subsistance et des nuées de Bédouins bien montés et intrépides.

Si j'ai tenu à faire connaitre en détail ces vaines allégations de la routine, auxquelles les évènements donneront bientôt un éclatant démenti, et qui, d'ailleurs, furent victorieusement réfutées par MM. du Petit-Thouars, Guay-Taradel, Valazé et les employés du consulat, c'est qu'elles servirent de thème aux criailleries du parti libéral contre une entreprise si éminemment nationale. Sans doute, ce triste parti, s'il avait eu la conviction que le gouvernement allait courir une folle aventure, avait le droit et le devoir d'en signaler les inconvénients pour le faire renoncer à son entreprise ; mais, une fois l'expédition résolue, les fonds nécessaires votés par les Chambres, les marchés pour les transports conclus, l'armée en marche pour l'embarquement, essayer encore de jeter le discrédit sur les actes du gouvernement au risque de décourager nos soldats, c'était faire acte de mauvais citoyen. Mais quel fond y avait-il à faire sur le patriotisme de mauvais aloi de ces fameux 221, qui, ayant pâli d'épouvante à l'aspect de la tempête populaire qui avait renversé Charles X, s'empressèrent d'usurper le pouvoir constituant, de bâcler une charte en quelques jours, afin de poser sans mandat la couronne sur la tête de Louis-Philippe.

Tentatives de Mehemet-Ali, vice-roi
d'Égypte, pour empêcher l'expédition.

Protestation de l'Angleterre contre tout
accroissement éventuel du territoire
de la France.

I

PROJET DE TRAITÉ AVEC MEHEMET-ALI. — ATTITUDE HOSTILE
DE L'ANGLETERRE.

Les tentatives de l'extérieur avaient au contraire pour principe la crainte du succès à peu près certain de l'expédition.

Le vice-roi d'Égypte, Mehemet-Ali, était loin de partager les appréciations des officiers généraux de la marine. Il n'ignorait pas que, durant la belle saison, la côte d'Afrique est très abordable et qu'il est facile d'y opérer toute espèce de débarquement. D'un autre côté, les souvenirs de sa jeunesse n'étaient pas faits pour le rassurer sur le sort réservé au Dey si la guerre venait à éclater : il avait encore présents à la mémoire les exploits merveilleux du général Bonaparte, et il n'avait pas oublié qu'à la bataille d'Héliopolis, Kléber, à la tête de dix mille Français, avait anéanti, dans une même journée, plus de soixante mille Musulmans. Il savait, d'ailleurs, que les milices turques à la disposition du Dey étaient trop peu nombreuses pour constituer un élément de résistance sérieux ; en outre, il avait la conviction que cette nuée de Bédouins, *intrépides et bien montés*, qu'on avait bien à tort considérés comme une force redoutable, ne tiendraient pas en rase campagne, pendant deux heures, contre des troupes européennes, et qu'après une ou deux batailles, Hussein, sans armée, serait contraint d'abandonner ses États, et les Mahométans auraient la douleur de voir de vastes contrées passer sous l'empire des chrétiens.

Pour prévenir ce funeste résultat, il fit immédiatement partir une frégate pour Alger, et chargea le capitaine, qui était un de ses confidents, d'aller en son nom faire connaître au Dey la véritable situation des choses. Il avait l'espérance que, mieux éclairé, Hussein comprendrait toute l'étendue des fautes commises et que, docile à des conseils désintéressés, il essayerait enfin de conjurer l'orage terrible, si lentement amassé sur sa tête, en donnant à la France toutes les satisfactions qui lui étaient dues. L'expédition, dans ce cas, n'aurait pas lieu. Vain espoir, le Dey courait fatalement à sa perte. Froissé dans son orgueil par l'intervention du vice-roi dans les affaires de son gouvernement, il accueillit assez mal le messager, et laissa échapper dans son dépit des paroles inconvenantes qu'il dut regretter dans la suite. Je ne suis pas, ajouta-t-il, le *Dey du coton*, — allusion blessante au monopole commercial exercé par Mehemet-Ali, — mais, le *Dey de la poudre et des canons !* Je saurai me défendre contre mes ennemis ; ton maître n'a rien à y voir ! Et il congédia le capitaine.

A la nouvelle du mauvais succès de sa démarche et du mépris manifesté par le Dey pour sa personne, le vice-roi fut transporté de colère. On l'entendit plusieurs fois répéter ces mots : *Dey du coton !* signe non équivoque de l'intensité de la blessure. Dans l'ardeur de son ressentiment, il résolut de se venger. Mais comme il se mêlait beaucoup de calcul à ses combinaisons les plus spontanées, il offrit à la France de prendre en main sa cause, de déclarer la guerre au Dey, de s'emparer de la Régence, et d'affranchir l'Europe du honteux tribut payé depuis des siècles aux pirates barbaresques. Il prenait l'engagement d'envoyer une armée par terre, qui, longeant le rivage, s'emparerait tour à tour de Tripoli, Tunis et Alger. Entre temps, sa flotte devait tenir la mer, pour couper au besoin toute retraite aux ennemis, et ravitailler l'armée de terre. Il demandait en retour dix millions de francs et quatre vaisseaux de ligne, avec la condition expresse d'être seul maître de l'entreprise, de la diriger à son gré, afin d'éviter des difficultés insurmontables, résultat infaillible de la présence de notre pavillon.

Ces offres ayant paru séduisantes au prince de Polignac, esprit chimérique et sans portée, un projet de traité sur ces bases fut soumis au Conseil des ministres, le 19 décembre 1829. M. de Bourmont le combattit vivement ; il n'eut pas de peine à faire ressortir que le dessein d'envoyer une armée, dont l'organisation était encore forte incomplète, d'Alexandrie à Alger, de lui faire parcourir cinq cents lieues à travers des régions inconnues, des déserts, des marécages, des montagnes habitées par des populations énergiques qui en défendraient certainement l'accès, était une conception insensée; qu'il serait, d'ailleurs, honteux pour la France et le roi de stipendier les troupes d'un barbare pour obtenir la réparation des insultes faites à ses représentants. Ce serait un aveu formel d'impuissance. Le projet de traité fut rejeté. Dans tous les cas, Mehemet-Ali n'aurait pu réaliser ses offres : il avait besoin pour agir de l'autorisation de la Porte. Cette autorisation lui fut refusée. Plus tard, le Sultan envoyait à Alger *Tahir-Pacha* avec une mission qui est restée inconnue. Mais il fut arrêté par nos croiseurs et envoyé à Toulon. Les autres États, à l'exception des Anglais, restèrent dans l'expectative des évènements qui allaient s'accomplir.

II

DEMANDE D'EXPLICATIONS DU CABINET BRITANNIQUE. RÉPONSE DU GOUVERNEMENT FRANÇAIS

L'Angleterre, apprenant que le gouvernement français était enfin résolu à déclarer la guerre au Dey et à faire partir une expédition pour Alger, sentit aussitôt se réveiller toute sa jalousie traditionnelle. Elle demanda des explications, fit entendre des plaintes, eut recours aux menaces. Il est du plus haut intérêt de suivre pas à pas les notes diplomatiques de son gouvernement et les réponses du cabinet des Tuileries.

Ainsi, le 10 mars, au Conseil des ministres présidé par le roi, M. de Polignac donne communication d'une note diplomatique qui lui a été remise par lord Stuart, ambassadeur d'Angleterre, au nom de son gouvernement. Dans cette note, le cabinet britannique déclare « que les préparatifs de l'expédition » lui paraissent trop considérables pour ne tendre qu'au simple châtiment du Dey. Il soupçonne des intentions conquérantes, et demande des explications précises à cet égard.

Charles X ordonna de répondre : « Qu'il n'était guidé par aucune vue d'ambition personnelle ; que son pavillon a été insulté, qu'il saura le venger, comme il convient à l'honneur de son peuple ; que si, dans la lutte, le gouvernement actuel de la régence venait à être renversé, il s'entendrait volontiers avec ses alliés sur les moyens de substituer à ce gouvernement barbare un nouvel état de choses, plus approprié aux progrès de la civilisation et aux véritables intérêts de la chrétienté ; mais, qu'à cet égard, il n'entend prendre aucun engagement contraire à la dignité et aux intérêts de la France. »

Le ministère britannique ne fut point satisfait de cette réponse. Il fit remettre une nouvelle note diplomatique à M. de Polignac. Il prétendait de plus fort avoir le droit d'exiger des explications sur le but de l'entreprise et les résultats que nous espérions en faire sortir. Il en fut rendu compte le 21 mars, dans une séance du Conseil, au roi, qui, visiblement contrarié par l'insistance des Anglais, répondit avec vivacité : *Nous ne nous mêlons pas de leurs affaires, qu'ils ne se mêlent pas des nôtres.*

Enfin, le 25 avril, dans une autre séance du Conseil, le président fit connaître que l'Angleterre demandait à la France une déclaration explicite que l'expédition n'était pas faite dans un but d'accroissement de territoire, et que nous ne devions ni occuper Alger, ni nous y établir.

Le Conseil tout entier se prononça avec une véhémence extrême contre cette étrange exigence, et le vieux roi sentit renaître en lui la fierté de sa race : il ordonna de répondre « qu'il ne prendrait aucun engagement contraire à la dignité et à l'intérêt de la France ; que son unique objet était, en ce moment, de punir l'insolent pirate qui avait osé le provoquer ; mais que, si la Providence lui accordait de tels succès que les États de son ennemi tombent en son pouvoir, alors il avisera aux déterminations qu'exigeront l'honneur de sa couronne et les intérêts de son royaume. »

C'était clair. Néanmoins, l'ambassadeur d'Angleterre essaya encore d'agir par intimidation auprès du ministre des affaires étrangères et surtout auprès du ministre de la marine, M. d'Haussez, qui, dans un moment d'irritation causé par la hauteur du langage de l'Anglais, laissa échapper une réponse assez peu parlementaire. Le prince de Polignac, de son côté, repoussa les prétentions blessantes de lord Stuart avec une politesse froide et dédaigneuse. Que faut-il en conclure, sinon, qu'en toute cette affaire, le gouvernement français fit preuve de la plus entière indépendance ?

Néanmoins, en dépit des notes diplomatiques et des déclarations officielles, les libéraux de l'époque ne craignirent point de calomnier ses intentions, de travestir ses actes. Ils essayèrent de présenter l'expédition d'Alger comme une manœuvre électorale. Ne les imitons pas, la démocratie s'honore en rendant justice à ses adversaires : Qu'elle se découvre avec respect au passage d'une si haute infortune. Sachons donc reconnaître que les derniers ministres de Charles X furent honnêtes et énergiques, qu'ils ont voulu une France grande et forte, parce qu'ils avaient le sentiment profond de la dignité nationale. Ils furent, il est vrai, par tradition de famille et par préjugé de caste, les ennemis irréconciliables des grands principes de la Révolution ; mais ils ont cruellement expié leurs fautes, non par la détention de quelques années au château de Ham, à la suite d'une condamnation judiciaire, mais par la conscience d'avoir contribué à la chute de l'antique royauté et à la ruine de ses espérances.

III

MM. DE BOURMONT ET D'HAUSSEZ ENTRAINENT LE CONSEIL DES MINISTRES. — PROPOSITIONS PRÉSENTÉES AU ROI. — L'EXPÉDITION EST RÉSOLUE. — M. DE BOURMONT, COMMANDANT EN CHEF DE L'ARMÉE. — L'AMIRAL DUPERRÉ, DE LA FLOTTE. — ATTITUDE DIFFÉRENTE DES DEUX CHEFS.

La réponse transmise au gouvernement britannique, par ordre de Charles X, était franche et loyale. Elle était à ce moment l'expression fidèle de la pensée intime du cabinet. D'ailleurs, le prince de Polignac, dans sa fierté de gentilhomme et de grand seigneur, eût dédaigné de faire usage des formes artificieuses de la diplomatie pour dissimuler la résolution du roi prise avec l'assentiment unanime de ses ministres.

Du reste, les mesures coërcitives prescrites contre le Dey étaient antérieures à leur entrée aux affaires. On sait qu'à l'occasion de nombreux outrages, faits au commerce et au consul de France, le port et la ville d'Alger avaient été mis en état de blocus. Depuis 1827, plusieurs vaisseaux de la marine de l'État stationnaient à une certaine distance de la ville, sans résultat appréciable, car les difficultés de la mer, pendant les deux tiers de l'année, rendaient le blocus presque illusoire sur cette partie de la côte. Le Dey ne faisait qu'en rire. Cette preuve manifeste de notre impuissance avait à tel point exalté son audace, qu'il venait d'aggraver singulièrement ses torts par des coups de canons tirés sur le vaisseau *la Provence*.

Une pareille situation ne pouvait se prolonger indéfiniment. Le blocus nous avait déjà coûté sept millions. Il était grand temps d'aviser. Il importait, d'ailleurs, à l'honneur de la France de ne plus rester dans une situation équivoque vis-à-vis d'un barbare, et de venger, bien qu'un peu tard, l'outrage fait à son pavillon. Au surplus, l'accueil fait à la proposition du vice-roi d'Egypte ne laissait aucun doute sur la pensée intime du gouvernement et sur le but qu'il se proposait d'atteindre.

Cette proposition avait été acceptée avec empressement par le ministre des affaires étrangères, de l'aveu même du roi. Un émissaire avait été dépêché à Alexandrie pour conclure le traité, et déjà le ministre des finances donnait des ordres pour diriger sur Toulon les fonds qui devaient y être embarqués. Sans doute ce projet n'eut pas de suite. Mais les divers incidents auxquels il donna lieu démontrent que le ministère, loin de songer à fonder un établissement sur la côte d'Afrique, était disposé à accepter toute solution du conflit franco-algérien qui n'eût point porté atteinte aux intérêts de la France et à la dignité de la couronne.

Il est constant que dans toute cette affaire le ministère Polignac, auquel on a reproché, sans raison, son attitude belliqueuse, a été, comme ses prédécesseurs, longtemps incertain sur le parti à prendre. Il ne s'est déterminé à recourir à la force des armes, peut-être par crainte du résultat, qu'après avoir épuisé tous les moyens de conciliation et acquis la certitude qu'il n'existait point d'autre issue honorable à notre querelle avec le Dey.

Les délibérations du Conseil des ministres en font foi. Ainsi, dans la séance du 19 décembre 1829, après avoir rejeté définitivement le projet de traité avec le vice-roi d'Égypte, le Conseil prend connaissance avec un soin minutieux de toutes les négociations diplomatiques qui s'étaient succédé depuis 1827 sans résultat, et acquiert la conviction qu'on ne pouvait raisonnablement attendre le moindre succès de négociations nouvelles. Il n'y avait plus à délibérer, la conséquence inexorable de cette conviction, c'était la guerre avec le Dey. Néanmoins, cette décision suprême est encore ajournée. Veut-on en connaître la cause. C'est que le gouvernement français n'avait jamais envisagé la question qu'à un seul point de vue : le bombardement d'Alger, et ce bombardement lui paraissait impossible. Je lis dans une note écrite par un des ministres présents à la délibération :

« Un bombardement est bien difficile, presque impossible même, à cause des nombreux moyens de défense qui empêchent les approches. Le demi-succès de lord Exmouth, dans une expédition de cette nature, fut dû au hasard, et, d'ailleurs, un tel châtiment n'a rien de décisif. »

Le Conseil des ministres ne savait donc quel parti prendre, lorsque M. de Bourmont posa la question à un autre point de vue. Il s'exprima à peu près en ces termes :

« Si le gouvernement se décide à une attaque sérieuse, il faut que son but soit la prise de la ville et la destruction complète de ce nid de pirates. On ne peut songer à un siège du côté de la mer. Plusieurs exemples d'échecs, notamment la dernière et malheureuse tentative de Charles-Quint, doivent faire repousser toute idée d'une entreprise semblable, aujourd'hui surtout, que la baie d'Alger est défendue par de nombreuses redoutes, à droite et à gauche de la ville.

» Il me paraît préférable de tenter une attaque du côté de la terre, d'opérer un débarquement loin de la ville, en la prenant à revers. Si cette opération n'était pas terminée dans une seule campagne, en raison du peu de temps de l'année pendant lequel les Européens pourraient faire la guerre sous le climat d'Afrique, rien n'empêcherait d'y consacrer deux ans. On s'emparerait d'abord d'un point d'appui, d'Oran par exemple, que les Espagnols ont pris plusieurs fois, et où ils se sont maintenus sans difficulté, et de là, on ferait marcher une armée sur Alger, qui serait aisément pris en quelques mois. »

Il est superflu de faire remarquer que les idées nouvelles exprimées par M. de Bourmont étaient beaucoup trop vagues pour donner lieu à une décision définitive. En outre, l'éventualité de s'emparer d'Oran, pour diriger ensuite une armée française sur Alger, par terre, n'aurait, certes, pas été accueillie par les autres membres du cabinet, dont les plus résolus n'avaient songé qu'à un coup de main contre le Dey, pour l'amener à composition. Sans mettre en ligne de compte les difficultés sans nombre d'une pareille entreprise, il eût été nécessaire de demander aux Chambres des crédits qu'elles auraient certainement refusés.

Le Conseil résolut d'ajourner la délibération, et avant de prendre un parti, il demanda au ministre de la guerre des renseignements précis sur les moyens d'aborder cette côte si peu connue; sur les ressources qu'offrirait la Régence dans l'hypothèse du séjour prolongé de nos troupes; sur les obstacles que rencontrerait une armée dans le trajet, par terre, d'Oran à Alger, et sur la force des fortifications de cette dernière ville du côté de la terre.

Les documents recueillis dans l'intervalle du 19 décembre au 31 janvier, ainsi que les renseignements fournis par les deux ministres de la guerre et de la marine, parurent insuffisants; car, dans le Conseil tenu le 31 janvier, les ministres décidèrent qu'avant de prendre une détermination, ils désiraient entendre les officiers généraux de la marine présents à Paris. Nous avons déjà fait connaître le résultat de la délibération qui en fut la suite: les amiraux déclarèrent le débarquement impossible. On raconte à ce propos que M. Roussin était le seul d'entre eux qui ne se fut pas encore prononcé bien nettement. Quand son tour vint de s'expliquer, il se rangea du côté de ses collègues et combattit, sous le rapport maritime, le projet de l'expédition. Alors, tirant un papier de sa poche: « Je regrette, monsieur, dit le ministre de la marine, que telles soient vos convictions, car je tiens dans mes mains le brevet qui vous créait vice-amiral et vous donnait le commandement de la flotte. » En disant ces paroles, le baron d'Haussez mit le papier en lambeaux. Sa résolution était irrévocablement arrêtée.

L'opinion de ces officiers généraux, confirmée plus tard et peut-être encore exagérée par l'amiral Duperré, était un fait grave. En d'autres circonstances elle eût exercé une influence décisive sur la détermination du gouvernement. Il est vrai que MM. Dupetit-Thouars, Guay-Taradel, ainsi que les jeunes employés du consulat l'avaient combattue avec vigueur. Mais les deux marins étaient des officiers d'un grade inférieur, et les autres n'avaient pas la consistance nécessaire pour balancer l'autorité de tant d'hommes compétents.

Néanmoins, MM. d'Haussez et de Bourmont, dont la conviction, toute de sentiment, ne reposait sur aucune donnée positive, entraînèrent le Conseil. Le lendemain, 7 février, les propositions suivantes, qui résumaient l'opinion du ministère, furent présentées au roi :

1º Le débarquement peut s'opérer sur la presqu'île de Sidi-Ferruch.

2º Le trajet entre Sidi-Ferruch et Alger, avec un équipage de siège, n'offre pas des obstacles insurmontables.

3º Les fortifications d'Alger, du côté de terre, ne tiendront pas plus de trois semaines contre une attaque bien dirigée et le feu d'une artillerie aussi nombreuse que celle dont le chef de l'expédition pourra disposer.

4º Les préparatifs de l'expédition peuvent être terminés dans l'espace de six mois; du jour où la flotte mettra à la voile, il ne faut pas plus de deux mois pour opérer la réduction de la ville d'Alger ; tout peut donc être terminé dans les mois d'août et de septembre, qui, de l'aveu des navigateurs anciens et modernes, sont les plus favorables dans ces parages.

5° Enfin, pour obvier aux principaux obstacles que présente l'intérieur du pays, on pourra munir l'armée de divers objets d'approvisionnement qu'elle ne porte pas ordinairement en campagne.

A l'appui de ces propositions, le ministre de la guerre développa longuement, en présence du monarque, les motifs qui avaient déterminé le Conseil. Charles X, qui, du reste, résistait rarement à la volonté de ses ministres, ayant donné son assentiment, l'expédition fut résolue, et on décida, en outre, que dès le lendemain des ordres seraient transmis par le télégraphe, afin de prescrire les préparatifs nécessaires pour l'armement de la flotte, le nolissement des bâtiments de transport et la formation de l'armée expéditionnaire.

Il n'y avait plus qu'à nommer les chefs. Le commandement de la flotte ne pouvait être donné aux amiraux qui avaient si vivement combattu le projet de l'expédition en présence des ministres. Il fut confié, sur la recommandation du Dauphin, à M. Duperré, alors préfet maritime à Brest. Le duc de Raguse désirait très fort d'être mis à la tête de l'armée ; il en avait même fait la demande positive. Mais, bien que franchement rallié à la Restauration, il avait figuré avec trop d'honneur dans l'armée impériale, et sous le ministère Polignac ce n'était pas un titre. M. de Bourmont lui fut préféré. Ce choix, d'ailleurs, était en quelque sorte imposé. M. de Bourmont était le promoteur de l'expédition. Il en avait soutenu devant le Conseil la possibilité ; il avait entraîné ses collègues malgré les oppositions diverses qui n'avaient cessé de se produire. Il avait fait décider que le débarquement de l'armée aurait lieu à Sidi-Ferruch et que de là on marcherait sur Alger. Il est dès lors certain que si la tentative de la France avait eu une issue funeste, la plus grande part de responsabilité retombait sur lui. Il avait en quelque sorte le droit d'en revendiquer la direction.

Néanmoins, cette nomination fut très mal accueillie par le public, l'expédition fut de nouveau l'objet des critiques les plus ardentes. La manie de dénigrement en vint jusqu'à se glisser parmi les hauts fonctionnaires. Elle prit de telles proportions, que le roi déclara en plein Conseil qu'il ne souffrirait pas que les personnes attachées au gouvernement fissent une opposition hostile, et, pour y mettre un terme, il ordonna au ministre de la guerre de rayer des contrôles de la garde le général Desmaisons qui s'était prononcé hautement contre la politique belliqueuse du cabinet.

L'amiral Duperré, lui-même, ne cessait de déclamer dans les bureaux de la marine et dans les réunions particulières, contre l'expédition qu'il qualifiait d'*absurde* et d'*impraticable*. Dès son arrivée à Paris, il avait remis des notes au Dauphin qui démontraient, selon lui, que l'expédition n'avait pas le sens commun, que ce serait une échauffourée sans autre-résultat que la perte de quelques vaisseaux et de beaucoup d'hommes. Il appuyait surtout sur ce que le débarquement ne pourrait s'opérer en moins de vingt-six ou vingt-sept jours, en comptant jour par jour, presque heure par heure, ce qu'il serait possible de mettre à terre. Il en concluait que l'armée serait écrasée, en détail, à mesure du débarquement.

Les choses allèrent si loin, que dans une réunion du Conseil des ministres qui eut lieu en présence de Charles X, le 26 mars, il fut question de retirer le commandement à l'amiral, et que le roi déclara formellement qu'il n'hésiterait pas à prendre cette mesure si le Conseil la jugeait utile. M. le baron d'Haussez prit la défense de M. Duperré. Il dit au Conseil qu'il fallait attribuer ses écarts de langage à un caractère difficile et essentiellement contrariant; mais que, le moment venu, il n'en agirait pas moins avec vigueur. Cependant, comme plusieurs membres du Conseil doutaient de son ardeur à bien servir dans cette circonstance, il fut décidé que M. de Bourmont emporterait un ordre secret, dont il ne ferait usage qu'en cas de nécessité, lui conférant le commandement général de l'armée et de la flotte et qui enjoignait au vice-amiral et autres officiers de la marine de lui obéir.

On s'étonnera aujourd'hui, sans doute, de l'opposition de tant d'hommes éminents, dont le patriotisme ne peut être contesté. Leur attitude hostile avait-elle pour principe un déplorable esprit de parti ou l'appréhension sincère d'un échec honteux pour nos armes? C'est ce que nous ne pouvons établir. Cependant, nous pensons qu'il y avait un peu de tout cela. Le projet de l'expédition avait été conçu et adopté un peu à la légère. Le gouvernement avait, il est vrai, fait étudier les moyens de débarquement sur le rivage africain, et obtenu des renseignements certains sur la nature des fortifications de la ville d'Alger. Mais, quelles étaient les forces du Dey, le nombre des milices turques, la valeur des contingents que devaient fournir les beys de Constantine et d'Oran, et bien d'autres points encore? On n'en savait absolument rien.

Ces inconnues, exagérées par la malveillance, jointes au souvenir du mauvais résultat de tentatives pareilles de plusieurs grandes puissances, expliquent, sans la justifier, la conduite violente des opposants. M. de Bourmont n'en fut ni ému, ni troublé. Il se montra froid et dédaigneux envers les attaques personnelles dont il était l'objet et partit bientôt pour Toulon avec la foi la plus absolue dans la bravoure de l'armée et la fortune de la France. Les évènements devaient bientôt lui donner raison.

On est quelquefois tenté de croire qu'une puissance surnaturelle se joue des desseins des mortels, et se plaît à faire échouer les plus savantes combinaisons : Ainsi, trente-deux années auparavant, le héros de l'armée d'Italie, le général Bonaparte, était venu dans ses murs avec un brillant état-major et un cortège d'artistes, de savants et d'hommes de lettres, prendre le commandement de nombreuses troupes et s'embarquer pour une destination inconnue. On apprit bientôt qu'il avait débarqué en Égypte, où il allait fonder un grand établissement militaire et colonial. Il n'avait prudemment dissimulé son projet que pour ne pas donner l'éveil aux croisières britanniques, qui auraient pu mettre obstacle à son exécution. Le plan de l'entreprise, discuté avec soin et approuvé par le Directoire, était fait avec cette rectitude mathématique qui caractérise les opérations du commencement de sa carrière. Tout était prévu : difficultés de la conquête, moyens de ravitailler l'armée et d'organiser le pays. Aussi, après quelques brillants faits d'armes qui ajoutèrent un nouvel éclat à sa gloire militaire, l'Égypte paraissant conquise et pacifiée, Bonaparte, entraîné par le courant d'une ambition peu scrupuleuse et sans frein, s'empressa de rentrer en France pour arracher le pouvoir aux mains débiles de directeurs incapables ou corrompus. Avant son départ il avait légué le soin de consolider son œuvre à Kléber, dont il avait apprécié les talents militaires et les qualités solides comme administrateur. L'éclatante victoire d'Héliopolis, gagnée bientôt après, faisait présager à notre établissement un avenir durable et certain. Mais, hélas! Kléber devait tomber sous le poignard d'un fanatique, et le commandement échut en partage à un militaire irrésolu et incapable, qui devait, après une série de lourdes fautes, être contraint de signer une capitulation désastreuse avec les Anglais, et l'Égypte était à jamais perdue pour la France.

Tandis que l'expédition contre le Dey, conçue sans but fixe et déterminé, conduite par un général en quelque sorte inconnu, devait, malgré les obstacles sans nombre semés sur ses pas, conquérir de vastes territoires et jeter les semences fécondes de la civilisation européenne sur une grande partie du continent africain.

IV

PRÉPARATIFS DE L'EXPÉDITION. — ORGANISATION DE LA FLOTTE ET DES MOYENS DE TRANSPORT. — COMPOSITION DE L'ARMÉE DE TERRE. — DÉPART. — DÉBARQUEMENT A TORRE-CHICA LE 14 JUIN. — NOMBRE APPROXIMATIF DES TROUPES TURQUES. — COMBATS DE STAOUÉLI ET DE SIDI-KHALED. — BOMBARDEMENT ET PRISE DU FORT L'EMPEREUR. — CAPITULATION D'ALGER.

Lorsque l'expédition fut résolue, le gouvernement avait pensé que les préparatifs nécessaires pour l'armement de la flotte, le nolissement des navires de transport et la composition de l'armée, exigeraient un délai de six mois. Mais les ministres de la marine et de la guerre déployèrent une activité prodigieuse: tout était prêt à la fin du mois d'avril, et les troupes étaient concentrées autour de Marseille et de Toulon. La marine avait réuni, en moins de trois mois, onze vaisseaux de haut bord, vingt frégates, trente six bâtiments légers et cinq cents bâtiments de transport nolisés sur toutes les côtes de la Méditerranée. L'armée de débarquement, forte de trente-cinq mille hommes, était composée de trois divisions d'infanterie, commandées par les généraux Berthezène, Loverdo et le duc d'Escars ; l'effectif de chacune de ces divisions était de 10,284 hommes et 85 chevaux.

La cavalerie ne comptait que 500 chevaux des 13e et 17e chasseurs, sous les ordres du colonel Bontemps-Dubarry.

L'artillerie de siège et de campagne, commandée par le général de Lahitte, conduisait 112 bouches à feu avec un matériel porté par 356 voitures ; son effectif était de 2,327 hommes et 1,309 chevaux.

Deux compagnies de mineurs, six de sapeurs, et une demi-compagnie du train, en tout 1,320 hommes et 133 chevaux, formaient les troupes du génie, dirigées par le général Valazé.

L'administration comptait 1,724 hommes et 1,785 chevaux ; la gendarmerie, 127 hommes et 75 chevaux.

L'état-major de M. de Bourmont, commandant en chef, outre les aides-de-camp et les officiers d'ordonnance, était composé de M. le lieutenant-général Desprez, chef d'état-major général, de M. Tholozé, maréchal-de-camp, sous-chef. M. Denniée était intendant général, M. Firino payeur et commissaire des postes.

Cette armée, comme on le voit, était parfaitement organisée. Le Dauphin se rendit à Toulon les premiers jours de mai, et inspecta avec soin les hommes, le matériel et les vaisseaux. Il fut enchanté et fier de tout ce qu'il avait vu, et ne douta plus du succès de l'expédition.

L'embarquement aurait dû commencer immédiatement après le départ du prince, le 6, au matin. Cette opération fut différée sans motifs plausibles jusqu'au 11.

Depuis le 11, il fut continué sans interruption, et terminé le 18; néanmoins, le départ de la flotte n'eut lieu que le 25.

Le 29, vers midi, on arriva à la hauteur des Baléares, et le 30, à onze heures, les communications s'établissaient avec les bâtiments du blocus, en vue des côtes d'Afrique. Les soldats étaient animés du meilleur esprit et juraient de venger les équipages de deux de ces bâtiments qui, ayant été jetés, par la tempête, sur le rivage ennemi, avaient été massacrés en partie et les survivants traînés dans les bagnes du Dey, dont ils ne sortirent qu'après la prise d'Alger.

Mais, à ce moment, on vit se produire une série de manœuvres contradictoires qui furent une énigme pour toute l'armée. L'amiral fit virer de bord, puis revenir, puis mettre en panne. Le 31, à trois heures du matin, la flotte se trouvait à cinq lieues du cap Caxines; l'ordre fut donné de rebrousser chemin. Les marins interrogés s'efforçaient de justifier la conduite de leur chef sans pouvoir se l'expliquer. On apprit bientôt que la marche du convoi avait été si mal réglée qu'une partie s'était égarée en route, et que les bateaux de débarquement manquaient.

Le 1er juin, l'amiral ramena subitement la flotte du côté de Palma, tandis que les bâtiments affectés aux transports, qu'il croyait dispersés, se ralliaient déjà au rendez-vous général, dans les eaux de Sidi-Ferruch. Cette déplorable promenade dura onze jours. Le général en chef regrettait avec amertume la perte d'un temps précieux et des indécisions qui pouvaient compromettre le succès de l'expédition en laissant à l'ennemi le loisir de compléter son système de défense. Néanmoins, il eut la sagesse de ne pas faire usage des pouvoirs extraordinaires dont il était investi.

Enfin, la flotte reprit sa marche le 9 juin. Le 11, les généraux furent convoqués à un conseil de guerre, sur la frégate l'*Aréthuse*, où s'était rendu M. de Bourmont : on y arrêta les mesures à prendre pour le débarquement. La journée du 12 fut entièrement passée à louvoyer sur les côtes; mais le 13, à 9 heures du matin, l'escadre de bataille se forma sur une seule ligne, et le vaisseau la *Provence* mouilla vers midi devant Sidi-Ferruch, à deux cent cinquante toises de terre.

Dans la nuit du 13 au 14 juin, la mer était calme, le ciel pur, le débarquement s'effectua sans bruit et presque sans opposition de la part de l'ennemi. Dans la matinée, l'armée entière était déposée sur le plateau de *Torre-Chica*, et malgré deux jours d'interruption occasionnée par le mauvais temps, tout était débarqué le 20.

On s'attendait à trouver sur la côte une résistance énergique; car la flotte avait défilé devant les batteries d'Alger, dont le silence donnait lieu de croire que toutes les forces du Dey nous attaqueraient au moment du débarquement. Cependant, la solitude régnait à Sidi-Ferruch ; une batterie construite en avant de la *Petite-*

Tour se trouvait désarmée; une autre, placée un peu plus loin, mais masquée par des dunes, nous lança quelques bombes; elle fut promptement démantelée par le feu nourri du bateau à vapeur de l'escadre, le *Nageur*.

Quelle pouvait être la cause d'une pareille incurie ? Le Dey et son gendre Ibrahim, commandant de l'armée, avaient appris par les consuls étrangers, que les journaux de France tenaient au courant de tous nos préparatifs, notre projet de débarquer à Sidi-Ferruch. Mais dans la simplicité de leur cœur, ils ne pouvaient croire que, exaltés par leurs haines politiques, d'indignes écrivains avaient eu l'infamie de dévoiler les plans véritables du général en chef, au risque de faire couler à flots le sang de nos soldats et de préparer un échec à nos armes. L'annonce du débarquement à Sidi-Ferruch fut considéré par Ibrahim comme une ruse de guerre imaginée pour détourner son attention.

Il établit son quartier général à la Maison-Carrée, convaincu qu'à l'exemple de Charles-Quint, nos diverses tentatives d'atterrissement s'opéreraient sur un point quelconque de la rade d'Alger; qu'il pourrait de là surveiller les opérations de nos troupes et les écraser en détail au moment où elles mettraient le pied sur le rivage.

Cette erreur fut peut-être la cause de la perte du Dey; car il est certain que, si le gouvernement de la Régence avait concentré tous ses moyens de défense en vue d'une tentative de débarquement à Sidi-Ferruch, il aurait pourvu les batteries existantes de l'artillerie dont il pouvait disposer, et en eût fait construire de nouvelles ; enfin, si les janissaires, massés à Torre-Chica et aux alentours de la baie de Sidi-Ferruch, avaient attaqué les premiers soldats français, au moment où ils mettaient le pied sur le sol, avec cette furie qu'ils déployèrent quelques jours après au combat de Staouéli, nous aurions éprouvé des pertes cruelles, si toutefois nous n'avions pas essuyé un désastre, suivant les prédictions inconsidérées de l'amiral.

Ainsi tout concourait fatalement au succès de l'expédition, et les manœuvres perfides du parti libéral furent sans nul doute une des causes principales de sa facile et prompte réussite.

Le rôle de l'escadre était terminé ; il est vrai, toutefois, que le 3 juillet, l'amiral Duperré se porta devant la ville d'Alger avec une partie de la flotte. Il canonna les forts, mais à une telle distance, que les boulets ne produisirent aucun mal. Cette prudence excessive ne peut évidemment être attribuée à un manque de courage, car M. Duperré avait fait ses preuves dans des circonstances bien autrement difficiles et en face d'ennemis beaucoup plus redoutables. Elle était l'effet de cette politique funeste qui avait apporté toute sorte d'entraves aux projets du gouvernement français, dans la crainte qu'une victoire éclatante de nos troupes ne vint donner une nouvelle force à un pouvoir si généralement détesté.

La conduite de l'amiral Duperré, depuis son départ de Toulon, fut l'objet d'appréciations contradictoires inspirées par les implacables rancunes de l'esprit de parti. Les feuilles libérales de l'époque, qui avaient soutenu avec des écarts de langage extraordinaires la thèse des amiraux, que l'expédition était absurde et impossible, les évènements ayant donné un éclatant démenti à leurs affirmations, s'efforcèrent, avec une mauvaise foi indigne, d'amoindrir les brillants services de M. de Bourmont dans toute cette affaire, et d'en attribuer la gloire à l'amiral.

Les royalistes, de leur côté, critiquaient vivement la conduite de M. Duperré. L'armée, disaient-ils, était embarquée tout entière le 18 mai; le vent de N.-O. ayant soufflé pendant toute l'après-midi du 19, on pouvait sortir de la rade le 20 au matin, la flotte aurait été sous voiles en pleine mer. En supposant qu'il fallût six jours pour arriver devant Torre-Chica, nous aurions pu débarquer le 26. En quatre jours, au plus tard, nous aurions été sous les remparts du fort l'Empereur. Le 1er juin, les travaux du siège auraient commencé, et, en calculant d'après ce qui est arrivé, Alger aurait capitulé le 5 juin, c'est-à-dire un mois plus tôt, et l'armée aurait perdu quinze cents hommes de moins dans l'affaire des tirailleurs. Ils devaient ajouter plus tard, qu'au point de vue politique, les conséquences de la conduite de l'amiral étaient incalculables.

Si la capitulation d'Alger avait eu lieu le 25 juin, les élections de 1830 auraient été faites sous l'influence de la conquête; M. de Bourmont aurait été de retour à Paris dans les premiers jours de juillet, et, à coup sûr, les fatales ordonnances n'auraient pas été rendues.

Ces critiques ne me paraissent pas plus justes que les éloges immérités décernés à l'amiral. Sans doute, M. Duperré avait constamment douté du succès de l'expédition, et, après avoir accepté le commandement de l'escadre, il eut le tort grave de manifester à tout venant ses appréhensions sur les dangers réels d'une tentative de débarquement, ce qui ne pouvait que décourager les marins et les soldats. D'un autre côté, tout en reconnaissant qu'avec une pareille disposition d'esprit, il ne devait pas apporter à l'accomplissement de son œuvre toute l'activité désirable, il me paraît certain qu'il fit loyalement son devoir. Ses détracteurs n'ont pas suffisamment tenu compte de la tâche immense qui lui était dévolue. Sans doute, s'il n'eût commandé qu'à une escadre d'évolutions, il aurait pu en diriger jour par jour, heure par heure, l'ordonnance et les mouvements. Mais il avait sous ses ordres soixante-sept bâtiments de l'État et cinq cents navires de commerce dont il n'avait pu apprécier la valeur nautique, et dont, très-certainement, la marche devait être fort inégale. Peut-on, dès lors, s'étonner des lenteurs qui étaient peut-être nécessaires pour surveiller cet immense convoi et lui faire un crime de ne s'être présenté à Sidi-Ferruch pour commencer le débarquement qu'avec la certitude d'avoir sous la main tout le matériel nécessaire à l'armée pour son entrée en campagne. Enfin, au point de vue politique, les lenteurs de M. Duperré, en les supposant inutiles, ne pouvaient avoir la moindre conséquence.

Le gouvernement aurait eu beau faire les élections avec le prestige de la conquête d'Alger, il n'en eût pas moins été battu dans les collèges électoraux. Le duel entre la congrégation dont Charles X et ses ministres étaient membres et le parti libéral était arrivé à la période aiguë, la lutte était fatale. La présence à Paris de M. de Bourmont n'eût pu la conjurer. Les partisans de l'ancien régime devaient céder la place à la bourgeoisie qui allait régner un moment, donner des preuves irrécusables de son égoïsme et de sa profonde incapacité politique, pour être submergée à son tour par le flot montant et irrésistible de la démocratie.

Le 14, à trois heures du matin, la première division, commandée par le général Berthezène, ralliée à l'ouest de Torre-Chica, se forma en colonnes serrées. J'ai fait connaître les motifs qui avaient déterminé Hussein et l'agha Ibrahim à laisser sans défense les falaises de Sidi-Ferruch, où leur artillerie aurait pu nous arrêter longtemps. Il existait seulement, en arrière de la presqu'île, une position couverte par trois batteries qu'il fallait aborder en traversant une plaine inculte, semée çà et là de buissons touffus. Cette position était défendue par un petit nombre de canonniers turcs et une centaine d'Arabes auxiliaires. Les brigades de Morvan et Achard marchèrent à l'ennemi, qui, après avoir tiré quelques coups de canon sur nos troupes, battit en retraite en tiraillant jusqu'à la nuit. L'exiguïté de nos pertes, qui ne s'élevèrent qu'à trente-quatre morts et cent vingt-huit blessés, ne laisse aucun doute sur le petit nombre d'ennemis qui avaient dû prendre part à l'action.

Pendant que la première division obtenait ce facile succès, la seconde achevait de débarquer et se portait en réserve derrière nos combattants. Mais le général Loverdo, ayant jugé d'un coup d'œil que ce n'était qu'un engagement sans importance, établit son bivouac sur la presqu'île. La troisième division ayant été débarquée à son tour, reçut l'ordre de commencer les travaux d'un camp retranché pour y déposer le matériel et organiser les ambulances de l'armée. M. de Bourmont avait résolu de ne se porter plus avant qu'après les avoir abrités contre un coup de main. D'ailleurs, ne connaissant ni les forces ni la tactique des ennemis qu'il aurait bientôt à combattre, il crut qu'il était prudent, pour le cas où il jugerait à propos de battre en retraite, de ménager à son armée un asile sûr et une communication facile et de tous les instants avec la flotte. Les travaux du camp retranché furent poussés avec vigueur pendant les journées des 15, 16, 17 et 18 juin; nos travailleurs ne furent nullement inquiétés, car la division Berthezène les couvrait par ses postes avancés; elle n'eut elle-même à soutenir que quelques attaques insignifiantes de tirailleurs arabes.

Depuis le 16, quelques indigènes isolés s'étaient présentés à la première division: ils venaient s'informer des dispositions des Français à leur égard; on les accueillit avec bienveillance et on leur remit plusieurs exemplaires d'une proclamation rédigée en France, où il était formellement déclaré que l'expédition n'avait qu'un but unique : venger l'injure faite par le Dey à notre pavillon. Cette proclamation était conçue en ces termes :

« Nous Français, vos amis, partons pour Alger ; nous
» allons en chasser les Turcs, vos tyrans, qui vous
» persécutent, qui vous volent vos biens et les produits
» de vos terres, qui ne cessent de menacer vos vies ;
» nous ne conquerrons pas la ville pour en demeurer
» maîtres. Soyez unis à nous ; soyez dignes de notre
» protection, et vous régnerez comme autrefois dans
» votre pays, maîtres indépendants de votre sol. »

De son côté, M. de Bourmont adressa aux Arabes la proclamation suivante :

« Quant à vous, » leur disait-il, « habitants des tribus
» et des villes, sachez que je ne viens pas pour troubler
» votre sol et pour vous faire la guerre. Notre présence
» sur votre territoire n'est pas pour faire la guerre à
» vous, mais seulement à la personne de votre pacha,
» qui par ses procédés est cause qu'il est persécuté ; par
» ses actes bientôt tous vos biens auraient été pillés, vos
» personnes exterminées et votre pays entièrement
» ruiné. Abandonnez votre pacha pour suivre nos sages
» conseils qui ne tendent qu'à vous rendre heureux. »

J'ai tenu à rapporter ces deux proclamations pour

établir que le gouvernement français et le général en chef, lui-même, étaient dans l'ignorance absolue des mœurs des populations arabes. Il ne fallait pas avoir la moindre idée de l'éloignement, j'allais dire de l'aversion des musulmans pour les chrétiens, afin d'espérer, à l'aide de cette phraséologie banale, produire un certain effet sur les indigènes. On ne s'étonnera plus, dès lors, des fausses mesures de la première heure.

Cependant, dans la soirée du 14 juin, Ibrahim apprit en même temps que l'armée française avait débarqué à Sidi-Ferruch et qu'elle était maîtresse des batteries avancées qui défendaient les falaises; comprenant peut-être un peu tard la faute irréparable commise par le défaut de surveillance du littoral, qui ne lui avait point permis de connaître les intentions du général ennemi, et d'attaquer ses troupes au milieu du désordre d'un débarquement précipité, il se dirigea, en toute hâte, vers les lieux occupés par les troupes françaises, avec la ferme confiance de les refouler vers nos vaisseaux. Dangereuse illusion qui fut en partie cause du succès rapide et si complet de nos armes.

Si le général turc n'eût pas été d'une incapacité profonde, il aurait entrevu les conséquences fatales de la partie qu'il allait jouer si imprudemment. S'il était battu c'en était fait du Dey et de la domination séculaire des Ottomans dans la Régence. Cette perspective redoutable eût dû le rendre circonspect et le porter à s'enquérir avec le plus grand soin du nombre et de la qualité de nos troupes. Il aurait promptement acquis la conviction qu'avec six ou huit mille hommes de milices turques, qui composaient sa principale force, il serait insensé de risquer une grande bataille, contre une armée trois ou quatre fois plus nombreuse et commandée par des officiers braves et expérimentés. Quant aux dix ou douze mille Bédouins qu'il avait pour auxiliaires, il devait savoir par expérience qu'il y avait peu de fond à faire sur leurs services ; qu'en rase campagne ils seraient facilement tenus en échec par une cavalerie régulière peu nombreuse, soutenue par quelques compagnies de tirailleurs.

Le parti le plus sûr était donc d'éclairer le Dey sur la situation réelle et de lui conseiller d'entrer en négociation avec le général en chef de l'armée française, qui, au début de la campagne et dans l'ignorance des ressources de ses adversaires, eût probablement accepté des réparations convenables. Cette éventualité, du reste, avait été prévue par le Conseil des ministres : des instructions à cet égard furent sans doute envoyées à M. de Bourmont ; car, dans une séance du 17 avril, le prince de Polignac, ministre de la guerre par intérim, déclarait à ses collègues que tout faisait présager un résultat heureux, que la force de l'armée était telle que très-certainement le Dey n'attendrait pas un siège en règle de la ville d'Alger, pour nous donner la satisfaction qui nous était due.

Mais, si le Dey refusait d'entrer dans cette voie, par crainte d'une révolte des janissaires qui lui auraient difficilement pardonné des concessions considérables faites aux chrétiens avant même d'avoir tenté la fortune des armes, le général turc aurait dû tenir constamment ses milices sur la défensive, dans des lieux habilement choisis et fortifiés avec art, de manière à suppléer à l'insuffisance du nombre par les avantages de la position ; faire constamment harceler nos troupes par une nuée de Bédouins aussi prompts à l'attaque qu'à la fuite, pendant que les Kabyles auxiliaires, embusqués derrière les broussailles et dans les ravins, auraient tiré à coup sûr. Il fallait, en un mot, faire à nos soldats cette guerre de surprises et de coups de main, à laquelle la nature accidentée du terrain à parcourir et l'extrême mobilité des Arabes les rend éminemment propres.

Je ne sais si ces considérations diverses se présentèrent à l'esprit d'Ibrahim. Il est d'autant plus permis d'en douter, que le 19 au matin, il engagea sans nécessité, pendant que nos troupes se tenaient sur la défensive, une affaire générale qui a reçu le nom de bataille de *Staouëli*. J'aurai même l'occasion de faire remarquer tantôt que la perte de cette bataille, qui, en raison de l'attitude de l'armée française, devait être pour le Dey un échec de peu de conséquence, ne devint un désastre irréparable et n'eût un si immense retentissement dans la Régence que par la conduite insensée du général turc.

J'ai déjà raconté que, dans la soirée du 14 juin, Ibrahim ayant appris le débarquement de nos troupes et l'engagement de Sidi-Ferruch qui en avait été la suite, était parti en toute hâte avec son armée, dans le dessein évident de livrer bataille aux Français, afin de les refouler sur leurs vaisseaux. Il massa ses troupes sur le plateau de Staouéli, à quelques centaines de pas des avant-postes de la division Berthezène. L'effectif de l'armée du Dey ne dépassait pas une vingtaine de mille hommes. Elle se composait de six à sept mille hommes de milice turque, et quatre à cinq mille Kabyles auxiliaires, commandés par Ben-Zamoun, chef des Kabyles du Djurdjura, des contingents arabes des provinces d'Alger et d'Oran, sous les ordres de Mustapha-ben-Mesrag, bey de Titteri. Quatre à cinq cents cavaliers du bey de Constantine s'étaient portés sur la rive droite de l'Harrach, au sud-est d'Alger, pour y attendre les évènements.

Les journées des 16, 17 et 18 juin se passèrent sans autres épisodes que quelques engagements de tirailleurs. Ibrahim avait employé ces trois journées à établir son camp et à faire construire des batteries sur le plateau de Staouéli. Dans la soirée du 18, des Arabes donnèrent avis au général Berthezène que toutes les forces musulmanes attaqueraient les Français le lendemain.

En effet, pendant la nuit du 18 au 19 juin, les Arabes auxiliaires avaient profité des ténèbres pour s'approcher sans bruit, de broussaille en broussaille, jusqu'à portée de nos avant-postes. Au point du jour, un coup de canon tiré du camp d'Ibrahim donna le signal. Les tirailleurs cachés derrière les broussailles et les goums sous les ordres de Ben-Mesrag, arrivés au galop à portée de trait, firent une première décharge. Aussitôt, la milice turque, soutenue par les Kabyles, descendit du plateau, protégée par le feu des batteries et par un épais brouillard qui masquait ses mouvements. Elle se précipita avec furie vers la gauche de nos bivouacs occupée par le 37e de ligne. La brigade Clouet fut aussi abordée avec vigueur. Le colonel Mounier, du 28e de ligne, blessé à la tête de son régiment, ne quitta point le champ de bataille. La division Berthezène fut ainsi, dès le début de la bataille, engagée tout entière; mais, comme les efforts de l'ennemi portaient principalement sur la brigade Clouet, la brigade d'Arcine (de la division Loverdo) appuya ses efforts, et toutes deux parvinrent à repousser les Turcs que canonnaient à revers deux bricks embossés près du rivage. L'agha Ibrahim dirigeait en personne cette attaque, dont il espérait le plus grand résultat. Malgré la violence du choc et le désavantage d'attendre l'ennemi de pied ferme, nos soldats ne perdirent pas un pouce de terrain : un nouveau combattant prenait la place de chaque homme tombé, et les janissaires, surpris sans être découragés par cette manière de combattre si nouvelle pour eux, venaient se faire tuer bravement sur nos baïonnettes. Après des efforts incroyables, tentés sans succès, il furent obligés de battre en retraite.

Mais, M. de Bourmont, qui n'avait pas encore tout son matériel, ne voulant rien abandonner au hasard, avait donné l'ordre au général Berthezène, qui commandait en son absence, de se tenir sur la défensive. Ce général dut s'abstenir de poursuivre les Turcs qui pouvaient ainsi se retirer dans leur camp sans être inquiétés.

Ibrahim aurait dû profiter de cette bonne fortune pour rallier ses troupes, que cette attaque infructueuse et sanglante avait mises en désordre et fortifier le camp de Staouéli ou l'abandonner, si la position ne lui paraissait pas suffisamment forte pour résister à des adversaires dont il connaissait maintenant par expérience toute la valeur. Il prit, au contraire, un parti insensé. Ne pouvant plus nous attaquer de front avec des troupes démoralisées par un échec si inattendu, il nous fit canonner par ses batteries du plateau. Cette manière de combattre devait avoir un résultat fatal et déterminer le général en chef à lancer ses colonnes sur le plateau pour s'emparer des batteries; c'est ce qui eut lieu.

Le général Berthezène, voyant les soldats exposés en pure perte aux feux de l'ennemi et près de fléchir sous la fatale immobilité à laquelle on les condamnait, envoya à Torre-Chica pour faire connaître au général en chef la position de nos troupes. M. de Bourmont accourut du quartier général, au galop. L'aspect du champ de bataille jonché de cadavres ennemis, ne pouvait laisser le moindre doute dans son esprit sur l'étendue des pertes d'Ibrahim et sur les conséquences qui avaient dû en être la suite. Il jugea d'un coup d'œil la situation et la jugea bien. Le gain de la bataille n'était pas douteux. Mais pour que le succès de nos armes ne fût point sans éclat et produisît une impression profonde sur les Arabes, il résolut d'enlever les batteries des Turcs et de mettre leurs milices dans une déroute complète. Avec l'entrain bien connu des troupes françaises, un vigoureux coup de main devait suffire pour atteindre ce résultat. Il rangea donc la division Berthezène en colonnes serrées par échelons d'un régiment, ainsi que la brigade d'Arcine, et les fit marcher au pas de course contre les ennemis. Cette manœuvre répondit pleinement à ses espérances ; car, pendant que le général de Lahitte, avec son artillerie, faisait taire le feu de la grande redoute des Turcs, la brigade Achard enlevait rapidement la position, mettait les Turcs en pleine déroute, franchissait le camp d'Ibrahim et poursuivait les fuyards à plus d'une lieue, jusqu'à *Sidi-Khaled*.

Trois mille hommes de l'armée d'Ibrahim restèrent sur le champ de bataille ; les munitions, l'artillerie, les bagages et les trésors de l'agha tombèrent en notre pouvoir. Nos pertes, en tués ou blessés, ne s'élevèrent qu'à six cents hommes. L'armée, triomphante, occupa le plateau de Staouéli, et les débris des Turcs se réfugièrent sous les murs d'Alger.

La victoire de Staouéli eut une portée incalculable. Elle jeta une profonde démoralisation dans l'armée ennemie, tandis que nos troupes, officiers et soldats, ne doutèrent plus du succès de l'expédition et demeuraient convaincus de l'incontestable supériorité de notre armée sur les troupes africaines. On apprit, en outre, par des transfuges, qu'Ibrahim s'était caché dans une maison de campagne du Sahel. Il n'osait se présenter devant le Dey, ni tenter une revanche avec des troupes désorganisées et singulièrement affaiblies. Quelques jours, en effet, s'écoulèrent sans qu'on vit reparaître les troupes du Dey. M. de Bourmont mit à profit ces moments de trêve pour assurer ses derrières. Il attendait l'arrivée de tout son matériel pour continuer sa marche sur Alger. Les travaux de Sidi-Ferruch, poussés avec vigueur, furent achevés le 24 juin. Ils consistaient en une ligne bastionnée qui séparait le promontoire du continent.

Des redoutes armées avec les pièces prises aux Turcs couvraient les communications entre la mer et Staouéli.

Après la bataille de Staouéli, la division du général Berthezène avait pris position à Sidi-Khaled. L'agha Ibrahim, sortant enfin de la stupeur où l'avait plongé la perte de cette bataille, songea à rallier les débris de son armée. Il vint nous attaquer de nouveau à Sidi-Khaled le 24 juin, avec ses janissaires, les Kabyles et les contingents arabes. Mais ses troupes étaient encore beaucoup trop sous le coup de leur récente défaite pour avoir retrouvé leur vigueur et leur aplomb accoutumés. Il courait donc fatalement à un nouvel échec. Le combat ne fut ni long ni opiniâtre. La division Berthezène, soutenue par la brigade Damrémont, de la division Loverdo, en eut facilement raison, et nos chasseurs poursuivirent les fuyards jusqu'à la descente de la Boudzaréah, à une lieue d'Alger. Nos pertes, dans ce combat, ne furent pas très-considérables, mais un des fils du général en chef, lieutenant au 38ᵉ de ligne, y fut blessé mortellement.

Après la perte de ces deux batailles, Hussein-Dey, qui n'était dépourvu ni d'intelligence, ni d'énergie, aurait dû comprendre que la lutte était désormais impossible; que la ville d'Alger, dont nous n'étions plus qu'à une ou deux lieues, tomberait infailliblement dans nos mains, et que la seule chance de salut était dans une négociation avec le général en chef de l'armée ennemie. La suite de ce récit fera facilement ressortir que, s'il n'entra pas dans cette voie, ce ne fut nullement par crainte des janissaires; mais il était fatalement poussé à sa perte. Il persista avec obstination à poursuivre une défense, désormais impossible. Il retira le commandement de l'armée à son gendre Ibrahim, pour le confier au bey de Titteri, et le muphti reçut l'ordre de prêcher la guerre sainte. Mais le découragement était tel, que le nouveau général ne put même réunir une armée capable d'entrer en ligne, et les Arabes, dont le fanatisme avait été singulièrement refroidi par les revers immenses des Turcs, se tenaient en général dans l'expectative et répondirent en fort petit nombre à l'appel qui leur était adressé.

Nous ne fûmes, à partir de ce moment, l'objet d'aucune attaque sérieuse. Nos troupes n'eurent à soutenir que des engagements de tirailleurs qui commençaient avec le jour et finissaient avec la nuit. Les compagnies chargées de les tenir à distance se relevaient de trois heures en trois heures. Les Arabes, couverts par les accidents de terrain et embusqués derrière les broussailles et dans les ravins, si nombreux en cet endroit, nous tuèrent quelques hommes. Ils tentèrent quelques surprises qui nous firent éprouver des pertes relativement considérables. Ainsi, le 28 juin, deux détachements du 35e de ligne, qui s'étaient lancés sans précaution à la poursuite de l'ennemi, revinrent fort maltraités. Le même jour, l'imprudence d'un chef de bataillon du 4e léger, qui avait permis à tous ses soldats de nettoyer leurs armes en même temps, nous fit tuer cent cinquante hommes, et, sans le secours des troupes voisines, le bataillon entier eût été détruit.

Ces attaques, comme on le comprend, ne pouvaient avoir d'autre effet que d'irriter nos soldats. Aussi, le jour suivant, le 29, dans la matinée, le général en chef ayant ordonné à nos troupes un mouvement offensif que nous allons bientôt décrire, non-seulement les Arabes pris les armes à la main, mais encore les habitants des campagnes, tous sans exception, vieillards, femmes, enfants, furent impitoyablement massacrés.

Cependant, malgré la douleur que lui causait la perte de son fils, M. de Bourmont avait rempli ses devoirs de général en chef avec un courage stoïque. Les derniers bâtiments du convoi étant arrivés à Sidi-Ferruch le 27 juin, il fit opérer le débarquement en toute célérité, préposa un bataillon du 48e de ligne, renforcé de quatorze cents marins débarqués de la flotte, à la garde du camp. Après avoir confié le commandement de ces troupes à un officier brave et expérimenté, M. le colonel

Loridant, il partit avec la division d'Escares pour rallier les deux premières divisions, afin de procéder avec toutes ses troupes, désormais disponibles, à l'investissement d'Alger, dont nos avant-postes n'étaient plus qu'à la distance de cinq quarts de lieue.

Nous n'avions plus de résistance sérieuse à redouter de la part d'ennemis réduits à l'impuissance. L'armée s'étant mise en marche le 29, malgré les difficultés du terrain et la présence de quelques milliers d'Arabes sur le plateau de la Boudzaréah, nos troupes franchirent sans encombre la vallée qui nous séparait de la position des Arabes, abordèrent sans difficulté les hauteurs occupées par l'ennemi, qu'une charge à la baïonnette mit en fuite. Dès lors, les trois divisions françaises n'eurent plus à lutter que contre les obstacles naturels du sol. Nos troupes étant arrivées sur la crête de la Boudzaréah, le reste de la journée fut passé à franchir les pentes rapides et les immenses ravins qui le séparaient d'Alger et à traîner le matériel de siège. La chaleur était étouffante, les soldats étaient harassés de fatigue. Néanmoins, le général Valazé, du génie, reconnut dès le soir les abords du fort l'Empereur.

Le fort l'Empereur, qu'il fallait enlever au préalable pour pouvoir se rendre maître de la ville, forme un carré un peu allongé, du sud au nord; ses murs étaient flanqués de saillies servant de bastions; la face du côté sud était armée d'une double enceinte en maçonnerie; une grosse tour s'élevait au centre et commandait ses approches. Les murailles sans glacis ni chemin couvert étaient exposés au feu de notre artillerie qui les dominait de tous côtés. Ces fortifications par trop rudimentaires devaient être ruinées en quelques heures par les terribles engins de guerre que l'armée française avait emmenés à sa suite.

Le 30 juin, on ouvrit la tranchée à six cents mètres du fort. Dix pièces de 24 furent placées en batterie pour battre la face sud-ouest ; six pièces de 16 furent braquées à gauche, contre la face nord-ouest ; deux batteries d'obusiers et de mortiers devaient lancer des feux courbes sur l'intérieur du fort. Cette première journée, le feu de la place et la lassitude des troupes ne permirent pas de pousser activement les travaux de la tranchée. Le 1er juillet, les Turcs firent une sortie et furent repoussés avec perte : ce fut la seule et unique tentative faite pour empêcher nos travaux. Les nuées d'Arabes qui avaient suivi nos troupes tiraient de fort loin. Ils ne pouvaient inquiéter les soldats occupés à la tranchée, étant tenus à distance par quelques compagnies déployées en tirailleurs. Enfin, le 3 juillet au soir, la tranchée étant terminée et les batteries mises en état, M. le général de Lahitte reçut ordre de commencer le feu le lendemain matin.

Avant de raconter le dénouement de ce terrible duel, mentionnons pour mémoire que, le 3, l'amiral Duperré se porta devant la ville avec une partie de la flotte et vint canonner les forts, mais à une telle distance, que la plupart des boulets n'arrivèrent même pas jusqu'au but. M. Pellissier, dans ses *Annales algériennes*, rapporte que le dégât occasionné aux fortifications d'Alger, par la marine, fut évalué à la somme de sept francs cinquante. Les prétentions de M. Duperré, qui croyait ou voulait faire croire qu'il avait puissamment contribué à la reddition de la ville, n'étaient donc qu'une faiblesse d'un amour-propre excessif, qu'on regrette de rencontrer dans un marin illustre qui avait d'ailleurs servi avec distinction.

Enfin, le 4 juillet, à quatre heures du matin, le général en chef, attendant l'exécution de ses ordres donnés la veille, s'était posté sur la terrasse de la maison du consul d'Espagne, pour suivre, d'un œil attentif, les diverses phases du bombardement et pourvoir aux éventualités qui pourraient surgir. De son côté, le Dey, accompagné de ses principaux officiers dignitaires, était sur le haut de la Casbah pour assister, derrière les créneaux, à la lutte suprême dont le signal venait d'être donné. Une brume épaisse enveloppait le fort l'Empereur : les premières décharges, dirigées un peu au hasard, produisirent peu d'effet. Enfin, vers six heures, le soleil ayant dissipé le brouillard, le tir de nos pièces fut rectifié, et une quantité considérable de bombes, de boulets et d'obus s'abattit avec un effroyable fracas sur les remparts du fort l'Empereur. Les artilleurs turcs, soutenus par les canons de la Casbah et des Tagarins, nous opposèrent une défense héroïque. Vains efforts ! Des murs entiers s'écroulaient, leurs affuts volaient en éclat, et notre feu, loin de diminuer en présence de ces ruines, devenait encore plus intense.

Deux mille hommes périrent à leur poste dans cette enceinte qui les exposait à découvert aux coups de notre artillerie. Le désordre et la révolte se mirent parmi le reste des combattants qui voulaient abandonner des lieux qu'ils ne pouvaient plus défendre : ils furent écrasés par les canons de la Casbah, que le Dey fit braquer contre eux. Deux drapeaux rouges flottaient encore aux angles du fort. Un nègre parut deux fois sur les brèches et vint les enlever l'un après l'autre. Il était dix heures. Nos généraux se concertaient pour pénétrer, sans exposer trop de monde, dans la crainte que le fort ne fut miné. Tout à coup une explosion formidable fit trembler le sol et coupa court à leurs délibérations.

Une partie du château s'entr'ouvrit comme un volcan: une immense trombe de membres humains, de fumée, de cendres, d'éclats de pierre et de bois fut projetée dans les airs. L'atmosphère resta longtemps obscurcie par des flocons de laine provenant des balles dont les Turcs avaient matelassé les brèches. Des canons de gros calibre furent lancés à d'énormes distances et des lambeaux sanglants se retrouvèrent jusque sur les terrasses et dans les rues d'Alger. Lorsque l'explosion eut pris fin, le général Hurel s'empara de ces décombres encore fumants et fit taire avec quelques pièces les canons du fort Bab-Azoun qui défendait la ville vers le sud, au bord de la mer.

A la vue de cette immense catastrophe, le Dey, en proie à une exaltation fébrile, résolut de s'ensevelir sous les ruines de la Casbah en mettant le feu à la poudrière.

Les officiers qui l'entouraient eurent d'abord quelque peine à le faire renoncer à ce funeste dessein; mais la fermeté de son caractère reprenant bientôt le dessus, il comprit quelles seraient les fatales conséquences d'un acte qu'il n'avait pu concevoir que dans un moment d'irréflexion. Et sans laisser échapper ni une plainte ni un regret sur sa puissance à jamais perdue, il consentit à entrer en négociations avec le vainqueur, dans l'intérêt de ses serviteurs et de ses sujets. L'acceptation si prompte et si facile de l'ultimatum dicté par M. de Bourmont prouve surabondamment qu'il avait déjà pris son parti de son inévitable déchéance.

Arrêtons-nous quelques instants pour considérer de plus près cette figure originale que, malgré de légitimes préventions, nous ne verrons peut-être pas sans intérêt. L'histoire doit conserver le souvenir des personnages fameux qui, dans les situations extrêmes, se sont montrés supérieurs à la bonne comme à la mauvaise fortune. A ce titre, le Dey mérite à tous égards de fixer notre attention. Non, ce n'était pas un homme ordinaire, ce soldat heureux porté au faîte de la puissance par les acclamations des janissaires qui, à l'exemple des prétoriens de Rome, faisaient ou défaisaient à leur gré les souverains de la Régence. Il avait déployé une audace incroyable et une prodigieuse énergie de caractère pour maintenir dans l'obéissance, pendant douze années, ce ramassis d'aventuriers ou de renégats capables de tous les crimes, venus de Constantinople, de Smyrne et autres pays du Levant. Pour conserver le pouvoir et la vie, il avait plus d'une fois dû recourir aux moyens extrêmes, mitrailler les révoltés et verser des flots de sang ; les tentatives d'assassinat, il les avait déjouées par sa prudence. Il avait acquis, grâce à sa volonté de fer, un tel empire sur ces natures barbares et indisciplinées, que même, après sa chute, elles ne purent échapper à son irrésistible ascendant.

En outre, il fallait une trempe peu commune pour avoir échappé à la double influence d'une société décrépite et corrompue et de l'exercice d'un despotisme dégradant ; conservé son âme grande et forte, capable de résister à la plus lamentable adversité sans en être abattu, et enfin, pour descendre du rang suprême avec un courage stoïque et une noble résignation.

Pour achever ce portrait, je n'ai plus qu'à raconter deux actes qui l'honorent. Ils attestent qu'il valait infiniment mieux que ses prédécesseurs.

Le 18 septembre 1817, une jeune fille, Rose Posombino, d'origine sarde, fut arrachée des bras de sa mère et livrée aux brutalités du Dey Ali, qui régnait alors. Une Juive, presque enfant, Virginia Ben-Zamou, éprouva bientôt le même sort. Le Dey Hussein, comprenant combien ces attentats étaient odieux, le jour même de son avènement, le 28 février 1818, rendit ces deux victimes à leurs familles, et donna à chacune d'elles une indemnité de cinq mille piastres fortes.

Le second fait peint peut-être encore mieux la générosité de son caractère.

C'était le 7 juin, le surlendemain de la capitulation

d'Alger. Le Dey se rendit à la Casbah pour arrêter avec M. de Bourmont les arrangements convenables pour son départ d'Alger. Dans son entrevue avec le général en chef, il se montra calme et digne. Il donna au Maréchal des renseignements précieux sur les hommes qu'il avait gouvernés et sur les revenus de la Régence. En sortant de la forteresse, il fut arrêté un moment sur la place de la Casbah, par une foule de curieux qui l'environnaient. Son attitude était impassible; mais, ayant vu les Turcs apporter tristement leurs armes aux pieds des officiers d'artillerie chargés de les recevoir, il parut éprouver un sentiment pénible; il essuya une larme furtive et poussa son cheval dans la rue de la Casbah.

Reprenons le cours des négociations. Le Dey, ainsi que je l'ai dit tantôt, avait consenti à négocier beaucoup plus dans l'intérêt de ses serviteurs et des habitants de la ville, que dans le sien propre. Il envoya à M. de Bourmont son secrétaire, Mustapha, qui proposa des excuses pour le gouvernement français et le paiement des frais de guerre. Le général reçut le parlementaire sur les ruines du fort l'Empereur, et répondit qu'il n'accepterait d'autres conditions que la capitulation d'Alger; qu'il allait, du reste, faire rédiger son ultimatum. Il était onze heures du matin. Deux intrigants sans mandat, qui venaient plutôt faire acte de présence auprès du nouveau maître, les Maures Ahmet-Bouderbah et Hassan-ben-Otman-Kodja, qui parlaient tous deux français, se présentèrent, vers une heure, pour essayer de nouvelles négociations. Mustapha ne tarda pas à revenir, accompagné du consul d'Angleterre, qui offrait son entremise officieuse. M. de Bourmont persistant dans ses premières exigences, il fut arrêté que le projet de capitulation serait apporté au Dey par l'interprète Braschewitz. Une suspension d'armes fut accordée aux assiégés jusqu'au lendemain, à sept heures du matin.

Braschewitz ne pénétra dans la ville qu'avec une extrême difficulté. Après avoir franchi la porte Neuve, il se trouva tout à coup au milieu d'une troupe de janissaires en fureur. Il fut bientôt environné de Maures, d'Arabes et de Juifs, qui se pressaient en foule sur la rampe étroite qui conduit à la Casbah. Cette multitude, agitée par des sentiments divers, faisait entendre tour à tour des cris d'effroi, des imprécations et des menaces. Sidi-Mustapha et les chaouchs qui l'accompagnaient firent les plus grands efforts pour préserver l'agent français de tout péril, et le conduisirent, à travers la populace ameutée, au palais du Dey, où il fut immédiatement introduit.

Braschewitz a raconté lui-même cette scène dramatique dont il fut un des acteurs, et je puis ajouter la victime, car il revint au quartier général avec une fièvre nerveuse, suite des émotions violentes qu'il avait éprouvées pendant plus de deux heures, et entra le surlendemain à l'hôpital où il mourut quinze jours après.

Je ne puis mieux faire que de transcrire son récit:

« La cour du Divan était remplie de janissaires.
» Hussein était assis à sa place accoutumée. Il avait,

» debout autour de lui, ses ministres et quelques con-
» suls étrangers. L'irritation était extrême. Hussein me
» parut calme, mais triste ; il imposa silence de la main
» et tout aussitôt me fit signe d'approcher, avec une
» expression très-prononcée d'anxiété et d'impatience.
» J'avais à la main les conditions du général en chef,
» qui avaient été copiées par l'intendant Denniée, sur la
» minute du général Desprez, écrite sous la dictée de
» M. de Bourmont. Après avoir salué le Dey et lui avoir
» adressé quelques mots respectueux sur la mission
» dont j'étais chargé, je lus en arabe les articles suivants,
» avec un ton de voix que je m'efforçai de rendre le plus
» rassuré possible :

» L'armée française prendra possession de la ville
» d'Alger, de la Casbah et de tous les forts qui en dé-
» pendent, ainsi que de toutes les propriétés publiques,
» demain, 9 juillet 1830, à neuf heures du matin (heure
» française). Les premiers termes de cet article excitè-
» rent une rumeur sourde, qui augmenta quand je pro-
» nonçai les mots : neuf heures du matin. — Je continuai :
» La religion et les coutumes des Algériens seront res-
» pectées ; aucun militaire de l'armée ne pourra entrer
» dans les mosquées. — Cet article excita une satisfaction
» générale, le Dey regarda toutes les personnes qui l'en-
» touraient comme pour jouir de leur approbation, et me
» fit signe de continuer. — Le Dey et les Turcs devront
» quitter Alger dans le plus bref délai. — A ces mots, un
» cri de rage retentit de toutes parts. Le Dey pâlit, se
» leva et jeta autour de lui des regards inquiets. On

» n'entendait que des menaces de mort proférées avec
» fureur par tous les janissaires. Je me retournai, au
» bruit des yatagans et des poignards qu'on tirait des
» fourreaux, et je vis leurs lames briller au-dessus de
» ma tête. Je m'efforçai de conserver une contenance
» ferme et je regardai fixement le Dey. Il comprit l'ex-
» pression de mon regard, et, prévoyant les malheurs
» qui allaient arriver, il descendit de son divan, s'avança
» d'un air furieux vers cette multitude effrénée, ordonna
» le silence d'une voix tonnante et me fit signe de con-
» tinuer. Ce ne fut pas sans peine que je fis entendre la
» suite de l'article qui ramena un peu de calme : On
» leur garantit la conservation de leurs richesses per-
» sonnelles. Ils seront libres de choisir le lieu de leur
» retraite.

» Des groupes se formèrent à l'instant dans la cour
» du Divan, des discussions ardentes avaient lieu entre
» les officiers turcs ; les plus jeunes demandaient encore
» à défendre la ville. Ce ne fut pas sans difficulté que
» l'ordre fut rétabli, que l'agha Ibrahim, les membres
» les plus influents du divan et le Dey lui-même, leur
» persuadèrent que la défense était impossible, qu'elle
» ne pouvait amener que la destruction totale d'Alger
» et le massacre de la population. Le Dey donna l'ordre
» que les galeries de la Casbah fussent évacuées. Je
» restai seul avec lui et ses ministres.

» Sidi-Mustapha lui montra alors la minute de la
» capitulation que le général en chef nous avait remise
» et dont presque tous les articles lui étaient personnels

» et réglaient ses affaires particulières. Elle devait être
» échangée, le lendemain matin, avant dix heures.
» Cette convention fut longuement discutée par le Dey
» et par ses ministres ; ils montrèrent, dans la discus-
» sion des articles, et dans le choix des mots, toute la
» défiance et la finesse qui caractérisent les Turcs dans
» leurs transactions. On peut apercevoir, en la lisant,
» les précautions qu'ils prirent pour s'assurer toutes
» les garanties désirables : les mots et les choses y
» sont répétées à dessein et avec affectation, et toutes
» ces répétitions, qui ne changent rien au sens, étaient
» demandées, exigées ou sollicitées avec les plus vives
» instances de la part des membres du divan. Sidi-Mus-
» tapha copia en langue arabe cette convention, et la
» remit au Dey, avec le double en français que j'avais
» apporté.

» Comme je n'avais pas mission de traiter, mais de
» traduire et d'expliquer, je demandai à retourner vers
» le général en chef pour lui rendre compte de l'adhé-
» sion du Dey et de la promesse que l'échange des rati-
» fications serait fait le lendemain de grand matin.
» Hussein me parut très-satisfait de la conclusion de
» cette affaire ; pendant que ses ministres s'entretenaient
» entre eux sur les moyens à prendre pour l'exécution
» de la capitulation, le Dey se fit apporter, par un esclave
» noir, un grand bol en cristal, rempli de limonade à la
» glace. Après en avoir bu, il me le présenta, et j'en bus
» après lui. Je pris congé, il m'adressa quelques paroles
» affectueuses et me fit conduire jusqu'aux portes de la

» Casbah par le bach-chouach et par Sidi-Mustapha.
» Ce dernier m'accompagna, avec quelques janissaires,
» jusqu'en dehors de la porte Neuve, à peu de distance
» de nos avant-postes. »

Le lendemain matin, vers sept heures, M. le colonel Bartillat, commandant du quartier général, et M. de Trélan, aide-de-camp du général en chef, assistés de deux interprètes, se rendirent à la Casbah pour arrêter d'une manière définitive la rédaction de la capitulation et prendre les derniers arrangements relatifs à la reddition d'Alger, des forts, de la citadelle et du port. Ils exécutèrent leur mission sans difficulté : l'exaspération des janissaires de la veille avait fait place à une morne stupeur. Les ratifications furent échangées immédiatement.

Nos troupes entrèrent le 5 juillet, à midi, dans la ville. Et M. de Bourmont, triomphant, prit possession de la Casbah. Il s'y établit à demeure avec son état-major.

La capitulation définitive était rédigée en ces termes :

« *Convention entre le Général en chef de l'armée française et Son Altesse le Dey d'Alger.*

» Le fort de la Casbah, tous les autres forts qui dépendent d'Alger et le port de cette ville, seront remis aux troupes françaises, ce matin, à dix heures (heure française).

» Le Général en chef de l'armée française s'engage

envers Son Altesse le Dey d'Alger à lui laisser sa liberté et la possession de toutes ses richesses personnelles.

» Le Dey sera libre de se retirer avec toute sa famille et ses richesses particulières, dans le lieu qu'il fixera, et, tant qu'il restera à Alger, il y sera, lui et sa famille, sous la protection du Général en chef de l'armée française. Une garde garantira la sûreté de sa personne et celle de sa famille.

» Le Général en chef assure à tous les soldats de la milice les mêmes avantages et la même protection.

» L'exercice de la religion mahométane restera libre. La liberté des habitants de toutes les classes, leur religion, leurs propriétés, leur commerce et leur industrie ne recevront aucune atteinte; leurs femmes seront respectées.

» Le Général en chef en prend l'engagement sur l'honneur.

» L'échange de cette convention sera fait avant dix heures, ce matin, et les troupes françaises entreront aussitôt après dans la Casbah et successivement dans tous les forts de la marine et de la ville.

» Au camp, devant Alger, le 5 juillet 1830.

» Suivent les signatures : Hussein Pacha,
» Comte de Bourmont. »

Cette capitulation, identique ou à peu près, quant au fond, avec le projet communiqué par Braschewitz au divan, le 4 juillet, contenait quelques différences dans la forme que j'aurai à signaler dans le cours de mes récits. Je me borne, en ce moment, à faire remarquer que l'article du projet conçu en ces termes : « Le Dey et les Turcs devront quitter Alger dans le plus bref délai, » article qui avait surexcité au plus haut degré la fureur des janissaires, était notablement modifié dans la capitulation. L'injonction d'un départ précipité, blessante pour le caractère du Dey, avait été remplacée par des expressions à la fois plus convenables et plus dignes des hautes parties contractantes. Le général en chef lui laissait une entière liberté pour fixer le lieu de sa nouvelle résidence et l'époque de son départ d'Alger. Ce mot de *départ* n'était même plus prononcé à l'égard des janissaires : la convention portait simplement que le général en chef assurait aux soldats de la milice la même protection et les mêmes garanties qu'au Dey lui-même.

Je me suis demandé, bien des fois, si ce changement dans les termes révélait une modification dans les idées du général en chef. Il est évident qu'à l'égard du Dey, M. de Bourmont avait la volonté ferme de l'éloigner au plus tôt de la ville d'Alger et même du territoire de la Régence ; il était certain, d'un autre côté, qu'Hussein s'empresserait de quitter des lieux qui, ayant été témoins de sa grandeur, lui auraient fait beaucoup trop sentir l'amertume de sa chute. Son entrevue avec le général, le 7 juillet, pour prendre les arrangements relatifs à son départ pour Naples, qui eut lieu le 10, cinq jours après la capitulation, ne laisse aucun doute sur leurs intentions respectives.

Mais, à l'égard des janissaires, bien que deux mille d'entre eux aient été renvoyés en Asie, le jour même du départ du Dey, l'étude exacte des faits et une démarche de l'agha Ibrahim, dont je parlerai bientôt, m'ont porté à croire que la décision première de M. de Bourmont n'était pas irrévocable.

Quel motif sérieux le général en chef pouvait-il avoir pour persister dans une mesure qui répugnait évidemment à son caractère ; janissaires ne pouvaient être un danger pour nous, ombre était réduit de plus de moitié par les pertes éprouvées aux combats de Staouéli, de Sidi-Khaled et par la catastrophe du fort l'Empereur. J'ai lieu de croire que cette rigueur inutile fut suggérée à M. de Bourmont par Bouderbah et Ben-Otman, qui étaient venus trouver le général après la prise du fort l'Empereur, sous prétexte de continuer les négociations commencées par Sidi-Mustapha. Ces deux indigènes avaient longtemps habité Marseille ; ils parlaient couramment le français. L'insuffisance de nos interprètes, qui comprenaient fort peu l'arabe vulgaire, leur donna une importance dont ils profitèrent bientôt pour faire éloigner les chefs des janissaires, dont ils espéraient les riches dépouilles, notamment les belles villas situées aux environs d'Alger, dont ils étaient propriétaires. Je crois pouvoir affirmer que la première idée du départ des Turcs fut suggérée à M. de Bourmont par leurs manœuvres artificieuses.

Quoi qu'il en soit, l'expédition était terminée, ses résultats avaient dépassé toutes les espérances. Le gouvernement français s'était proposé de venger l'injure faite à notre pavillon et affranchir l'Europe des honteux tributs qu'elle payait aux pirates barbaresques. Alger était pris. Un matériel immense et des trésors considérables étaient tombés dans nos mains. Nous avions conquis un grand royaume, et cette conquête eût puissamment contribué à la grandeur et à la prospérité de de la France, si les hommes qui devaient bientôt s'emparer du pouvoir avaient inauguré une politique franche et nationale.

Les partisans de la Restauration et les ministres de Charles X étaient ravis de joie. M. de Bourmont fut nommé maréchal de France, et M. Duperré élevé à la pairie.

V

LE MARÉCHAL COMTE DE BOURMONT. — APPRÉCIATION DE SA CONDUITE COMME MINISTRE, GÉNÉRAL EN CHEF ET NÉGOCIATEUR.

Quand M. de Bourmont pénétra en maître dans l'antique palais des souverains de la Régence, son âme attristée par la perte récente du second de ses fils, tressaillit d'un légitime orgueil. Cette puissance redoutable, fondée au commencement du XVIe siècle, par deux aventuriers turcs, les frères Barberousse, qui, depuis cette époque, avait imposé de honteux tributs aux nations maritimes de l'Europe chrétienne, affronté impunément les armes de Charles-Quint, les flottes de Louis XIV et, dans des temps plus rapprochés, l'escadre anglaise de lord Exmouth, il venait de l'anéantir dans une mémorable campagne de vingt jours.

On dit qu'étant monté sur le faîte de l'édifice, la grandeur du spectacle qui s'offrait à ses regards frappa vivement son imagination. Il avait en face la mer dont l'horizon s'étendait à l'infini à ses pieds, la ville avec ses maisons blanches bâties en amphithéâtre, qui s'abaissent par degrés jusqu'à la baie, resserrée en cet endroit par deux riants promontoires couverts d'une luxuriante végétation. Enfin, à droite sa vue venait se reposer agréablement sur les crêtes aiguës et pittoresques du Jurjura. Son esprit, illuminé soudain par une intuition supérieure, aperçut clairement les conséquences éloignées, mais inévitables, de la conquête: la fondation d'un grand État, d'une France nouvelle, substituée à la domination barbare des pirates turcs.

Il ressentit alors une joie infinie d'avoir à jamais attaché son nom à une entreprise si éminemment nationale. Sans doute, la fortune, qui avait jusque-là si visiblement secondé ses desseins, lui ménageait cette compensation anticipée, pour adoucir l'amertume de la chute fatale, dont il fut la victime volontaire. Le frêle vaisseau qui portait la Restauration, conduit par des nautonniers imprudents, allait bientôt se briser sur un écueil, et lui-même devait quitter, presque en fugitif, pour le chemin de l'exil, ces lieux encore étonnés de son rapide et immortel triomphe.

Il est pénible de constater que les glorieux services de M. de Bourmont furent impuissants pour le soustraire aux attaques passionnées de ses ennemis. Ils évoquèrent les souvenirs fâcheux d'une époque, hélas ! trop féconde en perfidies, afin de le perdre dans l'opinion publique. Il ne faut pas s'en étonner. L'esprit de parti avait à tel point étouffé dans les cœurs l'amour sacré de la patrie, que, pour la première fois peut-être, les victoires d'une armée française avaient contristé des Français. A la nouvelle de la prise d'Alger, la rente baissa. Des spéculateurs effrénés n'avaient pas craint de donner à l'Europe ravie le hideux spectacle de nos défaillances patriotiques.

Ces attaques intempestives étaient, sans nul doute, dirigées contre M. de Bourmont seul ; mais elles eurent le tort grave de remonter plus haut et d'amoindrir le prestige de nos armes, que les brillants résultats de l'expédition venaient de relever pour la première fois depuis nos lamentables revers de 1814. Le nom du général en chef était si intimement lié à la conquête, qu'il était nécessaire d'en méconnaître l'importance pour nier, avec quelque chance de succès, les qualités solides dont il avait donné des preuves incontestables.

Quel autre que M. de Bourmont aurait pu en revendiquer l'honneur ? Ministre de la guerre, il avait soutenu énergiquement la nécessité de l'expédition dans les conseils du monarque, démontré que les échecs subis antérieurement par les puissances européennes, avaient eu pour cause fatale de fausses mesures et le défaut de troupes de débarquement. Malgré l'opinion unanime des amiraux qui avaient déclaré l'expédition impossible, malgré la polémique acerbe des feuilles libérales qui la représentaient à la fois comme injuste et pleine de périls, il entraîna ses collègues hésitants et l'expédition fut décrétée.

Une fois l'expédition résolue, sans se laisser émouvoir par les accusations injustes dont il fut l'objet et auxquelles il opposa une impassibilité dédaigneuse, il avait organisé l'armée expéditionnaire et réuni l'immense matériel nécessaire pour la campagne avec une merveilleuse activité. Les premiers préparatifs avaient commencé le 8 février, et moins de trois mois après, le 1er mai, l'armée était concentrée entre Marseille et Toulon, prête pour l'embarquement. On ne saurait trop faire ressortir la sagesse dont il fit preuve pour la composition du personnel. Lui, dont les convictions politiques étaient des plus ardentes, sut s'affranchir, pour le choix des régiments et des généraux, de l'influence du favoritisme, et ne forma ses divisions qu'avec des soldats solides et des officiers expérimentés. Ainsi, les généraux Berthezène et Loverdo, commandant la première et la deuxième division, avaient servi avec distinction sous la République et sous l'Empire. Leurs opinions libérales bien connues n'avaient pas fait obstacle à leur nomination. M. le général duc d'Escars seul, commandant de la troisième division, n'avais jamais fait la guerre, mais c'était un militaire fort instruit, que le général en chef conserva toujours sous sa main et dont les troupes furent exclusivement consacrées à la construction du camp. Les généraux de la Hitte et Valazé, commandant l'artillerie et le génie, étaient deux officiers d'un mérite supérieur, dont ils donnèrent bientôt des preuves éclatantes.

Sa conduite envers M. Duperré ne fut pas moins digne d'éloges. Malgré les lenteurs et les fautes commises par l'amiral, qui paraissaient indiquer un mauvais vouloir inexplicable, M. de Bourmont fit preuve d'un admirable esprit de ménagement ; il avait craint, en faisant usage des pouvoirs extraordinaires dont il était investi, d'occasionner une division funeste entre la marine et l'armée de terre. Après le débarquement de nos troupes, quel capitaine se fût conduit avec plus de prudence ? Il ordonna à la troisième division de construire un camp retranché, et, afin d'être en mesure de faire face aux éventualités qui pouvaient se produire, il le fit protéger par des redoutes armées avec soin, de manière à garantir, en toutes circonstances, les communications de l'armée de terre et de la flotte. Sur le champ de bataille il s'était de même montré à la hauteur du commandement. Arrivé en toute hâte à Staouéli, après l'attaque infructueuse des Turcs, il avait jugé promptement, avec le coup d'œil sûr de l'homme de guerre, que les ennemis, démoralisés par la grandeur de leurs pertes, n'opposeraient plus une résistance sérieuse. Il avait, en conséquence, lancé nos troupes en colonnes serrées sur le plateau et enlevé en un tour de main les batteries et le camp des Turcs. Enfin, avec quel tact et quelle connaissance des hommes et des choses n'avait-il point conduit les négociations pour la capitulation d'Alger. Comprenant la stupeur produite dans les conseils du Dey par l'effroyable catastrophe du fort l'Empereur, il avait précipité le dénouement, et, vingt-quatre heures après, le drapeau de la France flottait sur le fort de la Casbah.

J'ai représenté, jusqu'ici, M. de Bourmont comme ministre et comme homme de guerre. Pour achever de le peindre, il faut également faire ressortir son côté moral. Quelques traits suffiront pour compléter ma tâche. Après le combat de Sidi Khaled, où un de ses fils avait été mortellement blessé, il écrivit au président du Conseil une lettre digne d'un Spartiate :

« La plupart des pères, de ceux qui ont versé leur sang
» pour la patrie, seront plus heureux que moi : le second
» de mes fils vient de succomber ; l'armée perd un brave
» soldat, je pleure un excellent fils. »

L'expression modeste et touchante d'une si grande douleur révèle, assurément, une âme peu commune et un grand caractère. L'histoire doit en conserver le souvenir.

Je dois ajouter que, durant le cours de l'expédition, bien qu'il n'eut affaire qu'à une troupe de forbans et malgré de justes griefs, il ne se départit jamais des principes du droit des gens admis par les nations civi-

...ées. Après l'explosion du fort l'Empereur, les chefs des janissaires, réunis en conseil, avaient fait sortir d'Alger, secrètement, un parlementaire chargé d'offrir à M. de Bourmont la tête du Dey en échange de la promesse de maintenir le gouvernement turc par un traité dans lequel seraient stipulées les satisfactions légitimes dues à la France. Cette offre sauvage d'assassinat, qui avait sans doute paru très-naturelle à l'envoyé turc, M. de Bourmont la repoussa avec indignation : il le congédia fort durement après lui avoir déclaré qu'à son entrée dans la ville il ferait fusiller impitoyablement tous les janissaires, si Hussein avait à se plaindre de la moindre insulte. Du reste, la parfaite loyauté du général, ses sentiments généreux, ne sont-ils pas irrévocablement établis par la capitulation dont nous avons tantôt donné le texte ? Cette capitulation n'était pas un acte longuement débattu entre belligérants où le vainqueur se relâche de ses premières prétentions. Il l'avait imposée tout entière et en avait lui-même dicté les termes à son chef d'état-major. Était-ce un insolent abus de la force que les peuples vaincus sont malheureusement obligés de subir ? Bien loin de là : elle garantissait, sur l'honneur du général en chef, la sécurité des personnes, la propriété, la religion des différentes populations d'Alger qui, sous la domination des Turcs, avaient été livrées au caprice du maître. Il n'avait même pas songé à leur imposer la plus légère contribution. Il désirait, avant tout, tenir la parole donnée dans une de ses proclamations : qu'il était venu faire la guerre, non aux habitants de la Régence, mais à leur gouvernement. Il est superflu de faire observer qu'après notre entrée dans la ville et pendant le commandement de M. de Bourmont, les clauses de la capitulation furent scrupuleusement respectées. Je dirai seulement que, pendant le séjour du Dey à Alger, le général en chef se conduisit en gentilhomme. Il n'oublia pas un instant les égards dus à une si haute infortune. Il ne cessa de le traiter en souverain et accueillit avec loyauté toutes les réclamations relatives à sa fortune personnelle.

Avant de signaler les misères et les erreurs de l'administration algérienne, j'ai cru devoir faire connaître la noble conduite du général qui a donné l'Algérie à la France et venger sa mémoire des attaques injustes dont il fut l'objet. Il faut le déclarer hautement, on ne vit jamais une pareille ingratitude. L'amiral Duperré eut la petitesse de lui refuser un bâtiment de l'État pour gagner la terre étrangère, et certaines gens, sans doute pour faire la cour au nouveau roi, lui contestaient le titre de maréchal de France, qui n'était à mes yeux que la rémunération insuffisante de ses immenses services.

J'ai, en outre, le regret de constater que les Algériens eux-mêmes, par un aveuglement que je déplore, ont commis la faute grave d'ériger des monuments publics à des personnages qui furent les ennemis obstinés de la colonisation, alors qu'ils ont constamment fait preuve d'une indifférence absolue pour l'illustre fondateur de la France algérienne.

VI

CAUSES DE L'AVÉNEMENT DES TURCS ET DE LA CHUTE DE LEUR DOMINATION. — ORGANISATION MILITAIRE DE LA RÉGENCE.

Quand une puissance tombe pour ne plus se relever, il n'est pas sans intérêt de rechercher les causes qui amenèrent son élévation et celles qui ont occasionné sa chute. La nationalité arabe, qui avait poussé des jets si vigoureux sous les premiers kalifes, s'était insensiblement affaissée sur elle-même par le vice de son principe. Les descendants dégénérés de ces guerriers intrépides, qui avaient conquis en courant la péninsule ibérique et les provinces méridionales de la France, furent chassés de l'Espagne vers la fin du XV° siècle et contraints de chercher un refuge sur le continent africain, où les Espagnols les poursuivirent et s'emparèrent d'Alger en 1510. Afin de consolider leur conquête, ils avaient bâti un fortin sur une des îles qui, à cette époque, formaient seules le port d'Alger.

Les Arabes, que leur organisation défectueuse et leur division en tribus isolées, et souvent ennemies les unes des autres, mettaient dans l'impuissance de repousser les assaillants, appelèrent à leur secours le fameux corsaire Aroudj-Barberousse, qui, ayant recruté dans les villes maritimes du Levant un certain nombre d'aventuriers turcs et de renégats, vint prendre possession d'Alger, dont il chassa les Espagnols en 1516; mais il ne put se rendre maître du fort, qui ne fut pris qu'un peu plus tard, par son frère Kheir-Eddin, Barberousse II.

Barberousse II a été le véritable fondateur de l'État d'Alger; et, ce que les historiens ont appelé bien à tort l'invasion turque, ne fut d'abord que la prise de possession d'une seule ville par un chef de partisans qui, avec quelques milliers de soldats, parvint à étendre sa domination sur toute la Régence.

Il fallait une audace bien extraordinaire pour entreprendre d'asservir, avec si peu de troupes, de vastes contrées habitées par des populations turbulentes, encore vierges du joug des races étrangères. Son intelligence supérieure lui fit découvrir promptement les moyens propres à consolider cette singulière domination.

Le gouvernement tel qu'il l'organisa formait une république militaire de six à huit mille hommes dont le chef n'était qu'un soldat élu par le corps entier ou monté au pouvoir à la suite d'une révolution. Il était investi d'une autorité absolue. Néanmoins, un conseil suprême (divan), composé des soixante chefs des compagnies de la milice et des principaux dignitaires de l'État, l'assistait dans les affaires importantes, mais sans pouvoir lui imposer sa décision. Les grades, dans la milice, étaient donnés à l'ancienneté ou récompensaient les actions d'éclat. Les emplois politiques et les grades supérieurs étaient exclusivement dévolus aux Turcs. Les enfants issus des mariages qu'ils avaient contractés avec des femmes indigènes et qu'on désignait par le nom de *Coulouglis*, pouvaient servir dans la milice, mais seulement avec des grades inférieurs, et ils étaient exclus, comme les Arabes, de toute participation et de tout droit au pouvoir. En décrétant que tous les emplois étaient réservés aux Turcs et que l'élection seule désignerait les chefs de l'État, Kheïr-Eddin comprit que chaque membre de la milice, outre les avantages qui lui étaient d'ailleurs assurés, pouvant avoir la prétention d'arriver au rang suprême, considérerait le gouvernement comme son patrimoine, et le défendrait avec une indomptable énergie.

Mais la possession d'Alger ne lui parut pas suffisante pour étendre son empire sur l'Algérie entière. Il résolut, en conséquence, d'occuper Constantine et Oran, et il plaça à la tête de chacune de ces villes un Bey, qui, à l'aide d'une petite garnison turque, pourrait faire reconnaître son autorité jusqu'aux dernières limites de sa province. Mais il avait trop de sens pour croire que les aventuriers turcs, ainsi disséminés sur des territoires aussi vastes, pourraient maintenir dans l'obéissance une population de plus de trois millions d'âmes. Il résolut, à l'exemple des oppresseurs de tous les âges, de diviser les indigènes afin de les dominer plus sûrement. Il groupa, à cet effet, autour des points fortifiés, occupés par ses janissaires, des tribus choisies avec soin, et afin de les intéresser au maintien du nouvel ordre de choses, il leur accorda des immunités considérables. Ces tribus, désignées par le nom de *Makzen*, fournissaient les cavaliers chargés de maintenir l'ordre dans le pays et de châtier sévèrement les rebelles. Khaïr-Eddin donna, par cette institution, des auxiliaires nombreux aux soldats turcs, qui, d'ailleurs, ne devaient se commettre avec les Arabes des autres tribus que dans des cas extrêmes. En outre, comprenant très-bien que toute usurpation pour pousser des racines dans le sol a besoin de la consécration du temps, il usa des plus grands ménagements envers les indigènes, respecta scrupuleusement leur organisation antérieure et évita par ce moyen toute espèce de conflits. Voulant enfin frapper vivement leur imagination et leur persuader l'existence de forces militaires qu'il ne possédait point, en politique habile, il plaça son nouvel empire sous la suzeraineté de la Porte, dont le prestige, depuis la prise de Constantinople, rayonnait d'un vif éclat dans les États barbaresques. Il reçut en échange, avec le décret d'investiture qui sanctionnait son pouvoir, le titre de Pacha, le kaftan d'honneur, le tout accompagné de riches présents. Bien que cette suzeraineté, depuis la décadence des sultans, fût purement nominale, cet usage avait prévalu et existait encore en 1830. Chaque mutation était annoncée à Constantinople, le souverain élu recevait, à l'instar du fondateur de l'État d'Alger, un décret d'investiture et le titre de Pacha.

Cette organisation si simple lui ayant paru suffisante

pour maintenir les indigènes sous le joug, il songea à se prémunir contre les ennemis du dehors, que les attaques incessantes des corsaires algériens envers les navires marchands des puissances maritimes de l'Europe devaient, dans un temps donné, lui jeter sur les bras. Quand même, par ses antécédents et en raison des profits immenses qui en résultaient, il n'eût pas été enclin à maintenir et à favoriser la piraterie barbaresque dans ses États, l'exclusion systématique des Arabes des emplois publics et des rangs de la milice lui aurait fait comprendre que les ambitions déréglées et les esprits aventureux, faute d'aliment, en viendraient, tôt ou tard, à fomenter la révolte parmi les tribus ; que, pour conjurer ce péril et préserver son établissement de toute atteinte, il devait persister dans cette voie, soumettre les corsaires à une surveillance légale, élever en quelque sorte la piraterie au rang d'une institution, afin d'offrir indistinctement des chances de fortune à tous ses sujets, dans l'espérance que par ce moyen il détournerait leurs pensées de la constitution politique du pays et des privilèges blessants conférés aux Turcs.

Sous l'empire de ces idées, Kheïr-Eddin résolut de fortifier la ville d'Alger, siège de son gouvernement, pour la mettre à l'abri d'une attaque par mer. Dans ce but, il réunit les quatre îlots qui avaient jusque-là formé le seul abri existant pour les navires, en une seule île ; il la relia à la terre ferme par un môle qui portait encore son nom au moment de la conquête, fit réparer avec soin et armer le fort du Peñon, construit par les Espagnols sur un des îlots. Enfin, pour compléter l'ensemble des fortifications, il fit construire des redoutes aux deux côtés de la ville et hérisser la rade de batteries, de façon à prendre entre deux feux une escadre ennemie qui tenterait de forcer l'entrée du port et pour ménager un refuge assuré à ses pirates, si parfois quelque navire de guerre venait à leur donner la chasse.

Contre les révoltes des indigènes et même de ses janissaires, la Casbah lui aurait fourni au besoin de terribles moyens de répression. Elle était édifiée sur le sommet de la colline dont le penchant était occupé par la ville d'Alger. Sur la terrasse, il avait fait placer une artillerie formidable, dans le double but de défendre les abords du côté de la campagne et de pouvoir mitrailler les divers quartiers de la ville si une révolte venait à éclater.

La description de ce palais, tel qu'il existait en 1830, ne sera peut-être pas sans utilité pour faire connaître les mœurs et la tyrannie soupçonneuse de ce chef de pirates.

On y pénétrait par une porte lourde et massive, sous un porche obscur, sans autre ornement qu'une fontaine de marbre, d'où s'échappait, dans une coupe gracieusement sculptée, une eau fraîche et limpide. Une ruelle étroite, flanquée par les écuries du Dey, conduisait à la cour du Divan. Cette cour était vaste, pavée en marbre et entourée d'une galerie couverte, soutenue par des colonnes en marbre blanc. On remarquait dans la cour un magnifique citronnier et une fontaine d'où s'élevait un mince filet d'eau ; sur un des côtés de la galerie, plus orné que les autres, resplendissaient des glaces de toutes les formes et de provenances diverses. Une banquette régnait dans toute sa longueur. A l'une de ses extrémités elle était recouverte d'un drap écarlate, bordé d'une frange de même couleur. C'est là que se plaçait le Dey pour tenir son divan, rendre la justice, ou donner audience aux consuls et aux marchands ; c'est là qu'eut lieu la scène qui se dénoua par le coup d'éventail. Cette galerie n'avait d'autres meubles que des tapis de Smyrne, une pendule gothique à garniture de Boule, enrichie de bronze doré ; un autre petit meuble dont les tiroirs contenaient un koran, un kalendrier turc et quelques boîtes de parfums.

Sous cette même galerie, à l'autre extrémité de la banquette, s'ouvrait la porte du trésor, armée d'énormes serrures et d'un fort guichet de fer. Elle donnait entrée dans deux ou trois corridors sur lesquels s'ouvraient des caveaux sans fenêtres. Ces caveaux renfermaient des monnaies d'or et d'argent de tous les pays, depuis le boudjou d'Alger jusqu'au quadruple du Mexique.

Il y avait encore, autour de la cour du Divan, des salles, des magasins, des écuries, des cours plantées d'arbres, dans lesquelles étaient renfermées un certain nombre d'autruches ; un kiosque avec mosquée ; une salle d'armes ; une ménagerie composée de quelques tigres et de plusieurs lions. Un vaste magasin à poudre, dont le dôme avait été mis à l'épreuve de la bombe par une double couverture de balles de laine, ainsi qu'un parc à boulets, complétaient les dépendances du palais.

Les appartements du Dey étaient situés au premier étage, à l'est. On y montait par un petit escalier en bois placé dans un des côtés de la galerie du rez-de-chaussée. Cet escalier menait à une autre galerie fermée par des stores de toile de Perse et des fenêtres à la turque. Trois grandes pièces, ayant accès sur cette seconde galerie et qui ne communiquaient point entre elles, formaient le logement du Dey. Au bout de cette galerie était un petit kiosque dans lequel Hussein venait prendre le café et fumer sa pipe à l'issue des audiences publiques. Au-dessous, était une porte très-basse qui conduisait au harem, composé de deux cours autour desquelles se trouvaient les chambres et les boudoirs occupés par les femmes. Ces différentes pièces n'avaient aucune fenêtre sur la partie du palais fréquentée par les gens de service et par les différents personnages admis auprès du Dey. De petites croisées, garnies de barreaux serrés, ouvrant sur les cours, donnaient de l'air et du jour, et des ouvertures longues et étroites comme des meurtrières laissaient à peine apercevoir l'azur de la mer et un petit coin des campagnes voisines.

Le mobilier du harem se composait de tapis de grand prix, jetés à profusion sur le sol; de coussins de toute grandeur et de toute forme, en drap et en velours, couverts de riches broderies arabes; de meubles d'acajou massif, lourds, surchargés d'ornements de bronze doré ; de lits entourés de moustiquaires en mousseline de l'Inde brochée de fleurs d'or, et de divans de couleur rouge.

On y trouva des glaces et des cristaux de grande valeur ; un grand nombre de tables à toilette renfermant toute espèce de parfums ; des coffres et des nécessaires en bois précieux de l'Asie, avec de riches incrustations ; des porcelaines de la Chine et du Japon, et de petits meubles, bizarres et inconnus en Europe, inventés sans doute pour satisfaire les caprices enfantins et les habitudes fantasques et voluptueuses des femmes de l'Orient.

Les appartements du Dey étaient beaucoup plus simples. Les murailles étaient nues et blanchies à la chaux. Il n'y avait d'autre mobilier que des tapis et des divans, mais on y trouva des armes d'un grand prix.

Il importe de ne pas perdre de vue, en lisant ces détails, que la Casbah n'était pas seulement un palais pour le souverain, mais une véritable forteresse destinée principalement à lui servir de support si des éventualités redoutables venaient à se produire. Des murailles épaisses de quarante pieds de haut, terminées par une plate-forme à embrasures sur laquelle étaient braqués deux cents canons, dont une moitié était dirigée du côté de la campagne et dont l'autre menaçait la ville en cas de révolte, donnaient à la forteresse un aspect imposant, très propre assurément à jeter la terreur dans les esprits.

Cet exposé succinct des institutions établies par

Kheïr-Eddin démontre qu'il ne songea point à fonder un gouvernement national dans la Régence. Ses visées étaient tout autres. Il s'était proposé uniquement de consolider sur sa tête le pouvoir absolu qu'il tenait des circonstances. La prétendue suzeraineté ottomane, qui avait pour expression le libre choix des pirates turcs, dont il était le chef, n'était qu'une manœuvre habile pour colorer son usurpation et lui donner une forme légale.

Il me paraît hors de doute que, tout en agissant d'abord pour son compte, il avait eu le dessein d'organiser le pouvoir absolu au profit d'un personnage unique, l'élu des janissaires. Il n'avait, cependant, organisé que la domination d'une caste. L'obéissance passive, le dévouement à sa personne des milices turques, qui ne lui firent jamais défaut, il les attribuait bien à tort à ses institutions. Elles n'étaient dues qu'à sa valeur extraordinaire et à l'ascendant de ses victoires. Par la force même des choses, ses successeurs, qui ne pouvaient trouver un appui dans l'assentiment général des indigènes à leur élévation, ni dans la prétendue suzeraineté de Constantinople, dont l'influence n'avait cessé de déchoir depuis la fameuse bataille de Lépante, devinrent le jouet d'une soldatesque effrénée et perdirent, du moins touchant les affaires extérieures, la réalité du pouvoir.

Dès lors les corsaires ne connurent plus d'autres lois que leur cupidité. Ainsi, en 1604, contrairement à la volonté du Pacha, ils avaient expulsé les Marseillais de La Calle et dévasté leurs établissements qui s'étendaient déjà du cap Negro au cap Rosa et au bastion de France, et, depuis cette époque, ils continuèrent leurs avanies pendant plus de deux siècles contre les navires du commerce européen.

Ces excès des pirates algériens, quand même l'expédition de la France en 1830 n'aurait pas eu lieu, devaient amener un dénouement fatal. Les nations de l'Europe jouissaient enfin d'une paix profonde, après les longues guerres de la République et de l'Empire. Elles avaient reporté toute leur activité vers le commerce et l'industrie, qui, pour l'écoulement de leurs produits, ont un besoin pressant de débouchés et de moyens de transports maritimes. Il est certain qu'elles n'auraient pas supporté longtemps les attaques des corsaires, qui, en raison de leur petit nombre, ne pouvaient résister, sur terre, à une armée européenne, ainsi que venait de le démontrer le succès rapide de notre expédition.

Les Turcs étaient donc fatalement condamnés à perdre leur empire sur la Régence; les vices de leur organisation devaient, tout autant que les coups de leurs adversaires, les précipiter vers leur ruine. Leurs différents chefs n'avaient pas compris qu'une conquête, pour être durable, doit tendre, par degrés, à la fusion des races. Ils avaient, au contraire, conservé l'élément turc pur de tout mélange avec les indigènes et maintenu constamment ses privilèges. Aussi, au jour du danger, ils n'eurent pour auxiliaires que les cavaliers de quelques tribus qu'ils avaient su intéresser à la durée de leur domination.

VII

RÉSULTAT DE L'EXPÉDITION D'ALGER

Les Arabes, en général, n'avaient donc point participé à la lutte, et je dois ajouter qu'ils avaient vu la chute du Dey avec une réelle indifférence. Il ne faut pas s'en étonner : les grands principes, qui remuent si profondément les peuples et les font courir aux armes, n'étaient pas en jeu. L'indépendance nationale, ils l'avaient perdue depuis l'avènement des Turcs. Ils ne craignaient point pour leurs institutions civiles et politiques, qui dans la société musulmane se lient si intimement avec la religion. Les considérant comme l'œuvre de Dieu, ils les croyaient au-dessus de toute atteinte. Ils étaient sans inquiétude au sujet de leur possession séculaire du sol. Ils comprenaient très-bien que ce n'était pas avec une armée d'une trentaine de mille hommes qu'on pouvait occuper effectivement le vaste territoire de la Régence. Ils étaient même disposés à accepter la souveraineté de la France, mais à la condition d'en préciser la nature et les limites dans un traité librement débattu.

Ces derniers faits sont établis par des documents officiels. Ben-Zamoun, chef des Kabyles du Djurjura, écrivit à M. de Bourmont, quelques jours après l'entrée de nos troupes à Alger, qu'en voyant avec quelle promptitude les Français s'étaient emparés du siège du gouvernement des Turcs, lui et ses compatriotes avaient compris que Dieu nous destinait à régner à leur place; que ce serait folie de vouloir s'opposer aux décrets de la Providence. En conséquence, il offrait d'user de son ascendant pour réunir les hommes influents de la province d'Alger et leur proposer les bases d'un traité qui réglerait, à l'avantage de tous, la nature de nos rapports avec les Arabes, tant dans l'intérêt actuel que dans celui des races futures. Il priait le général en chef de considérer que, pour qu'un pareil traité fût solide, il ne devait pas être imposé par la force à la faiblesse, mais librement débattu et consenti, parce qu'alors tout le monde travaillerait de bonne foi à le maintenir.

J'aurai l'occasion de parler ultérieurement de ces ouvertures pacifiques. Je me propose en ce moment de faire ressortir qu'elles ne laissent aucun doute sur le résultat acquis par l'expédition. Nous avions renversé de fond en comble la domination des Turcs, pris la ville d'Alger, et, comme conséquence, les différents points occupés par les janissaires devaient facilement tomber en notre pouvoir. Mais les Arabes étaient restés en dehors de la lutte. Ils n'étaient point vaincus : il fallait les subjuguer ou traiter avec eux suivant l'offre de Ben-Zamoun.

C'est pour n'avoir pas compris cette situation que les différents chefs de l'armée d'Afrique ont commis cette série de fautes qui ont fait verser des flots de sang et coûté plus d'un milliard à la France.

Du reste, il était fort difficile que, le lendemain de la conquête, M. de Bourmont pût se faire une idée vraie de la situation. Comme tous les généraux victorieux, il dut se faire illusion sur l'importance de ses victoires. D'un autre côté, comme tous les Français qui débarquent pour la première fois sur le sol de l'Algérie, il était beaucoup trop sous l'influence des idées importées de France. Il avait vu, par suite de cette centralisation puissante créée dans la métropole par le génie de la Convention, et exagéré encore par l'absolutisme du premier Bonaparte, que le pouvoir maître de Paris est maître de la France entière. Sans tenir compte de la différence d'organisation de l'Algérie, des mœurs et des habitudes nomades de ses habitants, il crut de bonne foi, qu'étant maître absolu et incontesté de la ville d'Alger, il serait également maître de toute la Régence.

Cette malheureuse illusion fut également partagée par le gouvernement de Charles IX. J'ai lu sur le journal écrit par un ministre influent, à la suite du Conseil des ministres où l'on apprit la capitulation d'Alger :

« Alger la guerrière a fléchi devant nos armes, et la
» bannière de France flotte sur ses remparts.

» Trois jours de tranchée ont suffi pour amener une
» capitulation sans réserve : la ville s'est rendue à dis-
» crétion le 5 ; l'Europe entière est affranchie des plus
» honteux tributs ; un matériel immense et des trésors
» considérables sont tombés en nos mains. *Nous avons*
» *conquis* un grand royaume, et, si nous étions sages,
» le mot de Napoléon pourrait se réaliser : la Méditer-
» ranée serait un lac français. »

Il y a loin de ces paroles au dessein prêté gratuitement à la Restauration d'abandonner Alger après avoir rasé ses fortifications, et d'occuper dans l'Est un ou deux points isolés sur la côte.

HISTOIRE DE L'ALGÉRIE

I

ADMINISTRATION DE M. DE BOURMONT

M. de Bourmont avait pris possession de la Casbah le 5 juillet, à midi. La fin de la journée fut consacrée à désigner aux troupes les forts et les divers points stratégiques qu'elles devaient occuper. Il envoya la cavalerie camper dans la plaine de Mustapha, pour couvrir les routes de Constantine et de Blidah, et M. le général de brigade Tholosé, sous-chef de l'état-major général, fut nommé commandant de la place. Le lendemain, 6, M. de Bourmont, dont tous les instants étaient pris par ses rapports forcés avec les différents chefs de corps et quelques notables indigènes, s'empressa de nommer une Commission de gouvernement chargée de prendre les mesures exigées par la situation des affaires.

Les membres de cette Commission étaient MM. Denniée, intendant en chef, président; le général Tholosé; Firino, payeur général; Deval, neveu de l'ancien consul de France, et d'Aubignosc, ancien commissaire général de police à Hambourg. M. Edmond de Bussière remplissait les fonctions de secrétaire. On avait adjoint à la Commission deux interprètes, MM. Girardin et Lassalle.

Pour connaître la nature et l'étendue des fonctions qui lui avaient été dévolues, il importe de consulter les considérants de l'arrêté pris à cet égard par le Général en chef. Ces considérants étaient formulés de la manière suivante :

« Considérant que l'occupation militaire de la ville
» d'Alger doit être immédiatement suivie d'une prise
» de possession civile et de la direction administra-
» tive du pays par l'autorité française, soit sous le
» rapport du domaine public, soit sous celui de la police
» et de tous les autres éléments de l'ordre général ;
» Considérant qu'il importe, avant d'asseoir les bases
» d'une organisation administrative, territoriale et lo-
» cale, d'étudier les besoins et les ressources du pays,
» les institutions qu'il s'agit de modifier ou de rem-
» placer, l'utilité d'un amalgame de citoyens notables
» des différentes castes indigènes et des Français, pour
» remplir les emplois et exercer les fonctions qui
» constituent l'ordre civil. »

L'article 1er de l'arrêté ne mérite pas moins de fixer notre attention :

« Il est formé une Commission de gouvernement qui
» sera chargée, sous l'autorité immédiate du Comman-
» dant en chef, de pourvoir provisoirement aux exi-
» gences du service, d'étudier et de lui proposer un
» système d'organisation pour la ville et le territoire
» d'Alger. »

La lecture attentive de cet arrêté, si remarquable à plus d'un titre, m'a toujours fait penser que M. de Bourmont, malgré ses antécédents politiques bien connus et son adhésion sans réserve aux tendances rétrogrades du ministère Polignac, dont il faisait partie, était au fond un esprit libéral. Et je me suis mis bien des fois à regretter qu'il ait repoussé, avec dédain, les offres qui lui furent faites, après la révolution de Juillet, par le général Gérard, ministre de la guerre, au nom de Louis-Philippe, de lui conserver sa position s'il se ralliait au nouveau gouvernement. Il aurait très-certainement organisé l'administration civile, que l'Algérie devait revendiquer avec instance pendant longtemps encore et ne l'obtenir que sous la République, après quarante-neuf ans d'occupation.

Le dessein de M. de Bourmont d'organiser civilement l'administration de l'Algérie, me parait résulter du texte et de l'esprit de son arrêté du 6 juillet 1830. En effet, dans le premier considérant, il déclare, en termes exprès, que l'occupation militaire doit être immédiatement suivie *d'une prise de possession civile*. Et comme ces termes paraissent avoir, au premier abord, un sens un peu vague, il les détermine aussitôt et les précise par le membre de phrase qui vient immédiatement après : *et de la direction administrative du pays par l'administration française*. Ce qui veut dire, si je ne m'abuse, que, dans la pensée de l'auteur de l'arrêté, la prise de possession civile consiste uniquement à confier l'administration du pays à des fonctionnaires civils.

Cette interprétation est pleinement confirmée par la partie finale du dernier considérant : *et d'étudier l'utilité d'un amalgame de citoyens notables des différentes castes indigènes et des Français pour remplir les emplois et exercer les fonctions de l'ordre civil*. Or, faire un amalgame, — pour me servir des mêmes expressions, — de Français et d'indigènes, afin de remplir les emplois et exercer les fonctions de l'ordre civil, qu'est-ce sinon constituer l'administration civile du pays? Du reste, en désignant les membres de la Commission du gouvernement, M. de Bourmont s'était montré conséquent avec ses idées. Bien que l'élément civil proprement dit n'existât pas encore à Alger, à l'exception de M. le général Tholosé, que ses fonctions de commandant de place désignaient en quelque sorte pour en faire partie, les autres généraux et les chefs de corps en étaient systématiquement exclus. Elle ne fut composée que de deux administrateurs militaires, l'intendant en chef et le payeur général de l'armée, et enfin de trois fonctionnaires de l'ordre civil, les seuls que M. de Bourmont avait probablement sous la main : M. d'Aubignosc, ancien commissaire général de police ; M. Deval, neveu du consul de France, et M. Edmond de Bussière.

S'il était nécessaire de donner des preuves plus concluantes, je n'aurais qu'à appeler de nouveau l'attention sur les termes du mandat donné à la Commission du gouvernement. Elle devait diriger administrativement le pays sous le rapport du domaine public ; ce qui veut dire, sans doute, qu'elle devait prendre possession de tous les biens meubles et immeubles acquis, au moyen de la capitulation, par le domaine de l'Etat, et les administrer au profit du trésor. Elle devait diriger encore le pays sous le rapport de la police. En d'autres termes, elle devait veiller à la tranquillité publique, réprimer les atteintes qui y seraient portées. Elle devait, en un mot, faire la police. Et pensant encore que ce mandat n'était pas suffisamment étendu, l'auteur de l'arrêté donnait à la Commission le pouvoir de diriger en outre le pays sous le rapport *de tous les autres éléments de l'ordre général,* c'est-à-dire qu'elle était investie d'une puissance absolue. Ainsi, elle devait veiller à ce que la justice fût rendue aux indigènes par les juges, qui existaient du temps des Turcs. Les contestations entre musulmans devaient être jugées par les cadis, les Israélites par leurs rabbins, et, si des contestations venaient à se produire entre les Français qui avaient suivi l'expédition, elle devait juger elle-même, car la justice doit être considérée comme un élément de l'ordre général, suivant les expressions de l'arrêté.

Ainsi, au point de vue administratif, la Commission était investie de la plénitude de la souveraineté. Mais là ne se bornaient point ses fonctions. Elle avait un autre devoir, bien plus important, à remplir. Elle devait étudier les ressources et les besoins du pays, et les institutions qu'il s'agissait *de modifier ou de remplacer*.

Je crois devoir me livrer ici à une très-courte disgression. Si M. de Bourmont avait cru devoir charger la Commission de rechercher si les institutions du pays devaient être modifiées ou remplacées, il en ressort incontestablement que dans la capitulation, dont on a tant abusé, malgré ses termes clairs et précis, il ne s'était point engagé à maintenir les institutions de l'Etat d'Alger. Il avait simplement promis de respecter les personnes, la religion et les propriétés privées, et pas autre chose. Et cette affirmation est tellement incontestable, que, dans la disposition finale de l'article 1er, il charge les commissaires d'étudier et de lui proposer un système d'organisation pour la ville et le territoire d'Alger.

J'ai cru devoir insister sur ce point, afin de faire toucher du doigt combien étaient peu fondés les prétendus arguments puisés dans la capitulation, en faveur du maintien des institutions civiles et politiques des indigènes. Du reste, ces pauvres arguments ont été

inventés de mauvaise foi pour la satisfaction d'intérêts exclusivement personnels. Je puis abriter ce jugement sévère sous la loyauté et la compétence d'un militaire éminent. M. le général Duvivier a écrit dans un ouvrage qui a pour titre : *Solution de la Question algérienne*, page 285 : « Il y a, dans les hauts emplois de l'Algérie,
» des hommes qui voient clairement la vérité, mais
» qui font ou qui ont fait tous leurs efforts pour main-
» tenir ce pays à l'état d'exploitation, dans l'intérêt
» particulier de leur avancement et de leur fortune.
» Ont-ils reconnu qu'en marchant dans une voie plus
» droite, ils n'atteindraient pas les rangs supérieurs de
» la hiérarchie ? Ceci est triste à dire, et les pensées
» qui en naissent sont encore plus tristes. Je fais cette
» remarque : avec un militaire d'un mérite supérieur,
» et, quelles que soient les haines, les calomnies aux-
» quelles s'expose un historien, il ne doit pas moins
» dire la vérité tout entière. »

La Commission du gouvernement était chargée, en premier lieu, ainsi qu'on l'a vu, d'administrer les biens de l'État. Elle aurait dû prendre, sans délai, possession de ces biens et constater, par un inventaire exact et fidèle, la quantité et la qualité des valeurs mobilières de toute nature existant dans les édifices publics. Elle n'en fit rien. Faut-il attribuer l'omission de cette formalité à une simple négligence ou à un calcul prémédité de certains de ses membres ? Je l'ignore. Mais il est certain que le défaut d'inventaire favorisa singulièrement les dilapidations scandaleuses et les vols honteux commis au détriment du trésor, dont nous allons faire la triste nomenclature.

On a dit, pour diminuer la responsabilité des membres de la Commission et de certains noms de l'état-major qui furent gravement compromis dans l'opinion publique, qu'immédiatement après le départ du Dey et avant l'arrivée des troupes françaises, la Casbah avait été envahie par une foule nombreuse, composée de Maures, de Juifs et d'un grand nombre de ces individus sans emploi et sans titre, qui s'attachent à la suite des armées et y sont toujours une cause de désordre, et qu'elle fut livrée au pillage. Si on réfléchit un instant, il est impossible d'admettre une pareille version. Non, il n'est pas exact qu'un certain nombre d'individus qui suivaient l'armée expéditionnaire, soit pour vendre certaines denrées aux soldats, soit pour tout autre motif, aient pénétré dans Alger avant nos troupes. Je veux bien supposer, pour un moment, qu'ils aient pu entrer sitôt après l'échange des ratifications et l'ouverture des portes, mais comment pourrais-je admettre qu'ils se soient empressés de se rendre à la Casbah sans connaître les lieux, et qu'ils se soient livrés au pillage sans avoir encore choisi leur gîte pour y déposer leur butin. Quant aux habitants de la ville d'Alger, qui ne purent connaître de sitôt les clauses de la capitulation qui les concernaient, je crois pouvoir affirmer qu'en proie aux angoisses de l'incertitude, ils songèrent beaucoup plus à cacher leurs objets les plus précieux qu'à se précipiter dans les appartements du Dey pour y dérober les valeurs qu'ils contenaient. D'ailleurs, il ne faut pas oublier que nos avant-postes étaient au fort l'Empereur, situé à très-peu de distance de la Casbah. De telle sorte que le Dey quittait à peine le seuil de la forteresse, que l'état-major en prenait possession.

Malheureusement pour l'honneur, non point de l'armée qui resta en général étrangère à ces vols, mais pour quelques-uns de ses chefs, la vérité est établie par des témoignages respectables et d'une très grande modération.

Il faut le dire, quoique à regret, on trouva à la Casbah des armes d'un prix inestimable. Quelques dignitaires de l'état-major général se partagèrent les fusils garnis de perles et de corail, les sabres à fourreaux d'or et d'argent. Un employé supérieur de l'administration trouva le moyen d'en faire sortir et de transporter dans une maison particulière deux fusils turcs, d'un travail admirable, dont la riche garniture de corail était sans prix, et une selle en velours rouge sur laquelle il y avait au moins pour trois mille francs d'or.

La plus belle et la plus riche pièce d'orfèvrerie était une cafetière en or. Elle fut volée d'une manière que l'on n'a point expliquée. On la vit plus tard à Paris, dans les mains d'un employé de l'armée. Il en fut de même des clefs de la ville, qui étaient en or. Il est tout aussi difficile de faire connaître la destination des montres et tabatières enrichies de diamants et les pièces d'argenterie transportées en France et que l'on aurait dû verser au trésor.

L'anecdote suivante fera suffisamment connaître avec quelle impudeur agirent certains personnages. La Casbah renfermait un grand nombre d'autruches. Ces pauvres bêtes furent inhumainement plumées vivantes. L'amateur le plus avide de leurs dépouilles était un général bien connu, qui en fit une très belle collection. Il disait aux personnes qui en furent les témoins : Ceci fera plaisir à ma petite Anaïs. Ce mot, ajoute le narrateur, est resté proverbial dans l'armée, et, à coup sûr, mademoiselle Anaïs a dû avoir de quoi fournir des marabouts à toutes les dames de sa société.

Mais, pour constater l'importance des soustractions commises, nous devons ajouter que, d'après M. le général Berthézène, Alger regorgeait d'approvisionnements de toute espèce. Il y avait de riches magasins remplis de sel, laines, toiles, plombs, cuivres, marbres et grains. Il raconte de la manière suivante la façon dont il fut disposé de quelques-unes de ces valeurs :

« Une quantité énorme de laines, produit des contributions des quatre dernières années, était réunie dans divers locaux ; on ne saurait l'estimer à moins de 15,000 quintaux-métriques. D'abord, on eut la pensée de la vendre en entier à Alger ; mais ce mode, réprouvé par l'armée et si contraire à l'intérêt de l'État, fut abandonné. Plus tard, on en forma 7,000 balles, dont l'État a payé les frais d'emballage ; 4,000 furent expédiées à Marseille par les soins de M. l'Intendant Rey. Que sont devenues les 3,000 autres ? Je l'ignore. Il en était encore resté dans les magasins; elle fut vendue à Alger, par adjudication publique, au vil prix de trente-six francs le quintal. L'Administration, avant de s'occuper de cette vente, n'aurait-elle pas dû s'occuper de cette ressource pour fournir la troupe de matelas et la soustraire à l'humidité du sol si funeste à la santé des hommes ?

« Un magasin plus riche encore que celui dont nous venons de parler, était celui des toiles. On évalue à 25,000 le nombre de pièces de toile à voiles qu'il renfermait. Et pas une aune n'a été employée pour les vaisseaux de l'État, pas une aune n'est entrée dans les magasins de la marine. M. de C***, commandant de la marine, m'a dit que 10,000 pièces de cette toile valaient un million. Il paraît qu'elle a été vendue en grande partie à Italie. Quelques acheteurs ont été connus, mais les vendeurs sont restés dans l'ombre, quoiqu'on en ait dit tout bas les noms à l'oreille. Quant aux toiles ordinaires, leur quantité devait être immense. Un administrateur disait, sans doute par hyperbole, qu'elle pouvait suffire au chargement de 50 bâtiments. Il est pourtant juste de reconnaître que tout n'a pas été dilapidé. 6,000 paires de draps grossiers ont été réservés pour la troupe et les hôpitaux.

« Toute l'armée a vu une quarantaine de biskris (portefaix du pays) occupés pendant une longue série de jours à descendre de la Casbah des saumons en plomb, en étain, en cuivre; ils ont été vendus, et 6,000 francs sont entrés au trésor.

« La Djenina (ancien palais des deys), renfermait un

magasin de grains considérable. C'était une réserve destinée à pourvoir aux besoins des habitants en cas de disette. On les estimait à 4,500 mesures du poids de quatre-vingts livres chacune. Ils furent mis en vente, et l'Administration s'aperçut bien vite combien cette évaluation était au-dessous de la vérité. Selon des calculs que la capacité des magasins paraît confirmer, elle aurait été d'à peu près 15,500 mesures; il semble qu'on n'a rendu compte que de 7,800.

» Partie de ces grains fut vendue à raison de 2 francs 79 centimes la mesure, et partie échangée contre du lard. Bientôt la situation du marché fit sentir la nécessité de les remplacer. Une maison de commerce fut chargée de ce soin. La même mesure, qui coûte à Alger, prix moyen, 6 fr. 60, fut payée au prix énorme de 16 ou 17 francs. Soit mauvaise qualité, soit manque de soin, ces grains se détériorèrent promptement, et l'Administration se vit forcée à les revendre, trois mois plus tard, à raison de 5 francs la mesure.

» Cette opération si onéreuse au trésor avait été enveloppée d'une sorte de mystère qui donna lieu à beaucoup de suppositions, injustes peut être, mais accueillies par la voix publique.

» Je termine cette nomenclature d'une partie des iniquités que j'ai vues ou qui sont parvenues à ma connaissance, par la moindre de toutes; je veux parler des marbres. La quantité en était considérable; ils étaient taillés et prêts à être mis en œuvre. Une partie fut vendue à un sou la livre. Des colonnes, des coupes à fontaine, des encadrements de fenêtre et des dalles de marbre blanc, sont venus en France, embellir des châteaux. Voilà les détails qu'il m'est permis de donner sur des matières si délicates. Ils suffisent pour faire apprécier les dommages immenses qu'a reçus l'État. Malgré la facilité de nos mœurs, le scandale a été grand à Alger, parmi les hommes les moins sévères. »

Il est juste de supposer que des hommes qui s'appropriaient si facilement et sans scrupule les objets de toute sorte appartenant à l'État, durent agir de la même façon à l'égard du trésor de la Casbah. Le consul d'Angleterre avait dit à M. de Bourmont qu'elle renfermait au moins 150 millions. On n'y trouva, en réalité, que 48,700,000 fr.

Mais, pour faire mieux apprécier encore la valeur morale d'un certain nombre de personnages qui entouraient le général en chef, je vais raconter un trait beaucoup plus odieux, et qui eut, sans nul doute, des conséquences déplorables.

Les chefs des janissaires qui n'avaient point succombé dans les brillants combats livrés par nos troupes, ayant parfaitement compris que c'en était fait de la domination turque, se concertèrent sur le parti à prendre. Ils avaient le plus grand intérêt à demeurer dans la Régence, où ils possédaient des propriétés d'un grand prix. Ayant résolu d'offrir au général en chef de se mettre, eux et leurs soldats, au service de la France, l'agha Ibrahim fut chargé d'aller le trouver pour lui en faire la proposition. Le chef des janissaires se rendit, en conséquence, le lendemain de la capitulation, à la Casbah, et demanda à être admis auprès de M. de Bourmont. Il portait son plus beau costume, et un cimeterre dont la poignée était constellée de diamants pendait à sa ceinture. On lui fit observer qu'il ne pouvait être introduit en présence du général en chef avec son arme. Il la remit sans défiance aux personnes qui lui en firent l'observation. A la sortie de l'audience de M. de Bourmont, qui lui répondit que ses offres étaient beaucoup trop sérieuses pour qu'il prit un parti sur-le-champ, qu'il avait besoin de réfléchir, Ibrahim réclama son cimeterre. Il avait disparu et on ne le retrouva plus. Il est certain que ce vol ne parvint point à la connaissance du général en chef. Mais l'agha, qui ne se doutait point des difficultés extrêmes éprouvées par M. de Bourmont pour connaître la vérité, de l'insuffisance des interprètes, et peut-être de la complicité coupable de certains d'entre eux, crut à un acte de déloyauté de la part du général, cessa, dès lors, toute démarche ultérieure, et malheureusement les offres des officiers turcs n'eurent pas de suite.

Il est néanmoins probable que tous ces vols n'auraient pas eu lieu, ou qu'ils auraient pris de bien moindres proportions, si le contre-coup de la révolution de Juillet n'eût considérablement relâché la discipline et à peu près détruit l'influence du général en chef. La mort de son fils, malgré la douleur poignante qu'il en ressentit, n'avait pu altérer la sérénité de son âme. Il avait conservé la décision d'esprit et la fermeté si nécessaires à l'exercice du commandement. Mais la révolution, qu'il

considérait comme une calamité publique, et la chute
de Charles X, dont le règne était à ses yeux intimement
lié avec le bonheur de la France, abattirent son courage
et le laissèrent sans action sur une foule d'intrigants
subalternes, qui, se livrant à leurs instincts pervers,
commirent les actes coupables que je n'ai racontés
qu'avec la plus extrême répugnance.

Malgré tous ces méfaits, outre une immense artillerie
et un matériel considérable de marine, qui n'entrèrent
pas en ligne de compte, les sommes acquises à l'État
compensèrent largement les frais de l'expédition. Suivant la loi des finances, présentée au mois de février
1833, l'expédition d'Alger a coûté 49,107,434 francs. Le
trésor de la Casbah et la vente des marchandises saisies
sur la Régence ont produit à l'État un encaissement de
54,719,357 francs, soit en plus une somme de 5,611,923
francs. Il est même permis d'affirmer que si les richesses
du gouvernement turc étaient tombées dans des mains
plus honnêtes, une administration intelligente et nationale y eût puisé les ressources nécessaires pour fonder un
grand établissement colonial, sans recourir aux subsides de la métropole. Jamais, en effet, la prise de la
capitale d'un grand pays n'avait été opérée si rapidement
et accompagnée de circonstances aussi favorables pour
étendre et consolider la domination du vainqueur. Le
général en chef avait envoyé la brigade Damrémont dans
l'Est, pour prendre possession de Bône, tandis que M. de
Bourmont fils, capitaine d'État-major, partait pour Oran,
afin de recevoir la soumission du vieux bey Hassan.

L'expédition de Bône parut devant cette ville le 2 août, débarqua sans obstacle, et s'établit, sans coup férir, dans sa facile conquête. Le général Damrémont avait fait occuper la Casbah, située à 400 mètres de la place, par un seul bataillon, qui, ayant été attaqué par un grand nombre d'Arabes, repoussa les assaillants avec une grande énergie.

Les évènements d'Oran n'étaient pas moins heureux. Trop faible avec ses Turcs, pour tenir tête aux Arabes, qui étaient venus bloquer la ville dès qu'ils avaient appris la chute du Dey, le bey Hassan demanda au capitaine de Bourmont une garnison française pour prendre possession de la ville et des forts. Il avait formé le projet de quitter le pouvoir et de se retirer en Asie. A cette nouvelle, le général en chef s'empressa d'envoyer à Oran le 21e de ligne, avec 50 sapeurs du génie et 2 obusiers de montagne. Le capitaine Leblanc, commandant le brick *le Dragon,* s'empara, avec 100 marins, du fort de Mers-el-Kébir, sans éprouver la moindre résistance.

Si cette occupation militaire des points principaux du littoral algérien avait été suivie d'un traité avec les grands chefs de la province d'Alger, qui aurait, suivant l'offre de Ben-Zamoun, déterminé nos rapports avec les indigènes, le gouvernement de la France eût été, sans nul doute, accepté par les Arabes de la province et les Kabyles du Djur-Djura. D'un autre côté, si le général en chef avait immédiatement accepté l'offre de l'agha Ibrahim et pris à notre service les milices turques, qui n'étaient plus assez nombreuses afin de constituer un danger pour notre domination, n'est-il pas de la dernière évidence que la soumission générale des indigènes de l'Algérie entière en eût été la conséquence inévitable, et que 10,000 Français, occupant les points fortifiés, auraient suffi pour consolider notre conquête. Dans cette hypothèse, nous aurions trouvé des auxiliaires dévoués dans les tribus Makzen, qui, du reste, ne tardèrent pas à s'attacher à notre fortune, malgré les lourdes fautes commises par les généraux.

Malheureusement, M. de Bourmont n'eut ni les moyens ni le temps de se faire une idée exacte de la véritable situation des choses, et la Commission du gouvernement fit preuve, dans tous ses actes, d'une légèreté impardonnable et d'une incapacité absolue. La première faute qu'elle commit, ce fut de ne pas respecter, du moins pendant quelque temps, l'organisation de la ville d'Alger, sauf à la modifier ultérieurement, après s'être assurée, avec soin, de la moralité des personnages auxquels elle devait confier des fonctions publiques.

Sous la domination turque, l'administration de la ville d'Alger était dans les mains de magistrats choisis parmi les Maures. Le premier de ces fonctionnaires avait le titre de Cheik-el-Bled (chef du pays). Il percevait une contribution hebdomadaire sur les boutiques et les métiers, et fournissait, par voie de réquisition, les bêtes de somme nécessaires pour les transports, lors des sorties des troupes turques. Un autre fonctionnaire, le Bit-el-Madgi, était chargé de la perception des droits appartenant à l'État dans les successions dévolues aux femmes ou à des collatéraux. Un cadi statuait sur les affaires litigieuses et dressait toute espèce d'actes. Un fonctionnaire, désigné sous le nom de El-Makteb, avait la police des marchés, à l'exception de celui des grains, que le Dey faisait lui-même surveiller pour percevoir les droits imposés aux vendeurs. Le même agent était chargé de l'entretien des rues. Le Mezouar, surveillant des filles prostituées, percevait un impôt considérable sur ce triste métier. Il faisait, en outre, exécuter les jugements criminels de peu d'importance. Un chef des fontaines (Amin-el-Aïoun) recevait les taxes provenant de la distribution des eaux. Les divers corps de métiers avaient aussi leur Amin, soumis à la juridiction du Cheik-el-Bled. Deux employés supérieurs veillaient à la sécurité des habitants. Ils s'occupaient de la police proprement dite. Le premier kaïa (lieutenant) fonctionnait pendant le jour. Le second, qui devait toujours être turc, faisait la ronde de nuit. Tous ces fonctionnaires étaient sous les ordres du Kazenadji, un des grands officiers dignitaires du Dey, espèce de ministre de l'intérieur et des finances.

C'est à l'aide de ce petit nombre de fonctionnaires que le Dey maintenait le bon ordre et percevait des impôts plus que suffisants pour l'administration de la ville d'Alger. Tous ces agents, qui ne demandaient qu'à rester à leur poste, furent remplacés par une espèce de conseil municipal, dont un Maure, nommé Ahmet-Bouderbah, fut nommé président. Ses titres pour remplir ces fonctions n'étaient autres que de parler couramment le français. Il avait habité Marseille pendant longtemps, où il avait commis le crime de banqueroute frauduleuse, qui l'eût fait traduire devant la cour d'assises, s'il n'était rentré promptement à Alger. En outre, la Commission, cédant aux intrigues du fameux Bakri, avait fait entrer dans ce conseil un certain nombre de Juifs. Il eût fallu les en exclure dès le début de la conquête, afin de ne pas mécontenter les musulmans, qui, les ayant tenus dans un état d'abjection séculaire, durent se résoudre avec peine à les considérer comme leurs égaux.

Aucun arrêté n'avait précisé les attributions de ce prétendu conseil municipal. Sa mission consistait à pourvoir aux besoins les plus urgents. Le produit des octrois et de la vente du sel lui fut remis pour faire face aux dépenses de la ville. Nous lisons, en effet, dans un arrêté du 9 août 1830, signé par le général Tholosé, qui prend le titre de président par intérim de la Commission du gouvernement :

« ARTICLE PREMIER. — Demain, 10 août 1830, à 10 heures précises du matin, la remise du service de l'octroi sera faite par le directeur général des douanes, au délégué du conseil municipal.

» ART. 2. — A partir de l'instant de cette remise, la perception et l'encaissement des produits de l'octroi, tant en deniers qu'en matières, s'exécutera au nom et pour le compte de la ville d'Alger.

Art. 6. — Le même jour, et à midi précis, les magasins de sel seront livrés par le directeur général des douanes à un délégué du conseil municipal, etc.

Les conséquences de ce malencontreux arrêté ne sont pas difficiles à prévoir. Les membres du conseil municipal se partagèrent les revenus de l'octroi et les produits de la vente du sel. La ville n'ayant plus aucune espèce de revenus, on dut pourvoir à ses dépenses avec les fonds du budget de l'État. Ces dilapidations durèrent plusieurs mois. Quelques individus, qui étaient venus à la suite de l'armée, perçurent, à leur profit, pendant quinze jours, les droits de douane dont ils ne rendirent jamais compte. L'arsenal de la marine et le matériel du port restèrent à la merci de quinconque voulut y puiser. Les portes de l'hôtel des monnaies, auquel personne ne songea, furent enfoncées, et les valeurs passèrent en des mains inconnues. Enfin, un service de police, placé sous les ordres de M. d'Aubignosc, et composé de nombreux agents, fut dans l'impuissance de protéger les indigènes et d'empêcher les vols multiples et les exactions criantes dont ils furent les victimes.

Cependant, M. de Bourmont s'occupait activement de substituer, dans toute la Régence, la domination française au gouvernement des Turcs. Le 7 juillet, dans l'entretien qu'il eut avec le Dey, il avait demandé au souverain déchu des renseignements précis sur les beys qui commandaient à Oran et à Constantine, sur le bey de Titteri, ainsi que sur les revenus de l'État. Les réponses de Hussein-Pacha furent franches. Il dit, entre autres choses, au général en chef: Ahmet, bey de Constantine, mérite votre confiance, s'il se soumet, il vous sera fidèle. Mustapha-ben-Mezrag, bey de Titteri, est un homme turbulent et peu sûr. Hassan, bey d'Oran, est un vieillard sans influence. M. de Bourmont avait, depuis la veille, ordonné le désarmement des janissaires. Après sa longue conférence avec le Dey, et en apprenant avec quelle résignation ils avaient apporté leurs armes aux officiers d'artillerie chargés de les recevoir, il aurait dû comprendre qu'il commettait une grande faute en se privant du concours des milices turques ; qu'elles pouvaient lui être fort utiles pour amener la soumission des indigènes. Il persista malheureusement dans ses préventions, et, le 10 juillet, 2,000 Turcs furent renvoyés en Asie. Mais un grand nombre de ceux qui s'étaient mariés avec des femmes du pays obtinrent la permission de rester à Alger.

Deux jours auparavant, le 8, Mustapha, bey de Titteri, étant venu faire sa soumission, le général en chef l'avait confirmé dans son pouvoir. Ce bey, avant son départ pour Médéah, avait promis de fournir huit cents bœufs à l'armée. Mais on apprit bientôt qu'il appelait les musulmans à la guerre sainte, pour repousser notre invasion.

Peu de jours après la soumission du bey de Titteri, M. de Bourmont prit deux mesures importantes. Il décida l'occupation de Bône et d'Oran, dont nous avons signalé tantôt le résultat, et résolut de gouverner les

Arabes par l'intermédiaire de chefs choisis dans le pays à l'exclusion des Turcs. Il nomma agha des tribus voisines d'Alger, le Maure Hamdam-bel-Amin-el-Secca. Ce choix ne fut pas heureux. Hamdam était un ancien commerçant d'Alger. Il possédait une assez grande fortune acquise au moyen d'opérations aventureuses et d'une loyauté suspecte. Il ne jouissait d'aucune espèce de considération, et était en outre dépourvu de tout courage personnel. Le nouvel agha fut accueilli par ses subordonnés avec des murmures de mépris.

Si la nomination de Hamdam fut un acte regrettable, le projet de faire une excursion vers Blidah, à la tête d'une colonne volante, ne le fut pas moins. A ce propos, Ben-Zamoun, le chef de la grande tribu des Flissa, des montagnes de Bougie, l'auteur de la lettre dont nous avons déjà parlé, écrivit de nouveau à M. de Bourmont pour le faire renoncer à son dessein. Les tribus des montagnes, disait-il, s'inquiétaient de nos projets, et, malgré la stupeur produite par la foudroyante défaite des Turcs, les indigènes se disposaient à combattre pour l'indépendance du territoire. Malgré cet avis, dont une politique prudente aurait dû faire plus de cas, M. de Bourmont partit le 23 juillet d'Alger, avec 1,200 hommes d'infanterie, 100 chevaux et 2 pièces de campagne. La faiblesse numérique de la colonne expéditionnaire démontre clairement que le général en chef ne s'attendait pas à rencontrer la moindre résistance. La colonne fit halte au milieu de la plaine de la Mitidja, dans un lieu qui devait être plus tard la charmante ville de Boufarick, et arriva le soir devant Blidah. Les notables habitants vinrent protester de leur soumission et avertir le général que les Kabyles de la montagne s'alarmaient de la présence de nos troupes et formaient des rassemblements hostiles. En effet, le lendemain, un détachement envoyé en reconnaissance sur la route de Médéah, fut assailli à coups de fusil. Un certain nombre d'Arabes s'étaient embusqués, pendant la nuit, dans les jardins et les massifs qui avoisinent la ville. Quelques cavaliers, s'étant imprudemment écartés, pour faire boire leurs chevaux, furent tués. Le chef d'escadron de Trélan, aide-de-camp du général en chef, reçut un coup mortel tiré par un Arabe caché derrière une haie. M. de Bourmont, ignorant à quelles forces il avait à faire, et comprenant d'ailleurs qu'avec des troupes si peu nombreuses il avait eu le tort grave de s'aventurer dans des contrées inconnues, ordonna la retraite vers une heure après-midi.

Au sortir de Blidah jusqu'au défilé de Boufarick, la colonne fut harcelée par plusieurs milliers d'ennemis qui nous firent perdre quelques hommes. Sans le sang-froid et la présence d'esprit du général Thurel, commandant l'avant-garde, qui abandonna la route difficile de la veille pour gagner la plaine, les Arabes, couverts par les accidents du sol, nous auraient fait éprouver des pertes beaucoup plus sensibles. Mais, ce qui démontre combien cette attaque était peu faite pour inquiéter le général, c'est que les 80 et quelques cavaliers qui lui restaient encore, ayant exécuté deux ou trois charges à fond, les Arabes prirent la fuite et la colonne vint tranquillement camper à Bir-Touta, où M. de Bourmont reçut l'ordonnance qui le nommait maréchal de France.

Nous avons dit plus haut qu'un assez grand nombre de janissaires, notamment ceux qui s'étaient mariés avec des femmes du pays, avaient obtenu du Maréchal l'autorisation de résider à Alger. Quelques-uns possédaient de grandes richesses et de délicieuses maisons de plaisance, ardemment convoitées par des intrigants indigènes qui avaient déjà tiré un assez grand parti du premier départ des Turcs. Ces intrigants, ayant appris la mésaventure du Maréchal à Blidah, lui envoyèrent une députation à sa rentrée pour accuser les Turcs d'avoir excité contre nous les Arabes de l'intérieur. Ils n'avaient pas craint de fabriquer des lettres fausses qui furent remises à M. de Bourmont, afin de lui donner la preuve positive d'une conspiration flagrante contre les Français.

Le Maréchal, que l'offre sauvage d'assassiner le Dey pour obtenir le maintien de la domination turque avait fort mal disposé à l'égard des janissaires, ne connaissant pas encore toute la duplicité des indigènes, accueillit peut-être trop légèrement ces menées perfides. Dans un premier mouvement irréfléchi, il voulut frapper les Turcs d'une contribution de 2 millions. Mais son généreux caractère le fit bientôt renoncer à ce dessein dont il ne tarda pas à apercevoir le côté odieux. Néanmoins, les Maures et les Juifs du conseil municipal surent mettre à profit son irritation pour extorquer à ces mal-

heureux des valeurs considérables en échange de la
promesse fallacieuse de les mettre à l'abri de mesures
violentes dont ils n'étaient pas menacés. Malgré ces
pernicieuses influences, dont il ne put s'affranchir entièrement, M. de Bourmont se borna à prendre un arrêté
fâcheux pour expulser les Turcs du territoire de la
Régence. Toutefois, il leur accorda trop peu de temps
pour leur permettre de sauvegarder leurs intérêts.

Ils furent contraints de vendre leurs propriétés à vil
prix et d'accepter, en retour, des lettres de change sur
le Levant ou sur l'Italie. Il est triste de dire que plusieurs
consuls étrangers ne craignirent point de flétrir leur
pavillon en s'associant à ce honteux trafic.

Ce fut à proprement parler le dernier acte de l'administration du Maréchal. Ainsi que nous l'avons déjà
raconté, un bâtiment arrivé de Marseille, le 10 août,
avait apporté les détails de la révolution de Juillet. Une
lettre du ministre de la guerre, général Gérard, à M. de
Bourmont, confirmait l'évènement. Louis-Philippe était
lieutenant-général du royaume. Le 18, l'amiral Duperré
remit au Maréchal des dépêches officielles annonçant
l'élection du nouveau roi.

Après la réception de ces dépêches, M. de Bourmont
rappela les troupes d'Oran et de Bône. Cette résolution
fut-elle un acte spontané de sa part, ou en avait-il reçu
l'ordre du gouvernement ? Cela n'a pas été suffisamment
éclairci. Cependant, si l'on considère que son successeur,
le général Clauzel, s'empressa, avant même d'avoir pu se
rendre compte des difficultés de la situation, de renvoyer

douze régiments en France, et que l'armée d'occupation fut réduite au chiffre d'environ 9,000 hommes, on est porté à croire que l'ordre lui en avait été donné par le nouveau règne.

Quoi qu'il en soit, à la nouvelle de la Révolution, les Arabes espérèrent, un moment, que nos troupes seraient bientôt rappelées en France. De son côté, le bey de Tittery, tenu au courant des faits par les adversaires de notre domination, crut pouvoir profiter des circonstances. Dans le but d'exalter le fanatisme musulman, il fit circuler un manifeste afin de pousser les tribus à la guerre sainte. Les attaques contre nos avant-postes se multiplièrent. Quelques officiers imprudents furent égorgés presque sous les remparts, et le Maréchal, en proie à une douloureuse anxiété, attendait à la Casbah son successeur qui n'arrivait point.

Enfin, le 2 septembre, l'*Algésiras* entra dans le port. Ce vaisseau portait le général Clauzel désigné pour remplacer M. de Bourmont, qui partit le jour suivant, sur un brick autrichien, pour se rendre à Mahon avec quelques personnes de sa suite.

II

VUES DE LA RESTAURATION SUR LA NOUVELLE CONQUÊTE. — CRITIQUES INJUSTES DU PARTI LIBÉRAL.

En terminant cette partie de mes récits, je dois signaler les erreurs manifestes de plusieurs écrivains. Séduits par les insinuations calomnieuses des prétendus libéraux de 1830, ils ont attribué à la Restauration le dessein de disposer de l'Algérie contrairement aux intérêts de la France. Il était pourtant facile de comprendre que les mêmes hommes qui s'étaient montrés les détracteurs systématiques de l'expédition, qu'ils avaient déclarée absurde et impraticable, contraints par ses brillants résultats de suspendre un moment le cours de leurs critiques acerbes, avaient dû supposer au gouvernement de Charles X une politique anti-nationale, afin de prendre la revanche de leur silence forcé.

En apprenant la nomination de M. de Bourmont au grade de Maréchal de France, et l'élévation de l'amiral Duperré à la pairie, ils avaient crié, bien haut, que l'on ne récompensait que les deux chefs de l'expédition ; que les services de l'armée étaient méconnus, parce qu'elle comptait, dans son sein, un grand nombre d'officiers dont les sympathies pour les tendances rétrogrades du ministère étaient plus que douteuses. Ils étaient allés plus loin encore : ils prétendaient que le gouvernement avait l'intention de céder la possession de la Régence à la Porte, en nous réservant seulement la ville de Bône et le littoral depuis cette ville jusqu'aux frontières de Tunis.

Mais, les faits les plus incontestables donnent un éclatant démenti à cette double assertion. La nouvelle de la prise d'Alger était arrivée à Paris, dans la journée du 10 juillet ; le lendemain, 11, dans un conseil des ministres, tenu en présence du Dauphin et de Charles X, diverses propositions furent faites pour perpétuer le souvenir de la prise d'Alger. Toutes ces propositions furent ajournées et l'on s'occupa d'un intérêt plus pressant, les récompenses méritées par l'armée.

Le roi déclara, à ce propos, que, maître de disposer du trésor trouvé à la Casbah, il voulait qu'avant même de l'appliquer aux frais de l'expédition, on en prélevât une somme suffisante pour donner à l'armée expéditionnaire une gratification équivalente à trois mois de solde. Tout le conseil applaudit à cette généreuse pensée du monarque. On parla ensuite des avancements. Il fut décidé qu'aussitôt que les propositions de M. de Bourmont, relatives à la dernière affaire, seraient arrivées, le prince de Polignac soumettrait au Dauphin un travail très étendu.

Les nominations de MM. de Bourmont et Duperré ne furent arrêtées qu'en second lieu. Il y fut procédé immédiatement, parce qu'on n'avait pas à attendre les propositions du général en chef. Nous devons ajouter que ces propositions arrivèrent plus tard. Mais, au lieu d'être présentées au Dauphin, la révolution étant survenue, elles tombèrent dans les mains de Louis-Philippe, qui, en refusant d'y donner suite, ne prouvait pas son bon vouloir pour l'armée d'Afrique.

La seconde imputation n'est pas mieux fondée. J'ai eu sous les yeux toutes les délibérations du conseil des ministres, depuis cette époque jusqu'à la révolution de Juillet. Toutes les réunions furent consacrées à la discussion du projet des fameuses ordonnances. Elles furent arrêtées en principe, sauf à délibérer ensuite sur la rédaction qui devait être soumise au conseil. Dans la séance du 24, les projets des ordonnances furent apportés par M. de Peyronnet, lus et relus et adoptés définitivement. Enfin, le 25, elles furent signées par le roi et publiées le 26, au *Moniteur*. La révolution commença le 27. Le conseil des ministres ne s'occupa, par conséquent, en aucune façon de la question algérienne. Il tombe d'ailleurs sous les sens, que, dans ces circonstances suprêmes et au moment d'engager une partie aussi formidable, il n'avait point la liberté d'esprit nécessaire pour résoudre une si importante question. Il est donc permis d'affirmer que pas un des membres du cabinet n'y songea.

Ne doit-on pas croire, en outre, qu'avant de prendre

une détermination sur un point qui leur était totalement inconnu, les ministres auraient attendu l'opinion de leur collègue, M. de Bourmont? Le brillant résultat de l'expédition, bien plus que la dignité de Maréchal qui en fut la récompense, avait augmenté à tel point son crédit, qu'il est plus que probable que ses idées personnelles auraient prévalu dans le conseil. La pensée du Maréchal est d'ailleurs clairement révélée par les actes de son administration signalés tantôt. La prise de possession presque immédiate de Bône et d'Oran, la promenade militaire à Blidah, enfin, la nomination de la Commission du gouvernement chargée, avant tout, d'étudier et de proposer un système d'administration applicable à la ville et à la province d'Alger, ne laissent aucun doute sur la pensée bien arrêtée du Maréchal de placer l'Algérie entière sous la domination de la France. N'est-il pas, en outre, absurde de supposer qu'il eût reçu avis que le gouvernement avait le dessein de céder la possession de la Régence à la Porte, et que dans ce même moment, au mépris de cette résolution qui aurait été pour lui un ordre impératif, il en eût impitoyablement chassé les Turcs, sous le prétexte d'une prétendue conspiration contre les intérêts de la France?

III

PREMIER COMMANDEMENT DU MARÉCHAL CLAUZEL. — INFLUENCE DES CHANGEMENTS SURVENUS EN FRANCE SUR LA POLITIQUE COLONIALE. — ENGAGEMENTS PRÉSUMÉS DU ROI VIS-A-VIS DE L'ANGLETERRE.

Les révolutions successives des cinquante dernières années, qui ont modifié tant de fois les institutions politiques de la France, devaient se faire sentir plus vivement encore en Algérie. Elles ont exercé une influence si considérable sur les procédés et la marche de son administration, qu'il est indispensable d'en faire connaître les tendances et l'esprit. La raison en est facile à saisir. Tandis que, dans la métropole, les hommes nouveaux que le flot populaire ou un crime heureux ont fait monter au pouvoir, se trouvant en face d'un état social organisé d'après les grands principes de 89, ne peuvent exécuter leurs desseins sans tenir compte des grandes situations acquises et de l'opinion publique qui finit toujours par avoir le dernier mot, en Algérie, l'oppression séculaire des indigènes, leur obéissance passive et absolue aux caprices de leurs chefs, le petit nombre d'Européens, leur position précaire, et, par dessus tout, l'indifférence déplorable de la nation française pour les affaires algériennes, ont permis au pouvoir central de donner un libre cours à ses vues personnelles et anti-nationales. Il était donc logique que, sous la monarchie, la régence d'Alger fût maintenue dans un état constant d'exploitation en faveur d'un prétendu intérêt dynastique, sans le moindre souci des intérêts de la France. Les monarques, avec des tendances diverses, devaient arriver au même résultat: sacrifier la prospérité du pays à la rapacité de quelques courtisans, et comprimer par ce fait le vigoureux essor de la colonisation européenne.

Toutefois, cette omnipotence du pouvoir central fournit à la République de 1848 les moyens de commencer l'ébauche d'une organisation nouvelle, plus en rapport avec les aspirations des Algériens.

Mais elle n'avait pas encore terminé son œuvre lorsqu'elle fut renversée par le coup d'État de Décembre et remplacée, un an après, par le second Empire. Louis-Bonaparte, ayant exécuté l'attentat avec le concours de l'armée, les principaux acteurs devaient forcément être admis à en partager les bénéfices; ils acquirent, dès lors, une prépondérance décisive dans les conseils du nouveau gouvernement. Un de leurs premiers actes fut d'abandonner, sans contrôle, l'administration de l'Algérie à l'arbitraire d'un gouverneur général et de trois commandants de divisions, dont le pouvoir absolu fut bientôt absorbé par une institution fameuse : l'institution des bureaux arabes, qui, malgré la proclamation de la République en 1870, a incontestablement dominé la colonie jusqu'à l'avènement du gouvernement civil.

J'ai cru devoir présenter ces considérations pour bien faire comprendre qu'il est indispensable de connaître les tendances du gouvernement de la métropole, afin d'apprécier avec justesse et vérité la plupart des évènements considérables qui se sont produits dans la colonie depuis la conquête, et que non-seulement les révolutions, mais encore les changements passagers dans le système politique pratiqué en France, ont eu leurs contre-coups en Algérie, au détriment ou en faveur de la colonisation. Nous en trouverons la preuve à chaque pas. En attendant, faisons remarquer, à ce propos, que sous Louis-Philippe la colonisation européenne fut à peu près nulle ; qu'elle n'a, en quelque sorte, commencé qu'en 1848, et que, gênée par des entraves de toute nature, sous le règne de Bonaparte, elle n'a réellement pris un essor merveilleux que depuis la République, en 1870.

Il ne faut point chercher ailleurs la cause des opinions radicales de l'immense majorité des colons algériens.

Ils savent, par expérience, que sous un gouvernement de monopole, l'Algérie serait de nouveau livrée en pâture à quelques privilégiés, et ils comprennent d'instinct que la plupart des républicains de la forme, que tous ces centralisateurs à outrance, que tous ces partisans de l'assimilation absolue de l'Algérie à la France, ne sont que des ambitieux vulgaires qui, dans l'espérance d'arriver à une grande position pour laquelle ils ne sont point faits, ne veulent un pouvoir fortement centralisé qu'afin d'avoir l'occasion de mettre la main sur un gros budget et de gros traitements, et de disposer en faveur de leurs amis de places largement rétribuées.

Je reprends la suite de mes récits : L'avènement du nouveau roi fut accompagné de certains faits qui ne présageaient rien de bon pour l'avenir de l'Algérie. Les Anglais, dont nous avons signalé l'attitude hostile à l'égard de l'expédition, qui avaient protesté avec énergie contre tout accroissement éventuel du territoire de la France, accueillirent avec transport la nouvelle de la révolution de Juillet, et mirent un empressement vraiment extraordinaire à reconnaître Louis-Philippe roi des Français. L'abandon immédiat de Bône et d'Oran, sous prétexte de concentrer les troupes à Alger ; le refus de donner suite aux propositions d'avancement faites par M. de Bourmont, et d'accorder ainsi à l'armée les récompenses qui lui étaient dues ; enfin, les bruits que l'on fit circuler à dessein, que la Restauration avait formé le projet de céder l'Algérie à la Porte, pour ne conserver que Bône et La Calle, ont fait supposer, à juste titre, que le roi avait pris l'engagement vis-à-vis de l'Angleterre, sinon d'abandonner entièrement la conquête, du moins de réduire notre occupation à deux ou trois points du littoral.

Mais la réalisation de cette promesse aurait tellement outrepassé ses droits, que Louis-Philippe ne songea pas à l'accomplir directement. Il résolut d'agir sur l'opinion publique par une série de manœuvres concertées à l'avance, afin de lui faire considérer l'Algérie comme un legs funeste du gouvernement de Charles X, pour en opérer l'abandon avec le concours et l'assentiment des députés de la France. Vains projets ! Toutes les mesures prises pour parvenir à ces fins eurent un résultat opposé, et, sans doute, par une dérision du sort, les hommes envoyés pour consommer la ruine de la colonie devaient, malgré leur volonté, contribuer à étendre notre domination sur les indigènes et devenir les agents de sa conquête définitive. Il n'est pas sans intérêt de faire connaître les circonstances qui déterminèrent Louis-Philippe à choisir ces hommes et à en faire les instruments serviles de son pouvoir personnel.

Les partisans du nouvel ordre de choses établi par la Révolution, outre deux ou trois écrivains d'un grand talent, qui devaient bientôt escalader le pouvoir, étaient des vieux parlementaires fanatiques de ce constitutionalisme nuageux qui, tout en proclamant la souveraineté du peuple, en méconnaissait les conditions essentielles : l'unité et l'indivisibilité. Ils n'avaient pas compris que la fameuse théorie de la pondération des pouvoirs, qu'ils avaient voulu réaliser dans la Charte nouvelle, n'était qu'un rêve creux. La délégation collective de l'autorité dans l'État à trois corps distincts, tant vantée par les publicistes de l'école libérale, leur parut une précaution suffisante pour prévenir tout à la fois les empiétements du pouvoir royal et les orages de la liberté.

Louis-Philippe ne partageait pas cette illusion. Il savait que la lutte entre ces éléments divers était fatale. Il songeait d'ailleurs à jeter par-dessus bord ce libéralisme de parade dont il ne s'était affublé, pendant si longtemps, que dans l'intérêt de sa candidature au trône. Il accueillit avec une faveur marquée les anciens militaires de l'Empire que la Restauration avait laissés sans emploi. Il avait été beaucoup trop mêlé aux intrigues du temps, et avait suivi avec trop de soin les conspirations que beaucoup d'entre eux avaient encouragées, sans y prendre part, pour ne les avoir pas appréciés à leur juste valeur. Il pensa, d'ailleurs, avec raison, que des hommes qui avaient soutenu le despotisme effréné du premier Bonaparte ne pouvaient être les partisans sincères du gouvernement représentatif; qu'ils deviendraient, au besoin, les champions ardents de sa prérogative royale, même aux dépens des libertés publiques. Il résolut, par ces motifs, de les pousser promptement au premier degré de la hiérarchie militaire. Ce fut un malheur pour la France et un plus grand encore pour l'Algérie. Plusieurs de ces généraux furent appelés à de grands commandements dans l'armée d'Afrique. Les uns par leur incapacité déplorable, les autres par des cruautés inouïes et de criantes exactions, déterminèrent un soulèvement général des indigènes. Il ne faut pas cesser de le dire bien haut, tous les obstacles apportés au développement de la colonisation sont dus aux hommes du premier et du second Empire. Il est même permis de croire que les premiers, ayant, par une conduite insensée et coupable, rendu nécessaire, pendant plus de quinze ans, une guerre d'extermination, ont fait plus de mal que les officiers des bureaux arabes, qui, dans la pensée d'arrêter l'expansion de l'élément européen, devaient aboutir à l'insigne folie du royaume arabe.

Il n'y a pas lieu d'en être surpris : un des effets les plus ordinaires du despotisme, outre l'abaissement des caractères, est de pervertir par degrés tout le personnel administratif. Il en arrive bientôt à ne plus reconnaître d'autre loi que la volonté du maître et à violer impunément, à l'égard des sujets, les principes éternels de la morale et du droit. J'ai cru devoir insister sur ces divers points, parce que je vais raconter des faits tellement odieux, je puis même dire tellement insensés, que j'ai hésité longtemps avant de les consigner dans mes récits, bien qu'ils soient attestés par des documents officiels et par les témoignages les plus dignes de foi.

Si Louis-Philippe, en montant sur le trône, avait été si prompt à se jeter dans les bras de l'Angleterre, c'est qu'il avait senti le sol trembler sous ses pas. Il ne pouvait se dissimuler qu'il n'était parvenu à calmer momentanément l'effervescence des partis extrêmes à l'Hôtel-de-Ville, qu'à l'aide de l'immense popularité du général Lafayette. Il y avait, de ce côté, à l'horizon politique, un point noir qu'il importait de ne pas perdre de vue. A l'extérieur, un danger bien plus grave et plus imminent paraissait résulter de l'attitude hostile de la Russie. Il est certain que l'empereur Nicolas, dont l'ascendant en Europe était considérable, aurait réussi à coaliser les puissances du Nord contre la France, si l'insurrection polonaise n'eût, fort heureusement pour nous, barré le passage à l'armée moscovite.

La situation était d'autant plus difficile que, pour faire face à ces éventualités redoutables, le nouveau gouvernement n'eût pu mettre en ligne un corps de troupes de 30,000 hommes. En 1830, l'effectif de l'armée française ne s'élevait peut-être pas à 150,000 soldats présents sous les drapeaux. 35,000 étaient en Algérie, au moment de la Révolution, et on venait de licencier la garde royale. Si l'on considère, en outre, qu'il était impossible d'enlever les garnisons aux places frontières, et que Paris ne pouvait être entièrement dégarni de troupes, on aura acquis la certitude que le gouvernement n'avait pas à sa disposition une armée suffisante, même pour soutenir une guerre purement défensive. C'était donc une nécessité de faire rentrer au plus tôt une grande partie de l'armée d'Afrique. Mais si on avait eu le désir de conserver la conquête, afin de créer, lorsque les circonstances le permettraient, un grand établissement colonial, il n'est pas douteux qu'aux 9,000 et quelques soldats laissés à Alger, on eût joint 10 ou 15,000 recrues, qui, entre les mains d'un capitaine expérimenté comme M. Clauzel, auraient amplement suffi pour assurer notre domination dans toute l'étendue de la Régence.

Il me paraît certain que le roi avait une toute autre pensée et que le général Clauzel fut envoyé à Alger, pour remplacer M. de Bourmont, avec une mission secrète dont on ne peut connaître la nature et l'étendue qu'à la condition d'étudier avec soin les évènements principaux survenus pendant son administration. M. Clauzel était un militaire d'une grande valeur. Il avait fait ses preuves sous l'Empire et su conquérir l'estime de Napoléon qui se connaissait en hommes. Il est certain que, dans le poste important qui lui était confié, il eût rendu de grands et utiles services s'il n'avait accepté une situation fausse et surtout s'il avait su se préserver de tout contact avec des gens sans aveu dont les funestes conseils devaient lui faire commettre tant d'actes inconsidérés et finalement le conduire à sa perte. Ses débuts en Algérie ne furent pas heureux.

Son premier ordre du jour n'était pas fait pour lui gagner la confiance et l'affection de l'armée. Il se bornait à lui annoncer le changement de règne, sa nomination au commandement en chef, et pas une phrase, pas un mot relatif au courage que les soldats avaient déployé pendant la campagne, aux succès inespérés qui en avaient été la suite, et aux récompenses légitimes réservées à ses services incontestables. Cet oubli fâcheux, si contraire à tous les précédents, n'est pas de nature à faire ressortir le patriotisme du général Clauzel et son intelligence politique. Il ne comprit pas que l'armée, qui avait conquis Alger, n'était pas l'armée d'un parti, mais l'armée de la France, et qu'en qualité de général en chef, il avait le devoir de rendre hommage à sa belle conduite et de lui donner un témoignage public de la reconnaissance de la nation.

Si ce premier ordre du jour fut critiqué, avec amertume, par les militaires que M. de Bourmont avait proposés pour l'avancement, et qui se trouvaient déçus dans leurs espérances, le second souleva le mécontentement de l'armée entière. Le général en chef annonçait l'entrée en séance d'une Commission d'enquête chargée de constater l'importance des dilapidations commises après la prise d'Alger, et d'en faire connaître les auteurs ; l'ordre du jour avait donné à entendre qu'ils étaient dans les rangs de l'armée. Les membres de cette Commission étaient : MM. Delort, chef de l'état-major général, Cadet de Vaux, Pinaud, de Bitt et Flandin. Ils étaient tous, plus ou moins, à la dévotion de M. de Clauzel, qui jouait dans cette circonstance une indigne comédie. Il n'ignorait pas que, dans une armée, les militaires subalternes, notamment les soldats, ne peuvent commettre que quelques vols insignifiants par l'impossibilité d'en faire disparaître les produits ; qu'à toutes les époques les grands voleurs ont été des personnages importants ; que des généraux fameux du premier Empire avaient très habilement exploité les belles villas de la Lombardie et de la Toscane, les antiques cathédrales de Tolède, de Burgos, de Grenade et de Valence ; les châteaux de la Souabe, de la Bavière et de la Bohème. Il était entré dans maints salons où il avait admiré des chefs-d'œuvre de Raphaël et de Murillo qui n'avaient pas coûté cher à leurs propriétaires, et, avec une pareille expérience des hommes et des choses, M. Clauzel avait eu le courage de signer un ordre du jour qui incriminait l'armée en laissant supposer qu'elle n'avait pas été étrangère au pillage du trésor de la Casbah.

Pour faire ressortir le triste effet produit par cet ordre du jour, il suffit de citer quelques lignes d'une brochure de M. le général Berthezène : « Personne, écrit le général, ne redoutait cette épreuve, mais tous en étaient blessés, humiliés ; mais tous l'auraient voulue solennelle et légale. — Pourquoi, se disait-on, cette enquête, si elle est nécessaire, n'est-elle pas faite par des magistrats ? Pourquoi des inconnus, des hommes sans titre, sans qualité, sans mission, sans droit, peuvent-ils nous faire comparaître devant eux, nous interroger, recevoir des témoignages pour ou contre nous, prononcer sur notre sort, et décider de notre réputation, sans même nous entendre ? N'est-ce pas le renversement de tous les principes et la violation de tous les droits ? »

Ces griefs exposés avec tant de convenance contre la Commission d'enquête n'étaient pas dénués de fondement. Sans nul doute, si le général Clauzel était convaincu que quelques-uns de ses subordonnés s'étaient rendus coupables de faits délictueux, il pouvait en poursuivre la répression devant la justice militaire. Il pouvait encore, avant de recourir à ce parti extrême, charger des personnes de confiance de prendre tous renseignements propres à éclairer sa religion. Mais, de là, à nommer dans un document public une Commission en dehors de la hiérarchie militaire, lui donner le droit exorbitant de scruter les actes des officiers de tout grade, même des généraux, et de formuler un acte d'accusation, ne serait-ce qu'au point de vue moral, il y avait un abîme, et l'arrêté de M. Clauzel constituait nonseulement une haute inconvenance, mais un déplorable abus de pouvoir.

Mais quel mobile avait pu déterminer le général Clauzel à violer ainsi les lois et les règlements militaires en vigueur à cette époque et qu'il connaissait fort bien ? On ne peut, sur ce point, que se livrer à des conjectures plus ou moins plausibles. Je crois néanmoins devoir faire remarquer certaines circonstances qui m'ont donné la pensée que le projet de nommer une Commission chargée de recueillir des documents certains pour flétrir dans l'opinion publique des officiers qui avaient dirigé l'armée avec tant d'éclat, ne fut pas une résolution spontanée du général Clauzel. Il est du moins hors de doute qu'il l'avait apportée de France, car, le lendemain de son arrivée à Alger, au moment même de la prise de possession de son commandement, il en désignait les membres, s'assurait de leur acceptation, et l'annonçait aux troupes dans le second ordre du jour. Le choix du personnel, tout composé de fonctionnaires civils, à l'exception du chef de l'état-major général, ne donne-t-il pas la preuve que cette composition n'était pas l'œuvre d'un militaire ?

Si l'on rapproche de cette double remarque, que M. de Bourmont avait refusé avec dédain de se rallier au nouveau gouvernement; que d'autres généraux et plusieurs officiers supérieurs avaient, à son exemple, donné leur démission, pour ne pas servir sous Louis-Philippe; qu'on avait, en outre, fait circuler des bruits étranges, qu'une partie des trésors de la Casbah avait été embarquée clandestinement pour une destination inconnue; que la vigilance de l'amiral Duperré avait empêché le départ du navire et fait restituer les sommes soustraites à l'Etat, on comprendra facilement dans quel but la Commission d'enquête avait été instituée et quel était le personnage qui avait inspiré cette mesure. Il n'est pas nécessaire d'ajouter qu'elle ne pouvait pas aboutir. Les auteurs des vols scandaleux racontés précédemment n'étaient pas gens à renoncer à des positions lucratives pour conserver intacte leur fidélité au régime déchu, et ceux-là, le nouveau gouvernement ne voulait pas les atteindre. Après s'être livrée à des recherches pendant près de deux mois, la Commission d'enquête en fit connaître le résultat dans un nouvel ordre du jour du 22 octobre, signé par le général Delort, son président. Cette pièce mérite de fixer un instant notre attention; elle est ainsi conçue:

« La déclaration expresse de la Commission est que rien n'a été détourné du trésor de la Casbah et qu'il a tourné, au contraire, tout entier au profit de la France. La Commission a reconnu qu'on avait pris à la Casbah quelques effets et quelques bijoux abandonnés par le Dey et par des officiers de sa maison et dont une partie avait déjà été prise par des Maures et par des Juifs. C'est affligeant, sans doute, mais il est consolant pour le général en chef d'avoir acquis la certitude que des soldats, des sous-officiers, des officiers de troupes et d'état-major ont remis au payeur des bijoux trouvés au milieu des hardes et des meubles en désordre. Il a été commis aussi des désordres dans quelques maisons particulières par des hommes déshonorés comme il s'en glisse toujours quelques-uns dans les armées ; en masse, l'armée n'a aucun reproche à se faire ; c'est une assurance que le général en chef aime à lui donner, qu'il aime aussi à donner à la France. Les hommes, qui ont pu s'avilir par des désordres particuliers, on les livre aux remords qui les poursuivent et les poursuivront sans cesse, et à la crainte non moins poignante d'être, comme il le seront, successivement reconnus, un peu plus tôt, un peu plus tard, pour les auteurs d'actions coupables qui avaient donné lieu de supposer que le trésor public avait été pillé par l'armée. »

Je passe sur la forme plus que triviale de ce pitoyable factum pour en faire mieux ressortir les réticences et les flagrantes contradictions. La Commission déclare que rien n'a été détourné du trésor de la Casbah, mais elle a soin de garder le silence le plus absolu sur la disparition des marchandises de toute nature, entassées dans divers édifices publics, et sur les quantités de grains considérables existant dans les silos. Elle ajoute que quelques effets et quelques bijoux abandonnés par le Dey et des officiers de sa maison, ont été pris. Il est d'abord assez peu vraisemblable que le Dey et surtout les officiers de sa maison aient abandonné, je ne dirais pas quelques vieux effets, mais des bijoux, alors que la capitulation d'Alger leur avait expressément garanti la possession de leur richesse personnelle. Mais par quelle classe d'individus ces quelques effets, ces quelques bijoux auraient-ils été pris ? Voici la réponse de la Commission : Une partie a été prise par des Maures et par des Juifs, et le général en chef a acquis la certitude que des soldats, des sous-officiers, des officiers de troupes et d'état-major ont remis au payeur des bijoux trouvés au milieu des hardes et des meubles en désordre. Mais ont-ils remis tout ce qui n'avait pas été pris par des Maures et des Juifs ? Voilà ce qu'il fallait dire, sinon désigner à quelle catégorie appartenaient les individus auteurs de ces soustractions. La Commission déclare ensuite qu'il a été commis des désordres — le mot est très joli — dans quelques maisons particulières; elle signale, comme coupables de ces désordres, des *hommes déshonorés* comme il s'en glisse toujours quelques-uns dans les armées. Puis viennent les conclusions : L'armée en masse n'a aucun reproche à se faire. La Commission aurait dû s'arrêter là, mais elle ajoute fort imprudemment : *C'est une assurance que le général en chef aime à lui donner.*

« Vit-on jamais une pareille aberration d'esprit? Le général en chef donne l'assurance à l'armée qu'elle n'a pas de reproches à se faire, ou, en d'autres termes, qu'elle n'a pas participé au vol. Quoi qu'il en soit, les seuls individus désignés comme voleurs sont donc des Maures, des Juifs et des individus déshonorés qui se glissent dans les armées. D'un autre côté, les vols commis n'ont pas une grande importance, puisqu'il s'agit de quelques bijoux et effets abandonnés et de quelques désordres dans des maisons particulières. Alors on se demande que signifie la dernière partie de l'ordre du jour ainsi conçu : Les hommes qui ont pu s'avilir par des désordres dans des maisons particulières, on les livre aux remords qui les poursuivront sans cesse. Ainsi des Juifs, des Maures, des hommes déshonorés s'avilissent par quelques désordres et on les livre au remords qui doit les poursuivre, etc. C'est insensé, et, qui plus est, cela donne un éclatant démenti à toutes les affirmations contenues dans l'ordre du jour. Le général Clauzel aurait dû comprendre que la dignité du commandement lui faisait un devoir d'aller jusqu'au bout. Il avait accepté le rôle odieux de venir faire le procès à des ennemis politiques dont la plupart étaient absents. S'ils étaient coupables, il avait le devoir de les flétrir devant l'opinion publique; si, au contraire, il acquit la preuve qu'ils étaient innocents, et que la majeure partie des dilapidations était le fait d'administrateurs infidèles, il devait en faire la déclaration publique, et, laissant de côté toute considération de personnes, traduire ces administrateurs devant un conseil de guerre, au lieu de publier, avec le contre-seing de son chef d'état-major, cet ordre du jour absurde qui est un des actes les plus honteux de son premier commandement.

Ce bill d'impunité accordé, je ne sais pour quel motif, à d'insignes larrons d'objets appartenant à l'État, constituait un précédent dangereux. Il fit naître, dans l'esprit d'une foule de fonctionnaires sans scrupule, la pensée que tant que le pouvoir serait concentré dans des mains uniques, le défaut de contrôle effectif leur permettrait de se livrer à toute sorte de spéculations.

Cependant, le général Clauzel se mit immédiatement à l'œuvre. Le 5 septembre, il passa une grande revue aux troupes et distribua les drapeaux tricolores aux régiments. Il dut pourvoir ensuite au remplacement des officiers démissionnaires. Puis, du 16 au 22 octobre, il prit avec une rapidité extrême deux ou trois arrêtés administratifs que j'examinerai dans un instant, et en arrivant enfin à ce qu'il considérait sans nul doute comme la partie principale de sa mission, il écrivit au maréchal Gérard, ministre de la guerre, que, sur les dix-huit régiments de l'armée, douze pourraient au premier appel retourner à Toulon sans que cette diminution des deux tiers de notre effectif pût compromettre l'avenir des affaires d'Afrique.

Le projet de cette dépêche de M. le général Clauzel, ainsi que la nomination de la Commission d'enquête, avait été, selon toute apparence, concerté avec le personnage dont nous avons déjà parlé, car il est inadmissible qu'un militaire de valeur n'eût pas compris les difficultés d'une situation qui s'était à ce point aggravée depuis la nouvelle de la Révolution, et que le contenu de cette dépêche fût l'expression d'une pensée franche et sincère. Non, il n'était pas vrai que l'armée d'Afrique pût être réduite de deux tiers sans compromettre l'avenir, et M. Clauzel, en écrivant le contraire, sacrifiait l'Algérie à l'intérêt personnel du roi, car les neuf ou dix mille hommes qui devaient rester, déduction faite des non-valeurs, étaient à peine suffisants pour l'occupation d'Alger et d'une petite partie du territoire aux environs de la ville. En effet, le contrecoup de la Révolution française s'était vivement fait sentir en Algérie. L'évacuation de Bône et d'Oran, qui en fut la suite, avait singulièrement modifié les dispositions des Arabes à notre égard. L'attitude du bey de Titteri et les nombreux assassinats que j'ai signalés tantôt en étaient une preuve évidente. L'armée, réduite à la défensive, était occupée à construire des blockhaus pour maintenir la sécurité aux abords de la ville. Nous avions encore pour adversaire, dans la province d'Alger, Ben-Zamoun, chef des Kabyles du Djurjura, les chefs des Koulouglis de l'Oued-Zitoun, le marabout M'Barek, à Coléah, El-Barkani à Cherchell, et enfin Ibrahim, ancien bey de Constantine.

Dans la province de Constantine, El-Hadj-Ahmet,

affranchi du pouvoir turc par la conquête, refusait de reconnaître notre autorité et essayait de s'emparer de Bône qui n'avait jamais fait partie de son beylik.

Dans la province d'Oran, les tribus s'étant révoltées, le vieux bey Hassan ne pouvait plus sortir de la ville. Il osait à peine compter sur les habitants et sur quelques Turcs qui étaient d'ailleurs en trop petit nombre pour constituer une force capable d'en imposer aux rebelles. On savait en outre que l'empereur du Maroc, Muley-Abd-Er-Rhaman, réunissait des troupes afin d'envahir promptement la province et s'emparer de Tlemcen. Ainsi, dans les trois provinces, les populations entières étaient sous les armes, et nous devions avoir à combattre sous peu les troupes du bey de Constantine et de l'empereur du Maroc. Et c'est dans de pareilles circonstances que M. Clauzel déclare que l'armée peut être réduite des deux tiers sans nuire à nos affaires d'Afrique.

N'est-il pas certain qu'il avait sciemment déguisé la véritable situation, pour se faire l'agent servile de la politique personnelle et égoïste du chef de l'État?

Le ministre de la guerre répondit, par une dépêche du 30 octobre, « que le gouvernement, déjà déterminé à conserver la possession d'Alger, voyait avec satisfaction la possibilité d'occuper cette ville et les principaux points du littoral de la Régence avec un corps de dix mille hommes et des dépenses peu considérables. Ces considérations l'avaient confirmé dans l'intention de fonder, sur le territoire d'Alger, une importante colonie.

On pourrait, en concédant de proche en proche les terres qui l'environnent, imposer aux colons la condition de participer aux travaux de fortification nécessaires pour repousser les incursions des peuplades voisines et de faire partie d'une milice locale chargée de concourir aux mesures défensives. Nul doute que de semblables combinaisons, auxquelles on aurait soin d'associer l'intérêt des indigènes, pourraient, avec le temps, transformer en une vaste colonie la plaine de la Mitidja, en refoulant vers le petit Atlas les tribus insoumises. La France trouverait là, peut-être, la plupart des produits qu'elle tire maintenant de l'Amérique et de l'Inde. Elle y trouverait encore un précieux débouché pour ses manufactures. La colonisation du territoire d'Alger, sous un régime libéral, serait une noble et vaste entreprise dont le succès repose principalement sur les lumières et le patriotisme du général en chef. »

Et ce magnifique résultat, qui excitait à un si haut degré l'admiration du maréchal Gérard, devait être acquis par la colonisation de la plaine de la Mitidja. Qu'on s'étonne, après cela, de l'omnipotence des généraux, quand le représentant du pouvoir central écrivait de pareilles bévues.

Néanmoins, malgré ces erreurs grossières, dont il me paraît superflu de signaler la cause, M. le Ministre de la guerre traçait, dans sa dépêche, un plan de conduite fort sage et parfaitement bien approprié aux circonstances. Il n'y avait, à cette époque, d'autres choses à faire, qu'à occuper fortement la ville d'Alger et les points principaux du littoral de la Régence, Bône et Oran, à l'exemple de M. de Bourmont; et, les premiers moments d'effervescence passés, essayer de renouer des relations pacifiques avec les tribus dissidentes pour se livrer ultérieurement à quelques essais de colonisation.

Malheureusement, le maréchal Clauzel subissait des tendances occultes entièrement opposées, et il était lui-même un des fervents adeptes des mauvaises traditions de l'école impériale. Dès lors, les institutions civiles qu'il croira devoir établir, et les divers actes de son commandement, seront fort autoritaires et ne se préoccuperont en aucune façon des intérêts et de la liberté des individus. En outre, une chose digne de remarque : dans ses divers arrêtés, il n'est jamais question ni du *gouvernement français* ni de *l'autorité française*; on ne trouve pas un seul mot qui puisse faire supposer, de près ou de loin, que l'Algérie était désormais acquise à la France, et, lorsqu'on rapproche de cette circonstance vraiment extraordinaire, la cession qu'il fit plus tard, au bey de Tunis, de la province de Constantine et de celle d'Oran, on est tenté de croire qu'il avait reçu l'ordre formel d'administrer uniquement en sa qualité de général en chef de l'armée expéditionnaire, dans la crainte qu'une organisation, faite au nom du roi, fût considérée comme une prise de possession effective de l'Algérie et un manque de foi vis-à-vis du cabinet britannique.

Par le premier acte de son administration, le général Clauzel donna la mesure de sa valeur morale : Il prit, le 8 septembre, un arrêté pour réunir les propriétés des Turcs au domaine de l'État. Je sens le besoin de reproduire en entier cet arrêté trop peu connu, afin d'établir que M. Clauzel commença par commettre une extorsion indigne, et, probablement, sans se douter de l'illégalité de la mesure :

« Article premier. — Toutes les maisons, magasins,
» boutiques, jardins, terrains, locaux et établissements
» quelconques, occupés précédemment par le Dey, les
» Beys et les Turcs sortis du territoire de la régence
» d'Alger ou gérés pour leur compte, ainsi que ceux
» affectés, à quelque titre que ce soit, à la Mecque et
» Médine, rentrent dans le domaine public et seront
» régis à son profit.

» Art. 2. — Les individus, de toute nation, détenteurs
» ou locataires des dits biens sont tenus de faire, dans
» le délai de trois jours, à partir de la publication de
» cet arrêté, une déclaration indiquant la nature, la
» situation, la consistance des domaines dont ils ont
» la jouissance ou la gestion, le montant du revenu ou
» du loyer et l'époque du dernier paiement.

» Art. 3. — Cette déclaration sera consignée sur des
» registres ouverts à cet effet à la municipalité.

» Art. 4. — Tout individu assujetti à cette déclaration,
» et qui ne l'aurait pas faite dans le délai prescrit, sera
» condamné à une amende qui ne pourra pas être
» moindre d'une année de revenu ou de loyer de l'im-
» meuble non déclaré, et il sera contraint au paiement
» de cette amende par les peines les plus sévères.

» Art. 5. — Toute personne qui révélera au gouver-
» nement français l'existence d'un domaine non déclaré
» aura droit à l'amende encourue par le contrevenant.
» Art. 6. — Le produit des amendes sera versé à la
» caisse du payeur de l'armée. »

Il n'est pas nécessaire de faire de grands efforts pour donner la preuve que ce déplorable arrêté n'était qu'une application malheureuse du fameux adage des époques de barbarie : *Væ victis*, malheur aux vaincus ! S'emparer, sans aucun motif, même sans un prétexte plausible, des biens appartenant aux Turcs que M. de Bourmont avait cru devoir expulser de la Régence, c'était non-seulement commettre une spoliation illégale, réprouvée par le texte si clair et si précis de la capitulation, mais encore une violation manifeste des principes du droit des gens universellement admis par les nations civilisées.

M. de Bourmont avait garanti aux soldats de la milice turque la possession et la liberté de disposer de leurs richesses particulières, et avait déclaré en outre que les propriétés des habitants de toutes les classes ne recevraient aucune atteinte ; M. Clauzel, à son arrivée, sans aucune distinction, faisait main basse sur les propriétés de tous les Turcs qui, volontairement ou sous l'empire de la crainte, avaient quitté la Régence. En supposant même que la capitulation n'eût pas existé, où aurait-il puisé ce droit ? Est-ce qu'un général en chef, qui entre en vainqueur sur un territoire ennemi, à jamais eu le droit de dépouiller les citoyens inoffensifs de leurs propriétés privées. M. Clauzel aurait dû se souvenir que, par l'ambition effrénée de son empereur, l'Europe coalisée avait deux fois envahi la France, et que les ennemis avaient toujours respecté les propriétés particulières. Il eût sans doute, et avec raison, trouvé fort mauvais que, parce qu'il avait combattu jusqu'au dernier moment pour le maintien de l'Empire, un arrêté du général ennemi l'eût dépouillé de ses biens.

En outre, M. de Bourmont avait déclaré que l'exercice de la religion mahométane resterait libre, qu'elle serait respectée, et M. Clauzel confisquait, au profit de l'Etat, les biens de la Mecque et Médine dont les revenus étaient affectés aux dépenses du culte, à l'entretien des corporations religieuses et au salaire des ministres de la religion. N'était-ce pas encore une violation flagrante du texte de la capitulation et de son esprit? C'était beaucoup plus, car, dans ces moments difficiles où les tribus frémissantes étaient en armes pour s'affranchir du joug des chrétiens, s'aliéner par une mesure aussi radicalement impolitique les corporations religieuses, c'était un acte de démence, à moins d'admettre que M. Clauzel s'était proposé d'amener ces corporations à souffler la révolte à tous les fanatiques des tribus et à produire par ce moyen un soulèvement général.

Que dire, en outre, des pénalités prononcées contre les détenteurs ou dépositaires des biens apppartenant aux malheureux Turcs, afin de les déterminer à trahir la confiance de leurs parents ou amis, et en faire par crainte des châtiments des mandataires infidèles? Vit-on jamais une mesure plus immorale, si l'on en excepte toutefois la partie finale de l'arrêté, qui accorde une *prime à la délation?* Il ne faut pas craindre de le dire bien haut, M. Clauzel, en rétablissant en Algérie la confiscation abolie en France par les chartes de 1816 et de 1830, et en déclarant que les révélateurs de l'existence des biens confisqués auraient droit à la moitié de l'amende encourue par les détenteurs de ces biens, commettait un criminel abus de la force que l'histoire ne saurait assez flétrir; car, pour trouver une loi aussi profondément mauvaise, il faut remonter jusqu'aux jours néfastes de la Révolution, où des démagogues en délire, exaltés par la grandeur du péril, n'hésitèrent pas à mettre la raison d'État au-dessus des lois de l'humanité. Mais ils avaient pour excuse le devoir suprême de sauver la patrie de la fureur des factions et de purger le sol de la présence de l'étranger.

Les Maures ne furent pas beaucoup mieux traités que les Turcs. Dans la ville, beaucoup de maisons et de boutiques, unique ressource de la plupart des propriétaires, avaient été abattues pour cause d'utilité publique ou sous prétexte d'embellissements projetés, sans indemnité préalable. Une foule de malheureux furent ainsi réduits à la misère. Il est vrai que, pour faire cesser leurs plaintes, le général Clauzel prit un arrêté, le 22 octobre, qui traçait les règles à suivre pour fixer l'indemnité due aux propriétaires dépossédés et y affectait les immeubles du domaine. Mais il faut ajouter que cette mesure juste, quoique tardive, ne fut jamais mise à exécution, bien qu'il ait conservé son commandement pendant quatre mois à partir de la date de l'arrêté. Il ne quitta Alger que le 21 février suivant. En dehors de la ville, les maisons de campagne étaient occupées ou ruinées par les soldats, les jardins incultes et la plus grande partie des arbres fruitiers furent abattus et brûlés. Enfin une foule d'intrigants, venus à la suite du général, abusant de leur position, employaient toute espèce de moyens et usèrent même de fraude pour dépouiller les indigènes et s'emparer de leurs belles propriétés. Et pour tout dire, en quelques mots, ce premier commandement de M. Clauzel ne fut que le règne de l'agiotage et de la spéculation la plus éhontée.

J'ai été conduit, par la liaison des idées, à signaler le résultat de l'administration du général Clauzel à l'égard des indigènes ; il importe cependant de faire connaître les arrêtés des 16 et 25 septembre, qui organisèrent cette administration. C'est le seul moyen de constater avec exactitude ses pensées les plus secrètes et de faire connaître le mobile de ses principales actions. Si le pouvoir réussit, quelquefois, à donner le change au public sur certains faits, ses tendances les mieux dissimulées se manifestent toujours clairement dans les institutions.

La capitulation d'Alger avait mis fin à la domination

des Turcs : l'empire de la France commençait. Le maréchal de Bourmont, en annonçant, dans son mémorable arrêté du 6 juillet 1830, que l'occupation militaire de la ville d'Alger devait être immédiatement suivie d'une prise de possession civile, en avait fait la déclaration officielle. Comme conséquence, il nommait une Commission du gouvernement, afin de remplacer les ministres et les officiers dignitaires du Dey, et pourvoir aux premières nécessités de l'administration. Je n'ai pas à rappeler ici la nature du mandat donné à ses membres. On se souviendra qu'il était conçu dans un sens fort libéral. Aussi je crois pouvoir affirmer que, si le personnel de cette Commission avait fait preuve d'une incurie et d'une incapacité déplorables, s'il était urgent de le relever de ses fonctions, il fallait, dans l'intérêt de la France, ne pas dévier de la ligne de conduite tracée dans l'arrêté. Malheureusement, le général Clauzel ne devait pas suivre les errements de son prédécesseur. Les explications suivantes ne laissent aucun doute à cet égard.

L'arrêté du 16 octobre a porté jusqu'à ce jour la fausse étiquette de *formation d'un comité de gouvernement*. Des écrivains superficiels, trompés sans doute par la déclaration hypocrite placée en tête des articles, ont cru à tort que le général Clauzel avait organisé sur des bases nouvelles l'administration supérieure de l'Algérie, tandis qu'il n'avait d'autre but que de dissoudre la Commission de gouvernement, rétablir l'état de choses existant sous la domination turque, et effacer, en quelque sorte d'un trait de plume, les actes de souveraineté faits au nom de la France par M. de Bourmont. En voici la preuve : « Voulant, » dit M. de Clauzel dans le préambule de l'arrêté, « instituer un pouvoir régulateur de l'administration civile dans ses rapports avec l'armée et avec le pays. » Ainsi donc, il ne crée pas une administration nouvelle, mais, selon ses propres paroles, un pouvoir régulateur d'une administration préexistante à un double point de vue, au point de vue des rapports de cette administration avec l'armée et avec le pays. Si l'on considère que l'administration algérienne proprement dite ne se composait que d'un certain nombre d'agents subalternes dont les fonctions étaient totalement étrangères à l'organisation de l'armée française, on comprendra qu'à cet égard M. Clauzel ne pouvait conférer aucune espèce d'attribution à son comité du gouvernement. Il importait au contraire, à la bonne administration des indigènes, de créer un pouvoir supérieur, afin de diriger les divers fonctionnaires et les soumettre à une surveillance incessante. Était-ce le but de l'institution nouvelle ? L'arrêté va nous l'apprendre :

Article premier. — Disposition finale : le comité se réunira périodiquement le lundi de chaque semaine, et extraordinairement toutes les fois que le président jugera à propos de le convoquer. — Le président décidera de toutes les affaires qui seront traitées en comité. — Ce qui veut dire, si je ne m'abuse, que les membres du comité n'auront qu'à donner leur avis au président sur certaines questions arrêtées d'avance et sans leur participation. Et cet avis une fois donné, quelle en sera la suite ? La disposition de l'arrêté à ce sujet est tellement étrange, qu'on aurait de la peine à y ajouter foi, si elle n'était écrite dans un recueil officiel. « Il référera au général de celles qui de leur nature lui paraîtront exiger l'intervention de l'autorité. » En d'autres termes, le président du comité est souverain appréciateur du mérite des opinions exprimées par ses collègues. Il peut les laisser entièrement de côté, s'il le juge convenable. Mais s'il estime qu'une suite quelconque doit leur être donnée, en un mot, s'il estime, suivant le langage de l'arrêté, que l'intervention de l'autorité est nécessaire, il référera au général qui demeure *maître absolu*. N'avais-je pas raison de dire que le général Clauzel avait rétabli l'ordre de choses existant sous l'empire du Dey ? La seconde partie de l'arrêté est conçue dans le même esprit :

ART. 3. — Il sera établi une démarcation rigoureuse, entre les dépenses civiles et les dépenses militaires.

Les dépenses civiles seront acquittées au moyen de crédits spéciaux, ouverts d'après un budget particulier à ces dépenses.

Voilà l'origine du budget spécial de l'Algérie. Je n'ai pas à rechercher s'il n'eût pas été plus conforme aux principes de ne faire qu'un seul budget pour toutes les dépenses algériennes, sauf à consacrer un chapitre particulier aux dépenses civiles. Car, il me paraît évident que le général Clauzel exécutait la pensée préconçue de maintenir l'organisation ancienne du pays et de montrer que la France n'entendait point s'immiscer dans son administration. Cela deviendra plus clair que le jour, lorsque nous analyserons l'arrêté du 22 octobre. En attendant, je dois faire la remarque qu'il n'était ni loyal ni honnête de déclarer, comme il le faisait dans le même article, que « le budget devrait être réglé de manière à ne dépasser dans aucun cas le montant des recettes. »

Le général Clauzel n'aurait pas dû oublier que l'invasion étrangère porte toujours un trouble considérable dans les affaires d'un pays; que les recettes du trésor subissent par ce fait une diminution considérable, tandis que les dépenses s'accroissent au contraire par la nécessité d'augmenter la surveillance; que, dès lors, les ressources ordinaires devenant insuffisantes, il faudrait imposer de nouvelles charges aux habitants. Il aurait compris alors que, la France s'étant emparée du trésor de la Casbah, et de toutes les richesses dès longtemps accumulées par le gouvernement des deys, et lui-même ayant confisqué sans scrupule les propriétés privées des Turcs, établir dans ces circonstances de nouveaux impôts serait une mesure odieuse; qu'il devait, dès lors, pourvoir généreusement à toutes les dépenses civiles.

Ces considérations, bien que très graves, n'étaient pourtant pas de nature à faire renoncer le général Clauzel à sa manière de procéder. Il était fermement convaincu que l'occupation d'Alger par nos troupes était essentiellement temporaire. Quand même il n'eût pas reçu les confidences du chef de l'État à ce sujet, le caractère particulier de sa mission était bien fait pour le confirmer dans cette pensée. Il était chargé, il est vrai, de pourvoir à l'administration du pays, mais non point en vertu d'une délégation spéciale, mais simplement en qualité de général en chef de l'armée expéditionnaire. Il était dès lors tout naturel de croire que, si le gouvernement eût considéré l'Algérie comme définitivement acquise à la France, il eût changé le titre de général en chef de l'armée expéditionnaire en celui de gouverneur, comme il le fit plus tard, et donné par ce moyen une sanction officielle à la conquête. L'arrêté du 22 octobre, qui institue une cour de justice et un tribunal de police correctionnelle, porte surtout l'empreinte de cette conviction du général. Il est nécessaire d'en rappeler les principales dispositions :

« ARTICLE PREMIER. — Toutes les causes entre musulmans, tant au civil qu'au criminel, seront portées devant le cadi maure, pour y être jugées souverainement et sans appel, d'après les règles et suivant les formes instituées dans le pays.

» ART. 2. — Toutes les causes entre Israélites tant au civil qu'au criminel, seront portées devant un tribunal composé de trois rabbins, qui prononceront souverainement et sans appel, d'après les formes et suivant les règles des lois israélites. »

Si j'ajoute que la juridiction des consuls des diverses puissances sur leur nationaux était consacrée par l'article 13, j'aurai donné la preuve que, par l'organe de M. Clauzel, la France renonçait bénévolement à la première et à la plus belle prérogative de la souveraineté, au droit de rendre la justice. Mais la partie de l'arrêté relative aux Français doit surtout fixer notre attention :

« ART. 5. — La cour de justice connaîtra de toute cause civile dans laquelle un Français se trouverait intéressé. Elle se conformera, dans l'instruction et le jugement de cette nature, aux ordonnances qui règlent et déterminent les fonctions judiciaires des consuls de France. »

Pour bien faire saisir la portée de cette disposition qui paraît si étrange, je dois faire connaître que M. Deval, consul de France auprès du Dey, celui-là même qui avait reçu le fameux coup d'éventail, était président de la cour de justice. J'aurai démontré par ce moyen que cette cour de justice n'avait été instituée que pour remplacer le consulat de France qui ne pouvait exister en l'absence d'un gouvernement étranger. En effet, le doute n'est plus permis en présence de l'article 6, qui autorise la cour de justice, même à l'égard des Français, à appliquer les lois françaises ou celles du royaume d'Alger, de même que les usages et coutumes de l'un et l'autre pays, suivant qu'elle le croira convenable.

On ne dira plus, je pense, que M. Clauzel, quand il rédigeait ce malencontreux arrêté, considérait l'Algérie comme une terre française; car si, par un retour extraordinaire de la fortune, Hussein-Dey était remonté sur son trône, l'arrêté du 22 octobre aurait pu continuer d'être mis à exécution dans tout son contenu, avec cette seule différence que M. Deval, au lieu de juger comme président de la cour de justice, aurait rendu ses jugements en qualité de consul. Car, dans les États barbaresques, les consuls des puissances chrétiennes ont depuis longtemps la plénitude de la juridiction sur les causes intéressant leurs nationaux.

Un fait bizarre, qui se produisit quelque temps après, sous le commandement du général Berthezène, atteste que l'idée de rétablir directement le consulat de France, malgré l'occupation d'Alger par nos troupes, n'était pas personnelle à M. Clauzel. Depuis l'évacuation de Bône par la brigade Damrémont, au mois d'août 1830, la ville s'était gouvernée seule. Une centaine de Turcs, pour résister aux attaques incessantes des tribus voisines, s'étaient retranchés dans la Casbah, sous les ordres d'un koulougli nommé Ahmet. Ils firent demander du secours au général en chef, au mois de juillet 1831. M. Berthezène fit partir, le 7 septembre suivant, sur la corvette *la Créole*, 125 zouaves, tous musulmans, à l'exception de quelques officiers et sous-officiers, pour prendre possession de la forteresse. Le chef de bataillon Houder fut chargé du commandement de cette petite expédition, avec le titre de *consul de France* à Bône.

Le temps écoulé depuis la demande de secours jusqu'au départ des troupes fait naturellement supposer que le général Berthezène avait demandé à ce sujet des instructions à Paris, et que cette façon d'agir, tout au moins fort singulière, lui fut commandée par la pensée occulte qui avait exercé sur son prédécesseur une si fatale influence.

Quoi qu'il en soit, tous ces actes procédaient évidemment de l'intention d'abandonner l'Algérie en temps opportun. Mais je suis persuadé qu'en toute cette affaire, le général Clauzel ne fut appelé qu'à remplir le rôle de comparse, car, s'il avait une certaine valeur comme capitaine, il était beaucoup trop médiocre sous tous les autres rapports, pour concevoir seul et réaliser une semblable organisation.

Il tombe d'ailleurs sous les sens qu'un projet de cette importance était bien au-dessus du pouvoir du général en chef de l'armée expéditionnaire. Il faut dès lors l'attribuer au chef de l'État. Il inaugurait ainsi, au début de son règne, cette politique de ménagements à l'égard des puissances étrangères qui lui fit, tant de fois, sacrifier les intérêts les plus précieux de la nation française pour satisfaire les insolentes exigences du cabinet britannique.

Du reste, l'opinion que le général Clauzel ne faisait qu'exécuter les ordres de Louis-Philippe repose encore sur des données historiques indiscutables. Je ne mentionnerai que les suivantes. Ainsi, il est constant que le roi entretenait une correspondance directe et intime avec l'ambassadeur français à Londres, M. de Talleyrand. Il pouvait, par ce moyen, faire des communications particulières au gouvernement anglais, et recevoir ses réponses à l'insu des ministres. D'un autre côté, il ressort de la dépêche adressée par le général Gérard à M. Clauzel, le 30 octobre, dont nous avons déjà fait connaître la substance, que le conseil des ministres avait des vues bien différentes sur la nouvelle conquête. Les déclarations positives du général en chef que l'armée pouvait être réduite des deux tiers sans danger pour les affaires d'Afrique, faites dans un autre but, avaient été prises au sérieux par le cabinet dont M. Laffitte était le chef. Il avait été décidé que dix mille hommes seraient laissés à la disposition du général Clauzel, pour occuper Alger et les points principaux du littoral, et que des essais de colonisation seraient tentés de proche en proche, depuis les remparts de la ville en se dirigeant vers la plaine de la Mitidja.

Louis-Philippe, à l'aide de sa feinte bonhomie, avait bien pu, jusque-là, capter la confiance de M. Laffitte et se jouer de la crédulité un peu trop naïve du général Lafayette, mais il n'était pas encore assis assez solidement sur le trône pour imposer sa volonté au Conseil des ministres, au mépris de la fameuse charte *Vérité*. Il fallait donc permettre de donner un semblant d'exécution aux résolutions prises par le cabinet et laisser M. Clauzel libre de suivre les instructions de son chef hiérarchique, le ministre de la guerre.

Il était assez difficile de tenter, en ce moment, quelques essais de culture européenne, ainsi que le prescrivait le ministre. La politique funeste suivie depuis la Révolution commençait déjà à porter ses fruits. On ne pouvait sans danger franchir les murs de la ville, les Arabes des environs étant tous en armes pour combattre la domination française. Néanmoins, M. Clauzel crut devoir autoriser la création d'une ferme modèle, pour servir de guide aux établissements agricoles à venir. Il choisit, à cet effet, un grand bâtiment bâti au pied et sur le revers méridional des hauteurs de Kouba. Ce choix ne fut pas heureux. Cette ferme ne présentait point les variétés de site nécessaires pour un établissement de cette nature. En revanche, elle jouissait d'une réputation d'insalubrité bien connue des Arabes, et, comme poste militaire, elle était sans valeur, car elle ne commandait aucune des routes qui débouchent dans la Mitidja.

IV

CAMPAGNE DE L'ATLAS. — PRÉLIMINAIRES DE L'EXPÉDITION. — OCCUPATION MOMENTANÉE DE MÉDEAH. — CRUAUTÉS INOUÏES A BLIDAH. — RENTRÉE DES TROUPES.

Mais il fallait avant tout rétablir la sécurité. Mustapha-bou-Mezrag, bey de Titteri, prêchait la guerre sainte et la délivrance d'Alger. Il avait sous ses ordres des forces considérables. L'insurrection, fomentée par ses émissaires, avait gagné les tribus de la Mitidja. Un acte de vigueur étant indispensable, l'expédition de Médéah fut résolue. Le général Clauzel, comprenant enfin combien une armée de dix mille hommes serait insuffisante pour remplir les vues du gouvernement français, prit, avant son entrée en campagne, un arrêté, afin de prescrire l'organisation de deux bataillons d'infanterie indigène et de deux escadrons de cavalerie. M. le capitaine d'état-major Maumet et M. Duvivier, capitaine du génie, furent chargés d'organiser les deux bataillons d'infanterie, et M. le commandant Marey reçut la mission d'organiser la cavalerie indigène.

Après l'expulsion des Turcs du territoire de la Régence, il n'existait plus à Alger d'autres troupes régulières de l'armée du Dey qu'un corps de *zouaouas*. Les zouaouas étaient des Kabyles indépendants de la province de Constantine. Ils louaient leurs services militaires aux puissances barbaresques, comme le faisaient, avant 1830, les Suisses en Europe. Le maréchal de Bourmont avait conçu l'idée de mettre cette troupe auxiliaire à la solde de la France. Mais les circonstances ne lui permirent pas d'exécuter ce projet. Lorsque M. Clauzel reprit l'idée en sous-œuvre, la plupart des zouaouas ayant quitté Alger, on enrôla un ramassis d'indigènes, étrangers les uns aux autres, dont la plupart désertèrent dans le premier mois, avec armes et bagages, malgré les efforts et l'active surveillance de MM. Maumet et Duvivier. Les vides occasionnés par ces désertions furent comblés avec des soldats français, qui prirent le costume indigène. Les bataillons conservèrent le nom de zouaouas, dont on fit bientôt, par corruption, le nom de zouaves.

Les tentatives du commandant Marey, dans le but d'organiser un corps de cavalerie indigène, n'aboutirent point à un meilleur résultat. Elles seraient indignes, à tous égards, de figurer dans ce récit, si elles n'avaient fait sortir de l'obscurité un personnage considérable dans les luttes algériennes, dont l'élévation subite paraîtrait fort étrange si l'on n'étudiait, avec soin, les derniers actes de l'administration du général Clauzel.

Le commandant Marey éprouvait des difficultés insurmontables pour remplir sa mission. L'ignorance de la langue arabe et des exercices équestres des indigènes lui rendait un intermédiaire indispensable. Il découvrit dans les prisons d'Alger un mameluk tunisien nommé Iousouf, qui parlait assez bien le français et qui lui parut fort capable de lui servir d'auxiliaire. Il va sans dire que Iousouf fut immédiatement rendu à la liberté. Il proposa bientôt au général en chef de créer une compagnie de mameluks exclusivement consacrée à sa garde. Il sut du reste, au premier abord, gagner à tel point les bonnes grâces de M. Clauzel, qu'il fut nommé capitaine de cette compagnie. Et, ce qui est le plus extraordinaire encore, lorsque les hommes qui la composaient furent versés aux chasseurs algériens, Iousouf conserva son grade. Les nécessités du service, pendant qu'il était à la tête de sa compagnie de mameluks, l'ayant mis en rapports de tous les instants avec le général en chef, il acquit un tel empire sur son esprit qu'il a été l'instigateur pernicieux de tous les actes coupables qui flétrirent les dernières années de la vie de M. Clauzel, et dont un historien véridique ne saurait décharger sa mémoire. Nous ferons, du reste, une plus ample connaissance avec cet aventurier, à l'occasion du double traité passé par le général en chef avec le bey de Tunis, pour la cession des provinces d'Oran et de Constantine. Mais il faut, au préalable, raconter les divers épisodes de l'expédition de Médéah.

Avant d'entrer en campagne, le général Clauzel prit un arrêté, afin de prononcer la déchéance de Mustapha-Bou-Mezrag. Il fut remplacé, sur la proposition du conseil municipal indigène, par Mustapha-Ben-El-Hadj-Omar, parent de l'agha Hamdam. Ce choix fut une lourde faute. Le nouveau bey était absolument dépourvu de valeur. Son influence sur les Arabes de la plaine était tout à fait nulle. Le 17 novembre, la colonne expéditionnaire, forte d'environ sept mille hommes, divisée en trois brigades d'infanterie, commandées par les maréchaux-de-camp Achard, Monk-d'Uzer et Hurel, sous les ordres du lieutenant-général Boyer, se mit en route pour franchir l'Atlas. Elle comprenait, en outre, quatre cents chevaux, huit pièces de canon et une batterie de montagne. La proclamation que le général Clauzel adressa aux troupes au moment du départ se terminait par ces paroles :

« Soldats, j'emprunte ici la pensée et les expressions d'un grand homme, et je vous dirai que quarante siècles vous contemplent. »

Quelques mauvais plaisants, ayant compris tout le ridicule d'une pareille harangue, ajouta avec infiniment d'esprit le capitaine d'état-major Pélissier, prétendirent que les quarante siècles qui contemplaient les soldats n'étaient autres que certains généraux, envoyés par le gouvernement de Juillet, qui, arrivés au terme de leur carrière, semblaient se survivre à eux-mêmes. Cette plaisanterie, ajoute-t-il, fit penser que l'armée commençait à connaître et à juger les hommes de l'Empire, quoiqu'ils fussent à cette époque entourés d'un certain prestige.

Le 18, la colonne, parvenue à une demi-lieue de Blidah, rencontra un parti d'Arabes armés, dont le chef vint, en parlementaire, demander au général en chef de ne pas entrer dans la ville. Sur son refus, les Arabes se replièrent en dirigeant sur nos troupes un feu de tirailleurs qui nous fit peu de mal. La brigade Achard les tint à distance et quelques obus les mirent en fuite. Nous perdimes seulement dans cette escarmouche une quinzaine de soldats et les blessés furent en très petit nombre. La brigade Monk-d'Uzer balaya la plaine et quelques compagnies occupèrent les hauteurs voisines de la ville, où les Kabyles semblaient nous attendre pour nous livrer bataille. Nos troupes ne rencontrèrent aucune résistance. Les portes étant fermées, quelques voltigeurs escaladèrent l'enceinte, que personne ne défendait, et trouvèrent Blidah presque déserte. A notre approche les habitants s'étaient enfuis dans les montagnes. Le général en chef, ayant l'intention de laisser dans la ville une petite garnison, employa la journée du 19 aux travaux nécessaires pour son établissement. Cependant, les Arabes reparurent dans la plaine et vinrent attaquer de front la brigade Achard, pendant que les Kabyles, postés sur les mamelons du petit Atlas, dont le pied touche Blidah, dirigeaient, sur son flanc, un feu assez bien nourri. Une charge de cavalerie suffit pour disperser les Arabes. Les 20me et 37me de ligne gravirent les mamelons au pas de charge et culbutèrent les Kabyles. Le général en chef donna ensuite l'ordre sauvage d'incendier les magnifiques jardins qui environnaient la ville, pendant que le grand prévôt de l'armée faisait égorger dans les rues tous les habitants pris les armes à la main. Un témoin oculaire raconte que cette infâme boucherie dura si longtemps, qu'à la fin les soldats ne s'y prêtaient plus qu'avec une répugnance visible. Le général Clauzel crut sans doute intimider les Arabes par ces actes de cruauté indignes du caractère français. Il ne faisait que se préparer de sanglantes représailles. Le lendemain, avant de quitter la ville, ayant appris qu'une partie de ses habitants s'étaient réfugiés avec leurs femmes et leurs enfants dans les cavernes de la montagne voisine, il leur envoya un parlementaire, afin de les engager à rentrer dans leurs demeures. La plupart de ces pauvres gens se rendirent pour leur malheur à cette invitation. Ils devaient être lâchement assassinés.

Le 20, l'armée se remit en marche, laissant à Blidah deux bataillons, l'un du 34me, l'autre du 35me, avec deux pièces de canon sous les ordres de colonel Rulhière. Après avoir franchi l'Oued-el-Kebir, à son point de jonction avec la Chiffa, elle vint camper à la ferme de Mouzaïa, à l'entrée d'une gorge où la route de Médeah coupe le petit Atlas. La brigade Achard établit son bivouac à trois quarts de lieue en avant.

Le général en chef reçut, au camp de Mouzaïa, la visite d'un marabout accompagné de cinq cheiks des tribus voisines. Ils venaient pour protester de leurs dispositions pacifiques et demander qu'on épargnât les biens et les personnes des habitants. Ce marabout, nommé Sidi-Mohamed-ben-Fakir, donna des renseignements précis sur la route de Médeah. Il y avait à choisir entre deux chemins. L'un, plus court et plus direct, suivant le flanc des montagnes, aboutissait au col de Teniah de Mouzaïa. L'autre contournait les montagnes, et, après un long circuit, venait également aboutir à la ville que l'on se proposait d'atteindre. Bien que ce dernier chemin fût beaucoup plus sûr et permit à l'armée de repousser les attaques de l'ennemi, le général en chef n'hésita pas à prendre le premier. Ce sentier, d'un périlleux accès, entrecoupé de ravins, donnait à peine passage à deux hommes de front. Le général en chef pensa avec raison que l'effet moral de la victoire, que la vigueur de nos troupes rendait certaine, serait d'autant plus grand, que les obstacles surmontés auraient été plus considérables. L'artillerie de campagne et les fourgons furent laissés à la ferme sous la garde d'un bataillon du 21ᵐᵉ de ligne.

Le 21, au point du jour, la colonne commença son mouvement d'ascension. Les premiers sommets de cette partie de l'Atlas se terminent par un large plateau, d'où le regard plongeant dans la Mitidja embrasse toute l'étendue du pays jusqu'à la mer. On fit halte, et l'artillerie de montagne salua de vingt-cinq coups de canon le drapeau de la France qui apparaissait pour la première fois sur ces crêtes inconnues. Peu de temps après, l'avant-garde rencontra un pont fraîchement rompu, indice certain du voisinage de l'ennemi que l'on aperçut posté sur les hauteurs. Il couvrait avec deux mauvais canons le passage du Teniah. Une vive fusillade fut dirigée contre nos troupes. Le défilé courait en zig-zag, sur une pente raide et glissante, flanquée de mamelons coniques dominant la gauche et d'un profond ravin sur la droite. Les 14me, 20me et 28me de ligne gravirent au pas de charge les hauteurs occupées par les Arabes. Ils les chassèrent devant eux en suivant les crêtes, afin de prendre à revers les rassemblements qui défendaient le col. Pendant ce temps, le 37me et deux compagnies du 14me continuaient à marcher sur la route. Les difficultés du terrain étaient grandes. Le jour baissait, et nos troupes étaient exposées au feu des deux canons de l'ennemi et à une fusillade assez vive. Le capitaine Lafare, du 37me, reçut l'ordre de franchir avec sa compagnie le ravin de droite, et de s'emparer d'un mamelon pendant que la colonne abordait le col. Le général Achard et le commandant Ducros, du 37me de ligne, firent l'attaque de front avec vigueur, et le col fut rapidement enlevé. Mais l'ennemi, favorisé par les accidents du terrain, put sauver ses canons. Dans cette affaire, plusieurs officiers d'état-major s'étaient jetés en avant pour électriser nos troupes. L'aide-de-camp du général Achard, M. de Mac-Mahon, eut l'honneur d'arriver le premier au col. L'intrépide capitaine Lafare fut tué au moment même où il s'emparait des hauteurs. Sa compagnie aurait probablement beaucoup souffert, si la colonne victorieuse n'était promptement venue la dégager. Nos pertes s'élevèrent à 30 morts et 72 blessés. Le gros de la colonne campa sur le col. Mais la brigade Achard et la cavalerie se portèrent en avant. La brigade Hurel avec les bagages arriva tard à la position. Elle avait eu à repousser plusieurs attaques de tirailleurs.

Certes, je suis heureux de reconnaître que, dans cette affaire nos troupes se conduisirent bravement Mais il n'est pas douteux que si M. Clauzel avait rencontré sur ses pas des ennemis disciplinés et pourvus d'un armement égal à celui de l'armée française, les grandes difficultés du terrain aidant, il eût acheté beaucoup plus cher sa première victoire. Néanmoins, dans l'enthousiasme produit par ce fait d'armes, qui témoignait cependant de son énergie sur le champ de bataille, le général en chef adressa à l'armée une proclamation dont les extravagantes hyperboles le rendirent la risée des militaires intelligents.

« Soldats, s'écria-t-il, les feux de vos bivouacs, qui des cimes de l'Atlas semblent se confondre en ce moment avec les lumières des étoiles, annoncent à l'Afrique la victoire que nous venons de remporter sur ses fanatiques défenseurs et le sort qui les attend. Vous avez combattu comme des géants, et la victoire vous est restée. Vous êtes, soldats, de la race des braves et les véritables émules des hommes de la Révolution et de l'Empire. Recevez ce témoignage de la satisfaction, de l'estime et de l'affection de votre général en chef. »

Et le général Clauzel, qui exagérait à ce point un modeste succès, n'avait pas trouvé un seul mot pour faire l'éloge de la brillante campagne de M. de Bourmont !

Il faut toujours dire la vérité, fût-elle de nature à blesser notre amour-propre national. Les Arabes, en cette circonstance, lâchèrent pied à l'approche de nos soldats, et ce qui permet d'affirmer avec certitude qu'ils n'opposèrent point une résistance bien sérieuse à la colonne, c'est le petit nombre d'hommes mis hors de combat et la disparition des deux canons qu'elle pendant qu'elle gravissait le col. Il n'y eut plus, après cela, que quelques engagements sans la moindre importance. Cette expédition, dont les résultats furent déplorables, devait plus tard servir de prétexte à l'élévation de M. Clauzel au grade de maréchal de France. Mais le véritable motif n'était autre que son dévouement à la politique personnelle du roi, au mépris des intérêts et de l'honneur de la France. Si le général Clauzel n'avait pas eu l'occasion de déployer ses talents militaires, en raison du peu de résistance des Arabes, il ne se signala que trop par des actes d'un vandalisme incroyable. Le 22, avant de mettre la colonne en marche, il fit, sans nécessité aucune, incendier les villages voisins. La brigade Monk-d'Uzer fut chargée de garder la position du Teniah. Le revers méridional de l'Atlas offrait d'abord un chemin large, mais encombré de grosses pierres, puis un sentier qui ne donnait passage qu'à un homme de front, jusqu'à un grand bois d'oliviers. Parvenue au pied des montagnes, la brigade Achard eut à refouler une troupe d'Arabes. Elle combattit sans cesse en avançant et sans éprouver des pertes. Le 21me de ligne se porta sur la gauche pour éloigner un gros d'ennemis qui menaçaient notre flanc. Cinq hommes, s'étant avancés imprudemment, eurent la tête tranchée. Au sortir du bois le terrain s'élargit. Le général en chef lança la cavalerie. Elle fut arrêtée court par un ravin. Mais les Arabes se replièrent en désordre du côté de Médéah.

À une lieue plus loin, un indigène, couvert de haillons, sortit des broussailles derrière lesquelles il était blotti et vint au-devant de la colonne. Il tenait, élevée au-dessus de sa tête, une lettre pour le général en chef. C'était la soumission de la ville de Médéah, que les habitants notables avaient résolue après avoir appris la déroute des bandes de Bou-Mezrag. Le bey, atterré par cette défection subite, et en outre abandonné par une partie de ses adhérents, craignant la vengeance de ses anciens administrés, irrités contre lui par les malheurs de la guerre, se réfugia, vers le soir, au camp français. Le général Clauzel lui reprocha sa trahison sans néanmoins le traiter avec dureté. Ben-Omar, qui avait suivi la colonne, fut installé à sa place, et le colonel Marion, du 20me de ligne, prit le commandement de la place. On lui laissa une petite garnison composée de soldats pris dans les 20ᵐᵉ et 28ᵐᵉ de ligne et les zouaves.

L'occupation de Médeah semblait mettre fin aux hostilités. Le général en chef, après avoir organisé le commandement, reprit, le 26, la route d'Alger, emmenant avec lui Bou-Mezrag et les brigades Achard et Hurel. Il repassa le Teniah sans être inquiété. Il vint camper à Mouzaïa, recevant partout des témoignages des dispositions pacifiques des Arabes et des Kabyles. Mais, depuis son départ de Blidah, cette ville avait été le théâtre d'un évènement lamentable et d'actes d'une atroce cruauté, qu'il est impossible de passer sous silence.

Le général Clauzel, dans cette rapide expédition de Médeah, avait fait preuve, comme administrateur militaire, de la plus funeste imprévoyance. Il n'avait pas su réunir, avant son départ d'Alger, la quantité de munitions nécessaires pour approvisionner les troupes. Il avait tellement agi à la légère, que déjà le 21 août, avant de quitter la ferme de Mouzaïa, craignant de se trouver au dépourvu, il avait fait partir un convoi de cent chevaux conduits par deux officiers et cinquante artilleurs, pour Alger, afin d'en rapporter des munitions. On s'étonnera avec raison que le général Clauzel, qui avait servi longtemps en Espagne, où il avait vu tant de convois pillés par les ennemis, et les soldats de l'escorte massacrés, n'eût pas compris que faire traverser des contrées insoumises à un si faible détachement c'était l'exposer à une destruction inévitable. Nos malheureux artilleurs furent assaillis, dans la plaine près de Boufarik, par des masses de Kabyles et d'Arabes sous les ordres de Ben-Zamoun. La résistance était impossible, nos cent chevaux furent pris et les cinquante-deux Français impitoyablement égorgés. L'armée, à son retour de Médéah, trouva les cadavres sur la route, les têtes séparées des troncs. Ce fatal incident, dû à la coupable imprévoyance du général en chef, fut probablement la cause des hideux excès commis par la garnison de Blidah, dans les circonstances suivantes. Le 26, Ben-Zamoun avait attaqué le colonel Rulhière à Blidah. Les Kabyles, en raison de leur grand nombre, furent bientôt maîtres des rues. Nos troupes, acculées sous les voûtes de la porte d'Alger, étaient exposées à subir de grandes pertes. Le colonel conçut alors l'heureuse idée de faire sortir le chef de bataillon Coquebert, avec deux compagnies de grenadiers du 34ᵐᵉ, afin de tourner la ville, et de rentrer par la porte de Médéah, pour prendre les ennemis à revers. Les Kabyles, surpris par cette manœuvre, crurent avoir sur les bras la colonne entière. Saisis d'épouvante, ils prirent la fuite, en franchissant de tous côtés le mur d'enceinte. Cette vigoureuse défense ne nous coûta que 25 morts et 43 blessés. Elle eût fait le plus grand honneur au colonel Rulhière, s'il n'avait souillé son nom d'une tache de sang, que ce brillant fait d'armes ne saurait effacer. Les circonstances principales de ce lugubre évènement sont restées couvertes d'un voile mystérieux. Mais le résultat n'est, hélas! que trop certain. Le 27 novembre, lorsque le général Clauzel rentra dans Blidah, la ville était encombrée de cadavres de vieillards, de femmes, d'enfants et de Juifs, gens tout à fait inoffensifs. Très peu paraissaient avoir appartenu à des ennemis qui eussent eu la volonté ou le pouvoir de se défendre. Après un si grand carnage, on ne trouva point ou presque point d'armes aux victimes. Cette dernière circonstance fit naître d'étranges soupçons dans l'esprit du général en chef. On rapporte que, dans un premier mouvement d'indignation, il aurait flétri ces actes de cruauté en termes blessants pour le colonel. Mais il est difficile d'admettre que le général Clauzel se soit montré bien sévère envers le chef de la garnison de Blidah. Il avait lui-même, depuis le commencement de l'expédition, donné de trop fâcheux exemples. N'avait-il pas, lors de son entrée dans cette ville, laissé égorger des habitants inoffensifs, prescrit de brûler les jardins, et plus récemment encore, incendié des villages, sans chercher si leurs habitants s'étaient montrés hostiles envers nos troupes? Quoi qu'il en soit, le spectacle affligeant des traces sanglantes du sac de cette ville infortunée et du massacre de la population, remplit d'horreur toute la partie de l'armée qui n'avait pas pris part à la lutte avec les Kabyles de Ben-Zamoun. Le général Clauzel renonça au projet d'occuper Blidah, qui était, disait-il, un mauvais poste militaire. Il en partit le 28 avec toutes les troupes. Les débris de la population, dans la crainte des Kabyles, se traînèrent à la suite de la colonne. L'armée prodigua des secours touchants à ces malheureux. Beaucoup d'officiers les firent monter sur leurs chevaux. Le soir, au bivouac de

Sidi-Haïd, les soldats se privèrent d'eau pour ces pauvres orphelins. La colonne rentra à Alger le 29 novembre.

La position de Médeah, sans aucun point intermédiaire avec Alger, d'où la garnison pût espérer un prompt secours, en cas d'attaque, était difficile à maintenir. Les soldats du 20me de ligne occupaient la ville, les compagnies du 28me et les zouaves campaient aux environs pour observer la campagne. Dès le lendemain du départ de l'armée, trois mille Arabes vinrent attaquer la ferme du Bey, où commandait le chef de bataillon Delauney. Cette agression, énergiquement repoussée, fut renouvelée les deux jours suivants. Nos soldats profitèrent de la nuit pour créneler les murs de la ferme et la fortifier par quelques travaux de terrassement. Le 29, ils furent assaillis par des masses nombreuses, qui interceptaient les communications avec Médeah. Les habitants de la ville se joignirent à l'ennemi. Heureusement une pluie battante et prolongée vint mettre fin à la lutte. Le colonel Marion ne pouvait venir au secours du commandant Delauney faute de munitions. En voici la preuve puisée dans des documents officiels :

Le 27 novembre, le colonel Marion avait écrit au général en chef : « Envoyez-moi des cartouches, je crains d'en manquer si l'ennemi renouvelle ses attaques. » Le 28, il s'exprimait ainsi dans une seconde dépêche : « Ma position est très critique par le peu de munitions que me laisse cette journée. Si l'ennemi revient de bonne heure, à midi je serai réduit à me défendre à la baïonnette. J'ai besoin de deux pièces de montagne, et d'un bataillon pour réparer mes pertes qui, depuis deux jours, me mettent hors des rangs trois cents hommes. » Le 29, il ajoutait : « Je manque de munitions, il est bien temps que vous *vouliez* m'en envoyer. Nous sommes décidés à nous battre à l'arme blanche dans les rues même de la place. » L'intrépide colonel n'avait plus que trois cartouches par homme. On comprendra aisément combien la nécessité de ménager les munitions et de ne tirer en quelque sorte qu'à coup sûr, dut nous occasionner des pertes, qu'un peu plus de prévoyance du général en chef aurait facilement évitées.

Pour conjurer les périls d'une situation aussi déplorable, il fallait envoyer au colonel Marion des cartouches promptement et par une voie sûre. Le général Clauzel eut recours à un expédient qui atteste combien la plupart de ses actes étaient peu réfléchis. Il expédia quatorze mille cartouches, enfermées dans des ballots, qu'il confia à des Arabes de la tribu saharienne des Beni-Mzab. Ces messagers ignoraient le contenu des ballots, et fort heureusement n'eurent point la pensée de visiter leur charge. Ce fut, sans doute, par une faveur extraordinaire de la fortune que des munitions ainsi exposées ne tombèrent pas au pouvoir de l'ennemi. Elles arrivèrent à Médéah le 4 décembre. Le 10, parut en vue de cette ville une petite colonne qui escortait un convoi de vivres. Le lieutenant-général Boyer, qui la conduisait, y laissa deux bataillons de renfort et repartit immédiatement pour Alger. Le général Danlion était venu pour prendre le commandement supérieur de Médeah.

La garnison eut à repousser de nouvelles attaques des tribus voisines. Le nouveau commandant obtint d'abord quelques succès ; mais les vivres s'épuisèrent. Il aurait fallu ravitailler la place à des époques périodiques : ce qui était fort difficile à cause de l'absence de postes intermédiaires et du peu de ressources mises à la disposition du général en chef. D'un autre côté, le bey Ben-Omar était d'une nullité absolue et n'exerçait aucune influence sur les indigènes. Le général Danlion, de son côté, était sans doute un brave soldat, mais il était entièrement dépourvu des qualités de l'administrateur et du capitaine. Il ne sut prendre aucune mesure pour nourrir ses troupes, dans une contrée où les céréales abondaient, et l'on peut ajouter qu'il compromit notre autorité par l'acte suivant, qui donne une triste idée de sa manière d'agir. Un cheik, nommé par Ben-Omar, avait été chassé ignominieusement par une tribu arabe qui refusait de reconnaître l'autorité du bey. Le général Danlion sortit de Médeah, le 22 décembre, avec une partie de la garnison, dans le dessein de châtier cette tribu. Mais, s'étant aperçu qu'elle demeurait un peu loin, et qu'il serait fatigant d'aller jusque sur son territoire, il se mit à brûler les gourbis et à enlever les troupeaux d'une tribu voisine, pensant que l'effet serait le même. Ce procédé inique eut pour résultat de pousser à la révolte toutes les tribus du beylik. Il devint dès lors, impossible de se maintenir à Médéah. Le général en chef fut dans la nécessité d'en ordonner l'évacuation. Comme il y avait lieu de craindre que nos troupes, épuisées par les fatigues et entourées d'ennemis, exaspérés par nos actes, fussent attaquées par les Arabes avant de franchir l'Atlas, il fallut envoyer la brigade Achard à leur rencontre. Elles rentrèrent à Alger le 4 janvier 1831. Ben-Omar, ne pouvant plus compter sur l'appui de nos soldats, voulut renoncer à son beylik. Mais les habitants de Médéah le retinrent à son poste à force de protestations et de promesses.

Le triste résultat de l'expédition de Médéah contribua pour une large part à détruire le prestige de nos armes. Les Arabes, revenus peu à peu de la stupeur produite par les coups foudroyants portés par M. de Bourmont à la domination turque, commencèrent à douter de notre puissance. En outre, les procédés barbares et insensés de nos généraux étaient bien faits pour augmenter leur haine contre les chrétiens.

L'abandon de Médéah réduisit nos possessions à la ville d'Alger et à sa banlieue. Les fugitifs de Blidah étaient peu à peu rentrés dans leurs foyers. L'agha Hamdam fut destitué dans les premiers jours de janvier. Il avait accompagné l'expédition jusqu'à la ferme de Mouzaïa. Mais, au lieu de monter à cheval pour éclairer la marche de la colonne, ce Maure vantard et sans courage s'était prudemment tenu à l'abri du danger, sous la protection de nos retranchements. Cette conduite pusillanime lui avait attiré le juste mépris des Arabes. Il fut remplacé par le grand prévôt de l'armée, M. Mendiri, chef d'escadron de gendarmerie, qui ne pouvait rendre et ne rendit aucun service.

A la vue de tant de sang inutilement répandu, on ne sera plus étonné que j'ai poursuivi de critiques acerbes les divers actes de l'administration du général Clauzel. Je crois avoir suffisamment démontré que la plupart de ses actes ont eu pour cause cette politique néfaste, dont les tendances occultes vont se révéler, avec plus de clarté encore, dans deux faits fort singuliers, qui déterminèrent le général Clauzel à solliciter le retrait de son commandement.

V

DIFFICULTÉS AVEC LE BEY DE CONSTANTINE ET L'EMPEREUR DU MAROC. — CESSION DES PROVINCES DE CONSTANTINE ET D'ORAN AU BEY DE TUNIS. — CAUSE DE CES TRAITÉS. — INFLUENCE ÉTRANGE DU MAMELUK TUNISIEN IOUSOUF SUR LE GÉNÉRAL CLAUZEL.

Dans la province de Constantine, Hadj-Hamet avait refusé de reconnaître la souveraineté de la France. Il organisait des troupes pour repousser au besoin les

attaques dont il serait l'objet de notre part. Le général
en chef n'ayant point les moyens de briser sa résistance,
ne songea même pas à faire la moindre tentative à cet
effet. A Oran, le bey Hassan était, il est vrai, disposé à
remettre la ville et les forts en nos mains, mais l'empereur du Maroc, Abd-Er-Rehaman, profitant des circonstances, avait envoyé une armée, sous les ordres de
Muley-Ali, son neveu, pour s'emparer de Tlemcen.
Muley-Ali publiait, par ses émissaires, qu'il agissait par
les ordres de son souverain, qui était d'accord avec le
roi des Français. Il avait été convenu, disait-il, entre la
France et le Maroc, que nos troupes n'occuperaient que
le littoral, que l'intérieur de la Régence devait être
abandonné à l'empereur. Le bey d'Oran, vieillard sans
énergie, dont l'influence était nulle sur les Arabes, était,
avec quelques Turcs restés fidèles, incapable de repousser l'invasion. Ces circonstances jointes à l'ascendant que lui donnait sur les esprits la communauté de
religion; l'annonce qu'il était venu protéger les vrais
croyants contre les chrétiens; enfin les reproches qu'il
adressait hautement au bey Hassan, d'avoir trahi les
intérêts de l'islamisme, favorisaient singulièrement les
projets de Muley-Ali. Le général en chef pensa qu'il était
prudent d'arrêter ses progrès. Dans ce but, M. Clauzel
fit partir, le 11 décembre, une colonne sous les ordres du
général Damrémont, qui arriva le 13 décembre en rade
d'Oran, et s'empara le 14 des forts de Mers-el-Kebir et
Saint-Grégoire. Mais le général devait attendre des
instructions ultérieures pour occuper Oran. En outre, le

général Clauzel envoya le colonel Auvray à Tanger afin de représenter au gouvernement marocain que son agression était contraire au droit des gens, lui en demander réparation, et lui signifier, dans le cas où il la refuserait, que nos troupes allaient agir, refouler, sur son territoire, l'armée marocaine, et exercer sur le pays de terribles représailles.

Certes, le général Clauzel se faisait une idée bien fausse de son pouvoir comme général en chef de l'armée expéditionnaire. Cette qualité ne pouvait lui donner le droit, à l'insu de son gouvernement, d'envoyer un ambassadeur porter un ultimatum à une puissance voisine et lui faire la guerre, s'il n'obtenait pas satisfaction de ses griefs. Dans cette situation, qu'il fallut bien faire connaître au gouvernement, le général Clauzel demandait l'autorisation de conserver, pendant un certain temps encore, une partie des troupes qui devaient rentrer en France. Le ministre, qui avait lieu de craindre quelque incartade de sa part, répondit par l'ordre formel de les renvoyer sur-le-champ. La dépêche portait que les difficultés survenues avec le Maroc seraient levées par la voie diplomatique.

Du reste, ces incidents divers n'eurent pas de suite. Le colonel Auvray ne put franchir Tanger pour se rendre à Fez auprès de l'empereur. Il dut se retirer sans avoir rempli sa mission. D'un autre côté, une révolte sérieuse ayant éclaté dans le Maroc, Abd-Er-Rahaman fut obligé de rappeler ses troupes, dont les exactions avaient d'ailleurs tellement irrité les Arabes, qu'avant peu elles eussent été exterminées entièrement. Le ministre envoya plus tard dans le Maroc le gendre du maréchal Soult, M. de Mornay, qui, par un traité du 4 avril 1832, conclu à Méquinez, obtint la renonciation de l'empereur sur la ville de Tlemcen et son territoire.

Quand on réfléchit à ces divers évènements, qu'on rapproche les dates de l'envoi des troupes dans la province d'Oran et de l'arrêté qui prononçait la déchéance du bey de Constantine le 15 décembre, on se demande si le général Clauzel n'était pas sous l'empire d'une défaillance intellectuelle. En effet, il avait envoyé les seules troupes dont il put disposer à Oran, avec le général Damrémont, le 11 décembre. Elles étaient insuffisantes pour repousser l'agression de l'armée marocaine. Le différend survenu avec le Maroc était une affaire si considérable, qu'elle pouvait nécessiter sa présence et de nouveaux sacrifices de la métropole. Il s'était vu, depuis quelques jours à peine, dans la nécessité d'envoyer des renforts à Médeah, et il choisissait ce moment pour prononcer la déchéance du bey de Constantine, et céder, trois jours après, le 18, son beylik au bey de Tunis. Afin de faire face à toutes ces difficultés à la fois, maintenir l'occupation de Médeah, réduire le bey de Constantine pour installer un Tunisien à sa place, et refouler en même temps les troupes marocaines, une armée de cinquante mille hommes eût été à peine suffisante. Quoi qu'il en soit, examinons ces deux arrêtés, qui furent bientôt suivis de la cession de la province d'Oran au bey de Tunis.

L'arrêté de déchéance est ainsi conçu :

« Considérant que le bey de Constantine s'est refusé à faire acte de soumission ; qu'il a constamment résisté aux injonctions réitérées qui lui ont été faites à ce sujet ; qu'il n'a satisfait à aucune subvention ; qu'enfin dans les villes et particulièrement dans celle de Bône, il affecte de persécuter les habitants qui se sont montrés partisans de la domination française :

» ARTICLE PREMIER. — Hadj-Hamet, bey de Constantine, est déchu et les peuples de sa dépendance sont déliés de toute obéissance à son égard.

« ART. 2. — Il sera incessamment pourvu à son remplacement. »

Il y a fort peu de choses à dire au sujet des considérants de cet arrêté. Cependant, si en vertu de la capitulation d'Alger et des évènements accomplis, le général Clauzel considérait que la souveraineté de la France était substituée à la domination turque dans toute l'étendue de la Régence, ainsi qu'a dû le faire supposer son attitude étrange vis-à-vis de l'empereur du Maroc, il était inutile de donner tant de motifs pour justifier sa décision. Il n'y avait qu'une seule chose à faire, révoquer purement et simplement le bey de Constantine. Mais, dans cette hypothèse, où aurait-il puisé le droit de céder à un souverain étranger de vastes territoires définitivement acquis à la France? Si, au contraire, la chute des Turcs avait eu seulement pour effet de faire recouvrer aux Arabes leur ancienne indépendance, pour disposer en maître de populations dont les sentiments hostiles contre l'invasion française s'étaient manifestés par des attaques incessantes, il fallait au préalable les réduire par la force des armes. Le gouvernement français, en raison de l'attitude de l'Europe et de ses embarras intérieurs, n'était pas en situation d'entreprendre une pareille tâche. Dès lors, la déchéance du bey de Constantine était un acte tout au moins prématuré. Du reste, les instructions du ministre de la guerre, contenues dans la dépêche fort explicite du 30 octobre, prescrivaient uniquement au général en chef de commencer quelques essais de colonisation sur le territoire d'Alger, et, quant aux provinces d'Oran et de Constantine, de se borner à l'occupation des points principaux du littoral, Bône et Oran. Le général Clauzel n'avait même pas essayé de prendre possession de Bône, ce qui était on ne peut plus facile, et tout-à-coup il faisait acte de souveraineté sur la province entière de Constantine en proclamant la déchéance du bey. Il ne pensait pas, sans doute, qu'en écrivant, dans l'article premier de son arrêté, qu'il déliait les populations de la province de toute obéissance à l'égard d'Hadj-Hamet, les indigènes, miraculeusement épris d'une affection subite pour l'autorité française, se débarrasseraient incontinent de leur bey et qu'il n'y aurait plus qu'à lui envoyer un successeur. Il y a certainement lieu de croire que ces réflexions diverses ne se présentèrent pas à son esprit, que la déchéance du bey lui parut un préalable nécessaire à la cession de la province de Constantine. Voici les dispositions principales de la convention intervenue à cet effet :

« Au quartier général d'Alger, le 18 décembre 1830.

» Au nom du Dieu clément et miséricordieux, souve-
» rain arbitre de toutes choses,
» Le général commandant en chef l'armée française
» en Afrique, en vertu des pouvoirs qu'il tient de Sa
» Majesté le roi des Français, en sa qualité de général
» en chef, et Sidi-Mustapha, frère de son Altesse le bey
» de Tunis, muni des pleins pouvoirs de sa dite Altesse,
» et de Sidi-Mustapha son frère, dont copie certifiée reste
» annexée à l'une des présentes, sont convenus de ce
» qui suit :

» ARTICLE PREMIER. — Le général en chef, en vertu des
» pouvoirs sus-dits, ayant nommé bey de Constantine
» Sidi-Mustapha, désigné par son Altesse le bey de Tunis,
» son frère, et sa dite Altesse, ainsi que Sidi-Mustapha,
» bey désigné, ayant autorisé, par les pleins pouvoirs
» déjà cités, Sidi-Mustapha, garde des sceaux et minis-
» tre, au nom de son Altesse et du bey désigné, les con-
» ditions déjà convenues entre les parties contractantes,
» ainsi que leur exécution, il a été convenu de rédiger
» ces conditions au moyen du présent acte, lequel, écrit
» en deux langues, sera signé par les deux parties, en
» leurs qualités respectives, exprimées dans le préam-
» bule.
» Ces conditions sont les suivantes :

« 1° Son Altesse le bey de Tunis garantit et s'oblige
» personnellement au paiement, à Tunis, à titre de con-
» tributions, pour la province de Constantine, de la
» somme de 800,000 francs, pour l'année 1831. Le pre-
» mier paiement par quart aura lieu dans le courant de
» juillet prochain et les autres à des époques successives,
» de manière à ce que tout soit soldé à la fin de décem-
» bre 1851 ; et, pour la régularité des écritures, il sera
» consenti, au nom du bey de Tunis, par Sidi-Mustapha,
» garde des sceaux, l'une des parties contractantes,
» quatre obligations de 200,000 francs chacune, au profit
» du trésor français à Alger. »

La contribution des années suivantes était portée à la somme de un million.

« 4° Dans les ports de Bône, Stora, Bougie et autres
» de la province de Constantine, les Français ne paie-
» ront que moitié des droits de douane imposés aux
» autres nations ;
« 5° Tous les revenus de la province de Constantine,
» de quelque nature qu'ils soient, seront perçus par le
» bey ;
« 6° Toute protection sera accordée aux Français et
» autres Européens qui viendront s'établir, comme né-
» gociants ou agriculteurs, dans la province de Cons-
» tantine, etc. »

Le 6 février 1831, un traité analogue eut lieu pour la province d'Oran. Les avantages pécuniaires, stipulés pour la France, furent également de la somme d'un million.

Il est superflu d'ajouter que le gouvernement français refusa la ratification de ces deux traités, faits à son insu et sans son autorisation. Ils ne prouvaient que trop l'incapacité politique du général en chef. En supposant que le général Clauzel n'eût pas reculé devant l'abandon de la province d'Oran et de Constantine, pour la contribution annuelle d'une somme de deux millions, comment n'avait-il pas compris qu'en cédant ces deux provinces, moyennant finances, à un souverain dont la puissance militaire était nulle, il engageait implicitement la France à les conquérir pour le compte de ce souverain. Il est donc certain que le gouvernement français eut parfaitement raison de ne pas ratifier ces traités. En examinant, avec attention, la conduite de M. Clauzel dans toute cette affaire, j'ai été convaincu qu'il ne se dissimulait point les difficultés de l'entreprise, et qu'il espérait arracher la ratification au ministère par l'autorité des faits accomplis. Ainsi, un fait digne de remarque, c'est que le traité portant cession de la province de Constantine avait précédé celui relatif à la province d'Oran de près de deux mois. Si le général Clauzel, avant de contracter, eût fait connaître au ministre de la guerre, son chef immédiat, ses intentions, comme c'était son devoir, les documents déjà cités prouvent qu'il eût été promptement arrêté dans cette voie. Si même après la conclusion du premier traité il eût prévenu le même ministre, il est certain encore que le désaveu qui en eût été la suite inévitable ne lui aurait point permis d'opérer la cession de la province d'Oran. Il est donc absolument faux, ainsi qu'on l'a prétendu, que M. Clauzel ait fait faire les premières ouvertures au bey de Tunis par le consul général de France. Dans ce cas, ce fonctionnaire en eût immédiatement donné avis au ministre des affaires étrangères, qui à son tour n'eût pas manqué de saisir le cabinet tout entier d'une affaire de cette importance. Les faits les plus précis, tels que la présence de Sidi-Mustapha à Alger, établissent, au contraire, que M. Clauzel avait tenu cette négociation secrète, et que, lorsqu'elle fut connue du ministère, un corps de Tunisiens avait déjà pris possession d'Oran. Ce qui ne laisse aucun doute à cet égard, c'est que M. Clauzel, qui plus tard se plaignit hautement du refus de ratification, se fût empressé de répondre au ministre des affaires étrangères, qu'il n'avait agi qu'avec l'adhésion au moins tacite du cabinet, qui n'ignorait aucune de ses démarches. Nous ferons connaître en son lieu le mémoire publié par M. Clauzel pour sa justification.

S'il est certain que le général Clauzel n'a pas fait les deux traités avec le bey de Tunis de son propre mouvement, on sera sans doute bien aise d'apprendre comment une idée aussi bizarre avait pu entrer dans son esprit. Constatons, tout d'abord, que pendant les quinze années de la Restauration, le général était resté étranger aux affaires politiques et n'avait eu aucune relation avec le bey de Tunis. D'un autre côté, il n'est pas admissible que le bey eût envoyé son frère Sidi-Mustapha à Alger pour demander au général la cession des deux provinces d'Oran et de Constantine, dans l'ignorance absolue des projets du gouvernement français sur la nouvelle conquête. Tout donc porte à croire que la pensée première de cette double cession fut suggérée par un personnage de l'entourage du général en chef, qui avait été le confident, ou deviné, par ses actes étranges, le caractère de sa mission secrète. Des circonstances graves et des faits indiscutables établissent, à mon avis, que l'instigateur de toute cette négociation ne fut autre que le mameluk Iousouf, que nous avons vu élever tout-à-coup, et sans motifs plausibles, au grade de capitaine. Nous verrons plus tard la singulière fortune et les excès scandaleux de cet aventurier. En ce moment je me propose de constater le rôle qu'il a joué dans cette affaire. Il importe tout d'abord de se prémunir contre les récits mensongers que les amis de ce personnage ont fait circuler sur son origine et sur les circonstances qui l'amenèrent à Alger, dans le but évident d'expliquer la faveur inouïe dont il fut l'objet de la part du général Clauzel. Voici la version racontée par l'un d'eux :

« Iousouf est né à l'île d'Elbe, où bien jeune encore il
» se rappelle, en 1814, avoir vu Napoléon. Mais il n'a
» conservé aucun souvenir de sa famille, et toutes les
» recherches à cet égard ont été vaines. A peu près à
» cette époque, il pouvait avoir sept ans, les personnes

» qui prenaient soin de lui le firent embarquer pour
» Florence, où elles avaient le dessein de le faire entrer
» au collège. Mais le navire qui le portait tomba au pou-
» voir d'un corsaire. Conduit à Tunis, Iousouf échut au
» bey. Placé dans le séra¹¹ et improvisé musulman, il
» noua bientôt une intrigue avec une des filles du bey,
» et celle-ci devint enceinte. Surpris dans un de ses
» rendez-vous par un des eunuques du bey, Iousouf prit
» sur-le-champ l'audacieux parti de le suivre dans les
» jardins, de l'attirer dans une embuscade et de le massa-
» crer. Son corps jeté dans une piscine profonde, il n'en
» conserva que la tête. Le lendemain, pendant que sa
» maîtresse l'entretenait des vives terreurs auxquelles
» elle était en proie, pour toute réponse il la conduisit
» dans une chambre voisine, et, dans une armoire, lui
» montra la tête de l'esclave dont il avait arraché la lan-
» gue. Mais le secret n'était point encore suffisant, il
» prépara son évasion, c'était en 1830. Le brick français
» l'*Adonis* était en rade, un canot devait l'y conduire.
» Mais cinq chaouchs étaient apostés là pour s'opposer
» à son embarquement. Des sentiers qu'il a pris, Iousouf
» les a vus; il a remarqué qu'ils ont laissé leurs fusils
» en faisceau sur une roche. Il s'élance de ce côté; jeter
» les armes à la mer, se débarrasser de deux de ces
» hommes, mettre les autres en fuite, gagner le canot,
» tout cela fut l'affaire d'un moment. L'*Adonis* avait l'or-
» dre de rallier la flotte qui devait s'emparer d'Alger.
» Peu de temps après, Iousouf débarqua à Sidi-Ferruch
» avec l'armée. Pendant la campagne, il resta attaché au

» général en chef et fut placé près du commissaire gé-
» néral de police. A peine étions-nous arrivés, que,
» dénoncé comme coupable d'entretenir une correspon-
» dance avec les ennemis de la France, il se vit arrêté;
» mais son innocence ne tarda pas à être reconnue. »

Je n'ai pas le dessein de faire ressortir le tissu d'invraisemblances dont ce récit est émaillé; il fait, sans doute, beaucoup d'honneur à l'imagination de l'écrivain, mais il témoigne fort peu de son discernement ou de son respect pour la vérité. Qui donc pourrait croire qu'un enfant de sept ans, qui se rappelait avoir vu Napoléon à l'île d'Elbe, n'eût pas conservé le souvenir de ses parents et n'eût même pas retenu leur nom? qu'il puisse affirmer que les personnes chargées de son éducation l'avaient envoyé à Florence pour le faire entrer au collège, sans pouvoir donner aucun renseignement sur ces personnes? Que dire encore de ses prétendues amours avec une fille du bey et de l'assassinat de l'eunuque dont la disparition passe entièrement inaperçue? Enfin, la scène qui précède son embarquement, où il se débarrasse avec une facilité singulière des cinq chaouchs qui avaient laissé leurs fusils en faisceau sur une roche, exprès, sans doute, pour les faire jeter à la mer, n'est-elle pas inventée à plaisir? Il faut donc substituer au roman la réalité telle qu'elle paraît résulter de l'ensemble des faits connus et jusqu'ici absolument incontestés. Ainsi, il est constant que Iousouf n'était pas Tunisien. Qu'il fut né à l'île d'Elbe ou ailleurs, cela nous importe fort peu. Comme il était musulman, nous sommes fondés à croire que c'était, ni plus ni moins, un de ces nombreux renégats du bassin de la Méditerranée qui venaient chercher fortune dans les États Barbaresques, et prenaient le plus souvent du service dans l'armée de ces États. Iousouf était certainement à Tunis, en 1830, dans ces conditions, au moment du départ de l'expédition pour Alger. Si l'on considère, en outre, que le bey de Tunis, dont les relations avec les Européens étaient très fréquentes, savait parfaitement à quoi s'en tenir sur l'étendue des ressources militaires de la France; qu'en sa double qualité de Turc et de musulman, il devait redouter la défaite du Dey et attendre avec anxiété les résultats de l'expédition, il est naturel de supposer qu'il avait le désir d'être informé au jour le jour des divers incidents de la lutte et qu'il envoya à cet effet un émissaire à Alger. L'arrivée de Iousouf à Sidi-Ferruch au moment même où nos troupes commençaient à débarquer, son emploi pendant la campagne auprès du général en chef, son arrestation presque immédiate, pour avoir entretenu une correspondance avec les étrangers, font présumer, avec raison, que Iousouf était l'agent secret du bey de Tunis auquel il rendait compte de tous les mouvements de nos troupes. Cette présomption acquiert un nouveau degré de consistance, quand on le voit tout à coup élevé au grade de capitaine; car il n'est pas admissible que le général Clauzel eût, de cette façon, prostitué cet emploi, en le conférant à un mameluk obscur qui serait venu à Alger en fugitif pour échapper au châtiment réservé à ses crimes. Enfin, cette présomption se change en certitude, quand on voit le nouveau capitaine à la tête d'une compagnie uniquement consacrée à la garde du général en chef, et jouir d'une telle faveur, j'allais même dire exercer un tel ascendant sur M. Clauzel, qu'à l'époque des négociations du traité relatif à la province de Constantine, Iousouf se vantait publiquement de son élévation prochaine aux fonctions de bey de Titteri. Le général Berthezène rapporte ce fait en y ajoutant des circonstances qui font peu d'honneur à la délicatesse et à l'humanité du capitaine.

Quoi qu'il en soit, on ne peut guère douter de la promesse faite à Iousouf, quand on réfléchit que le général en chef considérait l'occupation de Médeah par les troupes françaises comme impossible à cause de l'extrême réduction de leur effectif; que le bey Ben-Omar était dans l'impossibilité absolue de se maintenir, et qu'enfin, lors de son second gouvernement, M. Clauzel n'hésita pas à le nommer bey de Constantine. Je le demande maintenant à tout homme de bonne foi, une pareille faveur, à défaut de tout service militaire, n'était-elle pas la récompense due au représentant secret du bey de Tunis, à l'intermédiaire de la double cession de la province de Constantine et de celle d'Oran? Car, par ces derniers actes, M. Clauzel croyait accomplir rigoureusement la mission qu'il avait reçue du roi, de réduire les possessions de la France en Afrique à l'occupation de la ville d'Alger. Il était d'une telle incapacité comme homme politique qu'il ne comprit pas la portée des engagements pris au nom de la France envers le bey de Tunis, et que le gouvernement, par suite des obligations implicites résultant de ces traités, serait contraint d'en refuser la ratification.

Néanmoins, malgré les effets détestables qu'ils produisirent sur l'esprit des indigènes, ces deux traités furent la cause indirecte de l'occupation des forts et de la ville d'Oran, dont le général Damrémont prit possession pour en faire la remise aux troupes tunisiennes. Ils furent définitivement acquis à la France. Et quelque temps après, à la suite d'un échec insignifiant, le général Monk-d'Uzer étant venu avec un corps de trois mille hommes occuper la ville de Bône, nous avions franchi, malgré la volonté formelle du chef de l'État, les deux premières étapes qui devaient nous amener à la conquête entière de l'Algérie.

VI

REFUS DE RATIFICATION DES TRAITÉS PASSÉS AVEC LE BEY DE TUNIS. — RÉCRIMINATIONS DU GÉNÉRAL CLAUZEL. — SA RENTRÉE EN FRANCE.

Le général Clauzel avait visiblement foulé aux pieds les instructions contenues dans la dépêche ministérielle du 30 octobre. Malgré cela, il était tellement convaincu que ces actes répondaient aux intentions du roi, qu'il fut, tout d'abord, abasourdi par le refus de ratification, et que même, un peu plus tard, il ne craignit point de se poser en victime et d'attribuer sa disgrâce à une susceptibilité mesquine du ministre des affaires étrangères, M. Sébastiani. Il ne lui pardonnait pas, disait-il, d'avoir conclu avec le bey de Tunis des traités, sans sa participation. Malheureusement pour M. Clauzel, il ne répondait aux justes griefs du ministre que par de vaines paroles. Il n'était pas sérieux de prétendre qu'il ne s'était agi que de la nomination de deux beys, fonctionnant sous l'autorité de la France et dont le concours, garanti par le gouvernement tunisien devait, en diminuant nos frais de conquête, assurer le développement normal des premiers essais de colonisation. M. Clauzel oubliait, sans doute à dessein, que pour mettre ces beys à même de fonctionner, pour nous servir de ses expressions, il fallait commencer par faire, à nos risques et périls, deux expéditions qui nous auraient coûté des sommes considérables. Lorsqu'il ajoutait, sans bonne foi, croyant sans doute accabler le ministre, que prétendre coloniser à la fois toute la régence d'Alger était une entreprise au-dessus des forces du plus puissant État de l'Europe, tandis qu'en opérant progressivement, mais avec persévérance, c'est-à-dire en commençant par le centre de la Régence, le succès en serait facile, peu dispendieux, et infaillible, il était facile de répondre que M. Clauzel, pour défendre ses actes, travestissait à plaisir les intentions du gouvernement. En effet, il ne pouvait nier qu'on lui avait prescrit de se borner à l'occupation de deux ou trois points sur le littoral, dans les provinces d'Oran et de Constantine, et de ne se livrer qu'à quelques essais de colonisation dans les environs d'Alger.

Tels furent les derniers actes du premier commandement du général Clauzel. Chose digne de remarque, malgré sa conduite insensée et systématiquement contraire aux intérêts de la France, malgré ses récriminations inconvenantes à l'égard du ministre des affaires étrangères, Sébastiani, il serait resté encore à la tête de l'armée d'Afrique, s'il n'eût lui-même sollicité son rappel qui eut lieu le 18 février 1831. Mais il était si peu déchu dans la faveur du roi qu'il fut bientôt promu à la dignité de maréchal de France et qu'il revint à Alger, quelques années après, en qualité de gouverneur général. On peut le classer, sans injustice, dans la catégorie de ces fonctionnaires néfastes qui, par esprit de parti, ou par ambition personnelle, se sont plu à retarder le développement de la conquête du pays.

J'ai même dû me montrer d'autant plus sévère dans mes appréciations, qu'il avait la conscience de ses fautes. Elles eurent presque toutes pour principe la réduction excessive de l'effectif de l'armée, qu'il proposa lui-même, bien qu'il fut profondément convaincu que cette mesure intempestive devait compromettre pour longtemps l'avenir de la conquête. J'en trouve la preuve dans un écrit qu'il publia plus tard pour sa justification. En voici un passage qu'il est bon de rappeler :

« Quand nous nous emparâmes d'Alger, les Arabes
» nous virent avec déplaisir parce que nous étions chré-
» tiens. Mais habitués à une obéissance absolue aux
» hommes et aux évènements, ils se répétèrent ce mot,
» qui, parmi eux, est la raison de tout ce qui arrive :
» Dieu le veut! Ils se résignèrent à notre domination,
» comme ils s'étaient résignés autrefois à celle des
» Turcs. Certes nous avions moins à faire que ceux-ci
» pour nous maintenir, puisque nous rencontrions une
» population désunie, prête à se donner à qui voudrait

» la gouverner, accoutumée de vivre en esclave. En mê-
» me temps le renom militaire de la nation française,
» les récits merveilleux du règne de Napoléon, notre
» victoire si rapide, avaient frappé les imaginations et
» nous avaient entourés d'un prestige qui rendait l'o-
» béissance encore plus facile. A ce moment on pouvait
» faire en quelques mois et sans opposition, ce que
» maintenant on n'obtendra plus qu'à force de combats
» et de dépenses. Ce n'était point Alger qu'il fallait con-
» conquérir, mais la puissance des Turcs qu'il fallait
» remplacer par la nôtre. Les Arabes s'y attendaient. Ils
» ne s'imaginaient pas qu'un peuple, qui se disait intelli-
» gent et fort, serait embarrassé d'une terre qui avait
» obéi à huit mille janissaires. Ils s'attendaient à voir
» se développer un système large et rapide d'occupation,
» qui s'emparât de tous les points de la Régence et prît
» sous son abri les tribus tout prêtes à se soumettre.
» Malheureusement il n'en fut pas ainsi. Les hésitations
» du pouvoir, l'instabilité des choses et des hommes
» chargés de les diriger, donnèrent lieu de supposer
» que la France ne voulait pas fonder un établissement
» durable sur la côte d'Afrique. Dès que les Arabes dou-
» tèrent de la volonté du vainqueur, ils doutèrent de la
» volonté de Dieu. Du moment que nous ne fûmes plus
» des maîtres civilisateurs mais redoutés, on ne nous
» regarda que comme des ennemis presque déconsidérés.
» Du moment qu'on n'était pas sûr que nous resterions,
» il devenait urgent de nous chasser. Voilà qu'elle fut la
» marche de l'esprit public. En même temps des espé-

» rances, qui non-seulement ne se seraient pas produi-
» tes, mais qui même n'auraient pas osé naître, si nous
» avions su montrer une autre attitude, se dressèrent
» tout au tour de nous; des intrigues, qui fussent restées
» dans l'ombre et dans l'impuissance, éclatèrent de
» toutes parts.

» Il fallait pour garder la régence d'Alger un système
» simple et fort. Il fallait se porter résolument en avant,
» à droite à gauche, avec des troupes suffisantes; possé-
» der des centres principaux d'action; entre ces points
» principaux, des points intermédiaires pour les relier
» les uns aux autres. Il fallait couvrir la Régence d'un
» réseau de garnisons et de camps, qui ne permissent
» pas aux populations de se rassembler tumultueuse-
» ment, qui ne laissassent pas un champ ouvert à tous
» ceux qui voudraient venir semer la révolte; il fallait
» maintenir le pays complètement. Et qu'on ne pense pas
» que pour arriver à ce but, on eût besoin d'efforts pro-
» digieux, de dépenses énormes et constantes. Il suffi-
» sait de deux campagnes entreprises avec des forces
» nécessaires, poursuivies avec la volonté de faire sin-
» cèrement ce qu'on doit toujours vouloir faire, et ce
» qu'on ne fait jamais, et la colonie, maîtrisée, soumise
» et tranquille, se serait gardée avec le même nombre
» d'hommes qui aujourd'hui ne peuvent empêcher quel-
» ques maraudeurs de venir assassiner jusqu'aux por-
» tes de nos villes. »

Quand le général Clauzel écrivait ces lignes, d'une si

parfaite justesse, il avait oublié, sans doute, qu'il s'était fait l'agent servile de cette politique déplorable qu'il condamnait maintenant avec tant de raison. Il avait oublié encore, qu'il avait écrit au ministre de la guerre que les trente-quatre mille hommes de l'armée d'Afrique pouvaient être réduits des deux tiers sans dommage pour les affaires de la colonie. Il avait dû certainement chasser de son esprit, comme un mauvais souvenir, la double cession des provinces d'Oran et de Constantine au bey de Tunis.

VII

COMMANDEMENT DU GÉNÉRAL BERTHEZÈNE.

Le général Berthezène, qui prit le commandement de l'armée d'Afrique après le départ du général Clauzel, était un ancien militaire de la République et de l'Empire. Il avait conquis tous ses grades sur le champ de bataille. Il avait en outre pris une part glorieuse à l'immortelle campagne de vingt jours de M. de Bourmont. Ainsi, au combat de Staouéli, il avait, à la tête de sa division, repoussé énergiquement l'attaque des janissaires, et remporté une victoire que la prompte intervention du général en chef ne fit que rendre plus décisive. C'était donc un brave soldat, mais, ce qui vaut mieux encore à mon avis, c'était un honnête homme. Je suis heureux de rappeler ici un fait qui témoigne de la haute probité du général. Pendant le cours de son administration, il refusa de donner à son beau-frère un emploi lucratif, occupé par un fonctionnaire contre lequel on avait porté des plaintes graves, mais qui, après un examen impartial, ne lui avaient pas paru suffisamment justifiées.

Voilà le beau côté. Mais, malheureusement, toute médaille a son revers. M. Berthezène n'avait, jusqu'à ce moment, servi qu'en sous-ordre. Il était d'ailleurs dépourvu de connaissances nécessaires pour sa nouvelle situation. Il manquait peut-être aussi du nerf nécessaire à un chef d'administration civile encore à l'état d'ébauche, pour maintenir ses subordonnés dans le devoir. Mais, eût-il eu une main de fer, qu'avec des attributions mal définies et le peu de ressources dont il pouvait disposer, il eût été impuissant pour vaincre les résistances obstinées que devait produire le désordre matériel et moral, triste fruit de la conduite anti-nationale de son prédécesseur. Du reste, le général Clauzel savait parfaitement à quoi s'en tenir sur les difficultés de la situation. Se réservant pour des temps meilleurs, il s'était dérobé avec art à des embarras inévitables qui devaient entraîner la chute fatale de son successeur.

VIII

DÉPLORABLE SITUATION DES HABITANTS D'ALGER A L'AVÈNEMENT DU GÉNÉRAL BERTHEZÈNE.

Pour bien apprécier l'administration du général Berthezène, il faut, tout d'abord, établir l'état réel des personnes et des choses lors de son avènement. Dans l'intérieur de la ville d'Alger, à l'exception de quelques intrigants, maures et juifs, qui avaient profité de l'expulsion trop précipitée des Turcs du territoire de la Régence, pour leur extorquer, moyennant quelques poignées de boudjous, leurs propriétés particulières, les habitants étaient dans une gêne extrême et quelques-uns se voyaient réduits à la dernière misère. Les causes de cette situation déplorable étaient multiples. Il est nécessaire de les signaler.

Beaucoup de maisons et de boutiques, unique ressource des propriétaires, avaient été abattues pour cause d'utilité publique, afin d'établir des voies carrossables ou sous prétexte d'embellissements projetés. L'administration française en avait certainement le droit. Mais à défaut de la capitulation d'Alger, l'équité la plus vulgaire lui faisait un devoir impérieux de ne s'emparer du bien d'autrui qu'après une juste et préalable indemnité. Un odieux esprit de fiscalité prévalut sur les règles éternelles de la justice et de l'honneur. Ces malheureux furent dépossédés sans compensation. Il n'était pas rare d'en rencontrer quelques-uns errant dans les rues, couverts de haillons, implorer la charité des passants. On aurait de la peine à ajouter foi à mes assertions, si des documents publics n'attestaient que les sommes qui leur étaient si légitimement dues n'étaient pas encore payées vingt ans après.

Les 1er et 27 avril 1844, le maréchal Soult, ministre de la guerre, rend une ordonnance pour instituer une commission chargée de régler définitivement les indemnités. Le considérant unique, qui l'a précédé, mérite d'être rapporté :

« Considérant qu'à la suite de la conquête, la néces-
» sité de frayer à l'armée des routes carrossables a
» produit la démolition d'urgence de nombreux édifices
» sans la formalité d'expertises préalables; que ces dé-
» molitions ont été assimilées, par l'arrêté du 9 décem-
» bre 1841, à l'expropriation pour cause d'utilité publique;
» qu' l'absence d'expertise, jointe à l'insuffisance de la

» plupart des titres, forment l'obstacle qui a jusqu'ici
» retardé la liquidation des indemnités dues pour cause
» d'expropriation. »

Cette ordonnance, ainsi que les divers arrêtés antérieurs pris dans le même but, devaient rester à l'état de lettre morte, à raison de la résistance indigne et de la mauvaise foi des agents du fisc. Ils soulevaient des difficultés de toute nature et prétendaient astreindre les anciens possesseurs d'immeubles ou leurs ayants-droit à produire des titres de propriété. C'était les mettre dans l'impossibilité absolue d'obtenir le paiement de leur créance. En effet, bien que dans les villes de l'Algérie la propriété immobilière fut privative et librement transmissible, comme sur le continent européen, l'apatie naturelle de la population musulmane l'avait rendue à peu près immobile. A la mort du propriétaire, elle passait à ses héritiers, sans qu'aucun acte public ou privé en fit foi, et le plus souvent, elle traversait une longue série de générations sans être l'objet d'un partage même amiable. De sorte que ce droit n'avait généralement d'autre base que la possession et une notoriété plus ou moins certaine.

L'État a fini, sans doute, par payer les indemnités dues à ce titre. Mais il tombe sous les sens qu'une libération aussi tardive n'a guère fait de profit aux malheureux propriétaires. Ils furent presque tous dans la nécessité de céder à vil prix le droit à l'indemnité qui leur était due. Un document public établit encore les mauvaises chicanes des agents de l'administration envers les cessionnaires.

Après la Révolution de 1848, le général Cavaignac, désirant à son tour en finir avec les plaintes des intéressés, avait demandé un rapport à ce sujet à M. Germain, membre du Conseil supérieur d'administration. Qu'on me permette, pour terminer les explications que je devais donner sur ce point, de citer une partie de ce rapport qui me paraît édifiante :

« M. le gouverneur général, vous m'avez fait l'honneur
» de me communiquer : 1° les dossiers concernant les ex-
» propriations antérieures à 1845; 2° les dépêches ministé-
» rielles des 5 février et 10 mars 1848, et me demander
un avis personnel sur l'issue à donner à cette question.
» La mesure que je vais avoir l'honneur de vous pro-
» poser est élémentaire en matière de liquidation finan-
» cière. De plus, vous reconnaîtrez qu'il est digne et
» honorable pour l'administration de mener à fin une
» situation contre laquelle s'insurgent, depuis long-
» temps, avec autant de vivacité que de justice, des
» intérêts privés en souffrance.

» Il importe d'aborder carrément la question pour la
» résoudre radicalement en même temps qu'honorable-
» ment, et de recourir aux principes qui, à toutes les épo-
» ques, ont régi en France les grandes liquidations des
» dettes de l'État et des communes, de façon à concilier
» ces principes avec les vues des deux dépêches mi-
» nistérielles.

» La première, celle du 5 février 1848, dit qu'il faut pro-
» téger les intérêts du trésor contre des prétentions illé-
» gitimes : est-ce qu'il a pu entrer dans la pensée qu'il
» fût autrement ?

» Mais traiter de prétentions illégitimes les droits des
» concessionnaires, ayants-cause ou ayants-droit des
» propriétaires primitifs, c'est renverser tous les princi-
» pes rigoureux du droit.

» Établir des catégories ou des exclusions non jus-
» tifiées entre les réclamants, ce serait se montrer plus
» qu'injuste. En effet, que fatigués, que découragés
» d'attendre, que réduits à la misère, les propriétaires
» dépossédés aient cédé leurs titres à des tiers, peut-on
» le leur imputer à crime ? Qu'il se soit rencontré des
» spéculateurs qui aient profité de cette situation, c'est
» un malheur, mais ne pourrait-on pas en imputer la
» faute à l'administration, qui est encore à l'état de déni
» de justice à l'égard de ces propriétaires, etc. »

Indépendamment des propriétaires dépossédés de leurs immeubles, par un déplorable abus de la force, il existait plusieurs autres catégories d'individus que nos fautes politiques avaient privées de tout moyen d'existance.

J'ai dit, en exposant les divers actes du général Clauzel, que par deux arrêtés, le premier du 8 septembre et le second du 7 décembre 1830, il avait réuni au domaine de l'État les propriétés appartenant à la Mecque et à Médine, ainsi que les immeubles appartenant à des établissements religieux ou ayant une affectation spéciale. Les corporations religieuses musulmanes, à l'exemple des castes sacerdotales de tous les temps et de tous les pays, avaient usé de leur ascendant, sur des populations superstitieuses à l'excès pour acquérir des biens considérables. Les revenus de ces biens étaient, pour les divers membres de ces corporations, muphtis, cadis, ulémas, mékaouiz, andalous et autres, non-seulement une source de bien-être, mais un puissant moyen d'influence politique. Il est vrai que le général Clauzel avait mis à la charge de l'État les dépenses du culte et le salaire des ministres, mais la majeure partie des membres des corporations, dont je viens d'indiquer les principaux, ne pouvant rentrer dans la dénomination de ministre, ainsi que leur nombreuse clientèle, qui comprenait les administrateurs de ces biens, tombèrent dans un dénûment absolu.

Malheureusement, ce nombreux personnel ne fut pas seul victime de ces malencontreux arrêtés. Car, en vertu des termes beaucoup trop vagues, *immeubles ayant une affectation spéciale,* les employés des domaines prirent également possession de tous les biens *habous*. Quelques mots suffiront pour faire connaître la nature de cette nouvelle iniquité.

Sous le gouvernement des deys, la ferveur religieuse, et le plus souvent la crainte des confiscations, dont ils étaient incessamment menacés, poussaient les propriétaires à constituer leurs biens en main morte, au moyen d'une espèce de consécration religieuse désignée sous le nom de *habous*. Ces biens devenaient la propriété des mosquées, et étaient par conséquent inaliénables. Mais le propriétaire primitif en conservait la jouissance. Elle passait également à ses héritiers mâles. Les usagers étaient protégés dans ces cas par la main toute-puissante de la religion, qui les mettait à l'abri de l'avidité du pouvoir politique. Il est évident que par le fait de la réunion des immeubles de la Mecque et Médine au domaine de l'État, l'affectation spéciale qui avait déterminé le démembrement de propriété n'existant plus, les propriétaires recouvrèrent la plénitude de leurs droits et que s'emparer de leurs biens c'était les dépouiller injustement.

Cette partie de l'arrêté donna encore naissance à une foule de spéculations honteuses, que l'on peut très certainement qualifier d'escroquerie. Un grand nombre de propriétaires de ces biens, menacés d'une ruine totale, et croyant éviter les conséquences de l'arrêté, les donnèrent à baux, à rentes perpétuelles, pour un temps indéterminé.

On leur avait fait entendre qu'on ne pouvait fixer à l'avance le temps pendant lequel les prétendus locataires devaient rester en possession des immeubles, pour faire repousser par la justice les prétentions du domaine. Ces malheureux n'avaient pas compris ces expresssions : *baux à rentes perpétuelles*, qui dans notre droit constituent une vente véritable. Ils crurent simplement avoir loué leurs biens, pour un temps plus ou moins long ; tandis que les actes contenaient bel et bien des ventes entières et définitives.

J'ai hâte de clore cette triste nomenclature. Néanmoins, je ne puis passer sous silence, que si ces diverses catégories d'individus furent réduites à l'indigence, la presque totalité des autres habitants de la ville fut aussi gravement atteinte dans ses intérêts. Sans parler des Turcs et des Coulouglis chargés d'administrer les biens appartenant à un certain nombre de janissaires qui avaient refusé de les vendre avant de partir de la Régence, et qui par la confiscation de ces biens étaient privés des bénéfices de leur gestion, les Maures d'Alger étaient pour la plupart dans une gêne extraordinaire. Avant la conquête, ils trafiquaient avec les Arabes des tribus. Ils avaient vu tout à coup leur commerce complètement ruiné. Les indigènes, par suite de leur attitude hostile, ne fréquentaient plus nos marchés.

IX

FAUSSES MESURES ÉCONOMIQUES DE L'ADMINISTRATION FRANÇAISE.

A cette détresse produite par les procédés injustes et sans foi de l'administration française, il faut joindre les difficultés d'une nouvelle situation économique, résultat inévitable de la conquête. Sous la domination turque, le numéraire en circulation était peu abondant, les objets de première nécessité presque sans valeur. Les céréales emmagasinées dans les silos du beylik et celles provenant des terres exploitées pour le compte des corporations religieuses dépassaient de beaucoup les besoins de la consommation locale. Elles étaient vendues à vil prix. Les autres denrées, telles que beurre, lait, viande, étaient fournis par les tribus voisines d'Alger, de sorte que les indigènes pourvoyaient à peu de frais à leur subsistance et à celle de leurs familles.

Tout à coup cette ville, aux habitudes simples et peu

dispendieuses, dénuée de tous les approvisionnements indispensables à la vie européenne, est envahie par une armée de trente-cinq mille hommes, traînant à sa suite une population nombreuse. Il fallut pourvoir immédiatement à l'alimentation de ce surcroît de consommateurs, si considérable et si imprévu. Les ressources du pays, en raison des faits que j'ai racontés, étant tout à fait insuffisantes, il devint indispensable de recourir à l'extérieur. De là un renchérissement fâcheux des objets de première nécessité, que les habitants d'Alger sentirent vivement.

Si l'administration française n'eût pas été inaccessible à tout sentiment humain, elle se fût montrée douloureusement émue de la misère fatale de tant d'innocentes victimes. Elle aurait employé tous les moyens en son pouvoir pour en atténuer les effets. Mais je dois dire, à la honte de cette médiocrité parcimonieuse et égoïste qui régnait alors en France, que les agents du fisc furent sans entrailles. Avant même que le gouvernement eut décidé que l'Algérie était irrévocablement acquise à la France, la douane vint grever les marchandises que le commerce européen envoyait à Alger, de droits onéreux. Ces mesures intempestives firent hausser le prix des denrées alimentaires et aggravèrent encore la situation déplorable des habitants. De telle sorte que la conquête française, qui, suivant la pensée généreuse de M. de Bourmont, devait détruire le despotisme des Turcs au bénéfice des indigènes, ne fut pour eux qu'une affreuse calamité.

Ce n'est pas tout, il faut encore ajouter quelques traits à ce tableau déjà si sombre. Dans les premiers jours qui suivirent l'entrée de nos troupes à Alger, la population civile ne se composait que de quelques représentants de grandes maisons de Marseille, chargés de fournitures pour l'administration, et d'un certain nombre de petits commerçants autorisés à suivre l'armée pour vendre des liquides et d'autres menus objets aux soldats. Mais lorsque la nouvelle de notre prise de possession de la ville eut été répandue au loin, et notamment dans les premiers jours de l'arrivée du général Clauzel, une foule de gens sans aveu, sortis des différentes contrées de l'Europe méridionale, se rendirent à Alger pour y tenter la fortune. Ces aventuriers de nationalité, de mœurs, de religion diverses, dont aucun lien social ou de famille ne pouvait maintenir les passions fougueuses dans la voie du bien, se livrèrent impunément aux spéculations les plus véreuses et aux tripotages les plus scandaleux. Tous les moyens leur paraissaient bons pour réaliser des bénéfices considérables, et un document, que nous aurons l'occasion de faire connaître, atteste hautement que la majeure partie des transactions commerciales de cette époque étaient entachées de vol et de fraude.

Certes, s'il est des circonstances où la liberté individuelle doit être soumise à des restrictions protectrices de la fortune des citoyens, c'est, sans nul doute, lorsqu'un pays nouveau est envahi par une armée conquérante et qu'il devient le refuge immédiat d'individualités inconnues et d'une moralité suspecte. L'administration eût dû se pénétrer de cette vérité et interdire l'accès de la ville d'Alger aux malfaiteurs. Il n'importait pas moins de soumettre les transmissions des propriétés immobilières, faites par les indigènes, à une surveillance vigilante, afin de les protéger contre les clauses captieuses dont ils n'avaient pu comprendre les conséquences et la portée. Il importait surtout, au lieu de préconiser le *laisser faire* et le *laisser aller*, d'imposer au prêt à jour des limites raisonnables, de refuser toute sanction légale à de monstrueuses stipulations d'intérêt, de 10, 15 et 20 pour cent par semaine, afin de tarir la source de l'usure, cette lèpre hideuse, qui, dans toute société où le numéraire est rare et recherché, devient une cause de ruine certaine pour la classe la plus nombreuse et la plus pauvre.

Il est triste de dire que, bien loin de susciter des entraves à cet agiotage effréné, que le mélange impur et fortuit de tant de races diverses devait facilement faire prévoir, l'administration y avait poussé au contraire, par une mesure fiscale dont on ne paraît pas avoir sainement apprécié le résultat.

Nous avons fait connaître que, par suite de la remise au domaine des biens immeubles ayant appartenu au beylik, cette administration se trouva nantie d'un grand nombre de maisons et de boutiques situées dans la ville d'Alger. Lorsque le général Clauzel eut confisqué les propriétés des Turcs et porté la main sur les immeubles beaucoup plus considérables des corporations religieuses, que tous les biens habous furent considérés comme propriété domaniale; lorsqu'enfin un trop grand nombre d'édifices privés eurent été démolis pour établir des places et des voies carrossables, sous le couvert de l'utilité publique, les terrains à bâtir dans l'intérieur de la ville devinrent rares et précieux et les seuls disponibles se trouvèrent dans les mains du domaine. Au lieu de faire des concessions ou de les vendre pour des sommes payables comptant, ce qui eût circonscrit le nombre des acheteurs et limité la concurrence, l'administration les fit vendre aux enchères moyennant des rentes annuelles et perpétuelles. Dès lors, l'agiotage des terrains commença.

Des spéculateurs sans consistance et dont la solvabilité était souvent plus que douteuse, ne craignirent point de concourir aux adjudications. La facilité de ne débourser aucun capital, jointe à l'espérance que l'arrivée d'une population civile plus considérable donnerait à ces terrains une grande valeur, augmenta tellement le nombre des concurrents, que les rentes à payer par les acheteurs s'élevèrent à un prix exorbitant. Ils furent généralement vendus beaucoup plus cher que ceux des quartiers les plus beaux et les plus populeux de Paris. C'est là l'origine de cette crise intense qui a pesé si longtemps sur la ville d'Alger, et a conduit à la vente judiciaire et forcée de plus des trois quarts des maisons édifiées sur ces terrains.

X

ÉTAT DES ESPRITS. — HOSTILITÉS DES INDIGÈNES. — CONDUITE DU GÉNÉRAL EN CHEF.

Les explications précédentes étaient nécessaires pour bien faire comprendre l'attitude des diverses classes de la population d'Alger envers le nouveau commandement et les difficultés graves que le général Berthezène avait à surmonter. La majeure partie des Européens devait voir d'un mauvais œil, à la tête de l'administration, un fonctionnaire dont les vues droites et correctes seraient dans l'avenir un obstacle permanent à la réussite de leurs projets ambitieux et cupides. Pour le moment, là n'était pas le danger, mais bien du côté des indigènes, dont la grande masse était profondément hostile, non à la personne du général, mais envers l'autorité française, qu'elle rendait avec raison responsable des maux sans nombre dont elle était accablée. La presque totalité des musulmans en était venue à regretter l'empire des Turcs, et à désirer avec ardeur la chute de notre domination. Comme il est dans la nature de l'homme de croire aisément à la réalisation prompte de l'objet de ses constants désirs, les indigènes ajoutaient une foi entière aux prédications fanatiques qui annonçaient le départ des troupes françaises, la fin à jour fixe de notre souveraineté, et les faisaient circuler ensuite avec un zèle extrême. Il faut convenir que les malencontreux traités passés avec le bey de Tunis n'étaient point faits pour enlever tout crédit à ces affirmations. Ainsi on répétait de bouche en bouche, que le petit-fils d'un marabout vénéré, Sidi-Saadi, arrivait de Livourne, où le dey Hussein s'était retiré, et prêchait l'insurrection. On racontait que le prophète lui avait apparu pour prédire la ruine des Français. Cent houris étaient promises à chaque guerrier qui succomberait dans la lutte et mille à tout fidèle croyant qui tuerait un chrétien. Ces récits entretenaient les musulmans dans un état d'exaltation qui n'était pas exempt de péril pour la sécurité publique. Les attentats contre les personnes se multipliaient; il était urgent d'aviser.

Le général Berthezène se montra, tout d'abord, d'une sévérité draconienne. A la fin du mois de mars, un Maure frappa un soldat et fut pendu. Quelques jours plus tard, un indigène, ayant été trouvé nanti de munitions de guerre, fut impitoyablement fusillé. Des Turcs, dont on se défiait, furent déportés, et des Arabes, convaincus de divers délits, périrent sous le bâton. Ces

mesures d'intimidation que le général en chef eut le bon
esprit de ne pas prodiguer, rétablirent promptement le
calme dans la ville. Il songea alors à empêcher la propagation de ces faux bruits, si propres à enflammer
des imaginations naïves, et causes premières des attentats qu'il avait eu le regret de réprimer avec une rigueur
inflexible.

Il eut recours, à cet effet, à des mesures comminatoires que les circonstances ci-dessus relatées expliquent, mais qui au fond me paraissent d'une légalité
douteuse. Je me bornerai, sur ce point, à faire connaître
les arrêtés du 25 juin et du 11 juillet 1831 :

Arrêté du 25 juin :

« Considérant que les bruits qu'on fait circuler, soit
» contre l'armée, soit contre l'autorité de la France, tendent à compromettre la sécurité publique, à jeter l'alarme dans le pays et à y exciter des troubles, qu'il
» importe essentiellement de prévenir et de réprimer et
» dont l'impunité ne servirait qu'à encourager les coupables dans leurs criminelles entreprises;

» Article premier. — Tout Turc, Coulougli, Maure et
» tout habitant du royaume d'Alger, à quelque nation
» qu'il puisse appartenir, qui sera convaincu d'avoir
» tenu des propos alarmants, sera expulsé.

» Art. 2. — Après son expulsion, s'il ose se représenter
» dans le royaume sans une autorisation spéciale, il
» sera livré à un conseil de guerre, comme ayant cons-

» piré contre la sûreté de l'État, et, comme tel, condamné
» à mort.
» Art. 3. — Le présent arrêté sera imprimé, publié et
» affiché dans les deux langues. »

Le second arrêté, celui du 11 juillet, est bien plus difficile à justifier. Il porte la trace évidente des idées fausses et tout à fait contraires au droit des gens, qui avaient cours chez les militaires de cette époque sur l'étendue des droits de la conquête :

« Vu les arrêtés des 8 septembre 1830 et 10 juin 1831 ;
» considérant que si le droit, que donnait la conquête,
» de disposer des propriétés des Turcs, n'a pas été appli-
» qué dès le principe aux individus de cette nation
» restés depuis l'occupation française dans le territoire
» de la Régence, ce n'était qu'à la condition de justifier
» l'exception dont ils étaient l'objet, par une conduite
» exempte d'intrigues et d'opposition à l'administration
» française ;
» Considérant que, par une conséquence naturelle de
» ces principes, les Turcs résidant dans l'étendue de la
» Régence, qui violeraient leurs promesses et manque-
» raient aux engagements pris par eux envers l'autorité
» française, perdent leurs droits au bénéfice de cette
» exception ;
» Article premier. — L'article premier de l'arrêté du
» 10 juin (cet arrêté avait confirmé celui du 8 septembre,
» relatif au séquestre des immeubles appartenant aux

» Turcs) s'applique aux individus de cette nation qui,
» quoique résidant dans le territoire de la Régence, se
» feraient remarquer par leur esprit d'opposition contre
» l'autorité française.

» Art. 3. — Le présent arrêté, imprimé dans les deux
» langues, sera publié et affiché. »

Pour l'honneur du général, il faut dire que ces dispositions regrettables n'étaient dans sa pensée qu'un moyen propre à agir sur les esprits, qu'elles ne furent point mises à exécution. Je ne sais si le général Berthezène comprenait bien que l'effet salutaire produit par ces divers actes n'était que momentané, qu'il aurait fallu attaquer le mal dans sa racine, en faisant disparaitre les causes de l'irritation si profonde et si légitime des indigènes. Quoi qu'il en soit, la question économique se présentait devant lui avec des difficultés inexorables. Il est certain qu'en l'absence de tout conseil de gouvernement et d'un fonctionnaire de l'ordre civil expérimenté et fécond en ressources, comme auxiliaires, le général Berthezène n'avait point l'aptitude nécessaire pour la résoudre. Dans tous les cas, son pouvoir de général en chef, fort étendu pour maintenir l'ordre et la sécurité publique, était beaucoup trop limité à un autre point de vue pour lui permettre de tenter les réformes les plus urgentes. Les divers agents des finances se prétendaient indépendants et correspondaient directement avec leur ministère. De cette prétention naquirent des conflits qui allèrent fort loin. Un écrivain digne de foi raconte qu'un fonctionnaire supérieur de cette administration aurait déclaré publiquement qu'il ferait fermer ses bureaux au général s'il s'y présentait.

Le général Berthezène n'avait donc pu avoir recours qu'à quelques palliatifs insignifiants, mais qui témoignent, néanmoins, de son esprit d'équité. Il prit, les 19 et 24 mai, deux arrêtés afin de faire payer des à-comptes sur le montant des indemnités dues par le domaine, et soulager, par ce moyen, l'infortune des propriétaires dépossédés sans droit. Voici en effet deux considérants remarquables que j'ai jugé à propos de faire connaître :

« Considérant qu'il est juste que les propriétaires
» dépossédés reçoivent une première indemnité pour le
» dommage qu'ils ont éprouvé, en attendant que la situa-
» tion du trésor permette de les indemniser complè-
» tement. »

Et comme il avait fixé un délai dans lequel les ayants-droit devaient adresser leurs réclamations, dans un nouvel arrêté il les relève, dans les termes suivants, de la déchéance encourue :

« Considérant qu'il ne serait pas juste que les récla-
» mants fussent déchus de leurs droits à une indemnité
» par suite de la négligence des agents proposés à
» recevoir les réclamations, etc. »

Pour terminer le récit des mesures importantes que

le général Berthezène fut appelé à prendre comme administrateur civil, je n'ai plus qu'à faire connaître un arrêté fameux qu'il rendit *in extremis,* afin de prévenir les fraudes, hélas ! beaucoup trop fréquentes, que commettaient de prétendus commerçants sans moralité et sans bonne foi. Cet arrêté, qui porte la date du 19 décembre 1831, mérite assurément d'être connu, non qu'il ait conservé pendant de longues années force et vigueur, mais parce qu'il révèle un genre d'exploitation fort en usage dans les premiers temps de la conquête. Le voici en entier :

» Considérant la nécessité, dans le début de la coloni-
» sation, de donner aux transactions commerciales
» toutes les garanties possibles et de les astreindre à
» une publicité qui arrête les ventes frauduleuses et
» clandestines; vu la demande faite à ce sujet par la
» Chambre de commerce; vu l'avis émis sur l'objet de
» cette demande, tant par M. le Commissaire du Roi
» près la municipalité d'Alger, que par le Président de
» la Cour de justice;

» Article unique. — Toute boutique ou fonds de com-
» merce situé dans la ville d'Alger, restera chargé, non-
» obstant la vente qui en sera faite, des dettes contrac-
» tées par le vendeur, relativement à ce fonds de com-
» merce ou boutique, soit pour loyer ou fournitures de
» marchandises, et les acquéreurs ne pourront se sous-
» traire à cette disposition, sous prétexte qu'ils auraient
» payé tout ou partie de leur acquisition, qui ne sera

» affranchie de cette garantie que quand le vendeur et
» l'acheteur auront donné connaissance de leurs tran-
» sactions, par voie d'affiches, à la Chambre de commerce
» d'Alger, et qu'ils auront déposé et affiché un extrait de
» l'acte de vente au greffe de la Cour de justice, lequel
» sera visé et placardé dans un tableau à ce destiné.
» Quinze jours après le dépôt, l'objet vendu sera affran-
» chi de la garantie ci-dessus spécifiée. »

Cette restriction au droit commun n'était que trop justifiée par les extorsions coupables dont les personnes honnêtes et beaucoup trop confiantes étaient journellement dupes.

XI

SITUATION EXTÉRIEURE. — NOMBRE DE TROUPES LAISSÉES AU GÉNÉRAL EN CHEF POUR MAINTENIR LA SOUVERAINETÉ DE LA FRANCE.

A l'extérieur, la situation était tout aussi mauvaise. Nous avons dit précédemment qu'après l'évacuation de la ville de Médéah, la France ne possédait plus dans la Régence qu'Alger et une très petite partie de sa banlieue. Mais ce n'est pas tout : il faut ajouter que les Arabes et les Kabyles, par les massacres sans nom et les destructions sauvages du général Clauzel ou de ses lieutenants, avaient résolu de nous combattre à outrance. Ces dispositions avaient été fortifiées encore par la politique équivoque et les actes insensés naguère décrits. Les tribus voisines de Médéah, méprisant l'autorité purement nominale de Ben-Omar notre créature, pillaient, à qui mieux mieux, le territoire de Titteri, et se tenaient prêtes à nous attaquer à la première occasion. Blidah avait, depuis peu, honteusement chassé le gouverneur arabe que lui avait donné le général Clauzel. En un mot, partout des ennemis acharnés, devenus beaucoup plus confiants dans le triomphe de leurs résistances par l'insuccès de nos dernières expéditions.

Pour faire face à toutes ces difficultés, le général Berthezène n'avait à sa disposition qu'une petite armée, dont l'effectif, réduit par les pertes de la guerre et les maladies, ne s'élevait qu'à neuf mille trois cents hommes.

Après l'expédition de Médeah, la majeure partie des troupes avaient été successivement renvoyées en France. Il ne restait plus à Alger que les 15me, 20me, 21me, 28me et 30me de ligne, des zouaves, des chasseurs algériens, deux escadrons du 13me chasseurs et quelques troupes du génie et d'artillerie. Il faut même défalquer de ce nombre treize cents hommes qui avaient été confiés au général Boyer pour occuper les forts et la ville d'Oran après le départ des soldats tunisiens.

Il est vrai qu'on avait laissé au général Berthezène trois ou quatre mille volontaires parisiens, dont le plus grand nombre avait pris part à la lutte contre la Restauration pendant les trois journées de juillet. Après le triomphe de la Révolution, ces hommes étant devenus un sujet d'embarras pour le nouveau gouvernement, on en forma, sous le nom de bataillon de la Charte, un corps de troupes tout d'abord destiné pour l'Espagne, mais plus tard il fut dirigé sur Alger. C'était la réunion de toutes les infirmités morales et physiques. Sur quatre mille cinq cents environ qui débarquèrent en Afrique, un gros tiers fut impropre à tout service et à tout travail. Le général Clauzel les avait répartis en subsistance dans les compagnies des bataillons de zouaves. Ceux de leurs officiers qui n'avaient point de titre légal furent indistinctement admis à l'emploi de sous-lieutenant, et nonobstant leurs réclamations turbulentes, une rigoureuse discipline les contint dans le devoir.

Plus tard, après les épurations convenables, on en forma le 67ᵐᵉ régiment de ligne. Mais on comprendra que, sous le commandement du général Berthezène, ces hommes ne furent d'aucune utilité. L'effectif des troupes, dont je viens d'indiquer le chiffre, était beaucoup plus nominal que réel. Les malades encombraient les hôpitaux ou les établissements qui en tenaient lieu, par suite de l'absence de toute précaution hygiénique, dans un climat dont les fatales influences étaient encore totalement inconnues, et, par dessus tout, par l'insuffisance et la mauvaise qualité de la nourriture. Les hommes même qui n'étaient pas atteints par les maladies, avaient singulièrement perdu de leurs forces et de leur énergie morale.

La responsabilité d'une si fâcheuse situation doit retomber sur l'administration militaire dont les désordres furent, dans ce temps calamiteux, poussés jusqu'au scandale. La correspondance de l'état-major constate, à ce sujet, que des reproches très graves furent adressés à l'intendance. A l'époque dont je parle, les comptables fournissaient la viande aux troupes, en vertu de traités dont les clauses étaient toutes à leur avantage. Chaque comptable avait, sous sa main, un troupeau de bêtes étiques, qu'il nourrissait, tout juste, pour ne pas les laisser mourir de faim, et qu'il faisait abattre quelques heures avant la distribution de la viande. Mais ce n'est pas tout encore : les boucheries militaires étaient si mal approvisionnées, même de mauvaise viande, par les moyens employés par l'administration, qu'à la moindre baisse dans les arrivages des bestiaux que l'on achetait sur les marchés arabes, on était obligé de diminuer les rations. Plusieurs fois même la viande avait complètement manqué. Ces spéculations immorales, faites au détriment de la santé du soldat, exerçaient une influence détestable sur l'état de l'armée dont elles augmentaient les non-valeurs, et nuisaient extraordinairement à la solidité des constitutions les plus robustes. Afin de faire toucher du bout du doigt toute l'intensité du mal, il suffit de faire connaître que, pendant toute la durée de son commandement, le général Berthezène ne put réunir une colonne supérieure à quatre mille cinq cents hommes.

Ces troupes, dont je viens d'indiquer le nombre et la qualité, composaient trois brigades d'infanterie sous les ordres des généraux Buchet, Feuchères et Brossard. Le général Damlion commandait la place d'Alger. M. Berthezène avait pour chef d'état-major le colonel Duverger. M. Bon-Durand remplaçait le baron Volland dans les fonctions d'intendant en chef. C'est avec ce personnel, dont l'insuffisance saute aux yeux, et une armée en partie démoralisée, que le général Berthezène devait rétablir les affaires si gravement compromises par son prédécesseur.

Cependant les mesures de répression énergiques employées dans les premiers jours de son commandement par le général en chef, avaient produit un effet salutaire sur les indigènes. Le calme avait succédé à l'effervescence, non-seulement dans l'intérieur de la ville d'Alger, mais au sein des tribus voisines qui avaient tout à craindre de nos armes. D'ailleurs, l'hostilité de ces tribus n'avait jamais été qu'accidentelle; car, notre présence ayant considérablement augmenté la valeur de leurs produits, il était dans la nature des choses que l'intérêt personnel eût profondément émoussé leurs haines nationales.

XII

EXPÉDITIONS DU GÉNÉRAL BERTHEZÈNE.

Dans les premiers jours de mars, le général en chef, à la tête d'une colonne volante, fit une excursion dans la Mitidja, afin de s'assurer par lui-même de l'état des esprits. Il visita successivement Blidah, Coléah, et reconnut partout une parfaite sécurité. Les habitants nous offraient des vivres et protestaient de leurs intentions amicales et pacifiques. A Coléah, le chef du service topographique obtint même la permission de passer quelques heures sur le minaret de la mosquée, pour rectifier quelques opérations géodésiques.

Mais au mois d'avril, les Beni-Msrah habitant les hauteurs de la rive gauche du Haratch, les Beni-Salah des montagnes au nord de Blidah, et les Beni-Messaoud qui occupent le versant méridional des mêmes montagnes, coupèrent nos communications avec cette ville.

D'autres tribus vinrent attaquer le marché des Beni-Moussa sur la rive droite de l'Haratch et celui de Boufarik, au milieu de la plaine. Ces insurgés défendaient, avec des menaces terribles, aux tribus qui commerçaient avec Alger, de nous apporter des vivres. Enfin, le caïd des Krachenas, Mohamed-ben-el-Amri, nommé par l'autorité française, étant venu offrir quelques présents au chef d'escadron de gendarmerie Mendiri, qui remplissait les fonctions d'agha, fut assassiné à son retour comme traître à son pays.

Le général Berthezène, comprenant qu'il fallait agir promptement afin de ne pas laisser à la révolte le temps de se développer, partit, le 7 mai, à la tête de quatre mille hommes. Il se dirigea à l'est, vers l'embouchure du Hamis, dans le but de suivre cette rivière jusqu'à sa sortie des montagnes, et de côtoyer ensuite l'Atlas jusqu'au territoire des Beni-Msrah et des Beni-Salah où se trouvaient les principaux instigateurs de la révolte. Mais le mauvais temps, qui survint tout à coup, ne lui permit point d'exécuter son projet. A l'approche de l'armée, la tribu d'El-Ouffia, accusée du meurtre du caïd, prit la fuite. Le général autorisa la famille d'El-Amri à garder les troupeaux des principaux Arabes de la tribu jusqu'à ce que le coupable fût livré à l'autorité française; ce qui eut lieu quelques temps après. Mais quand il fallut établir le meurtre devant la justice, on ne trouva pas un seul témoin pour faire connaître l'assassin. En cette circonstance, le général en chef fut le jouet de la duplicité des Arabes. Il aurait dû comprendre que l'assassinat du caïd n'était pas un crime privé, mais un acte politique qui engageait la responsabilité, sinon de la tribu entière, au moins des indigènes les plus influents.

Le soir de cette première journée, un orage effroyable, qui dura sept heures avec une violence telle, que des chevaux d'artillerie furent entraînés par les eaux torrentielles descendues des montagnes, rendit le parcours de la plaine impossible. La colonne dut rétrograder à travers un lac de boue. Elle parvint, néanmoins, sur le territoire des Beni-Salah où un cavalier de notre agha avait été massacré depuis peu.

Les principaux Arabes de cette tribu, voyant qu'ils n'avaient aucun moyen de résister, eurent recours à la ruse. Ils firent demander un délai d'un jour afin de livrer les meurtriers.

Les Beni-Salah profitèrent de ce répit pour fuir de l'autre côté des montagnes. Le général en chef, voyant qu'il avait été leur dupe, fit saccager les plantations de cette tribu et continua sa route jusqu'à Thiza, un des sommets les plus élevés du petit Atlas. Arrivé sur le faîte sans avoir rencontré des ennemis sur sa route, il fut arrêté par un brouillard si épais, qu'il fallut songer à la retraite. On eût dit en vérité que tout conspirait à l'envi, même les éléments, pour rendre cette démonstration vaine. La colonne descendit auprès de Blidah. Les habitants lui envoyèrent des provisions. Elle rentra à Alger après une absence de six jours. Elle n'eut, par suite de l'excessive confiance du général Berthezène, d'autres résultats que d'avoir fatigué inutilement les troupes et augmenté considérablement le nombre des malades.

Le général en chef avait espéré que la légère punition infligée aux Beni-Salah et l'apparition de nos troupes sur leur territoire serviraient d'avertissement aux tribus du beylik de Titteri, dont les Beni-Salah sont voisins. Cette illusion fut de courte durée. Malheureusement, dans l'état des esprits, il eût fallu déployer, ainsi que cela avait eu lieu pour l'intérieur de la ville, une sévérité impitoyable, qui ne devient légitime, il est vrai, que dans les circonstances extrêmes. Le général Berthezène ne comprit pas qu'il était dans une de ces situations. Il ne prit donc aucune mesure énergique. L'audace des ennemis en fut accrue.

Le fils de Bou-Mezrag, ancien bey de Titteri sous la domination turque, avait obtenu, au commencement de février, la permission de retourner à Médéah. Le caractère de ce jeune homme, son origine turque, sa fortune considérable, ses alliances, enfin le grand nombre de Turcs et de Coulouglis qui habitaient la ville, l'irritation produite par les mesures prises contre eux, tout concourait à en faire un chef de parti. Il intrigua d'abord sourdement contre le bey Omar, dont l'influence sur ses administrés, ainsi que nous l'avons déjà dit, était nulle. Bientôt, son attitude hostile s'étant produite au grand jour, notre représentant fut réduit à s'enfermer dans la maison de commandement, sous la garde de quelques chaouchs, et à réclamer le secours de nos troupes. Le résultat stérile de l'expédition du général Clauzel, la nécessité où il s'était vu de retirer la garnison de Médéah, faute de pouvoir occuper des points intermédiaires, auraient dû faire comprendre au général Berthezène qu'il n'y avait qu'à rappeler Ben-Omar; qu'une nouvelle expédition, avec des ressources beaucoup plus restreintes, ne pouvait qu'exposer nos troupes à des périls sans compensation. Mais il regardait comme un devoir de porter secours à un homme qui exerçait son autorité au nom de la France. Il résolut en conséquence d'agir promptement. Ce fut une nouvelle faute. Il partit d'Alger, le 25 juin, avec quatre mille cinq cents hommes, commandés par les généraux Feuchères et Buchet, avec huit jours de vivres et une réserve de soixante-dix mille cartouches. Le trajet s'accomplit sans obstacles. A l'approche de la colonne, les Turcs et les Coulouglis abandonnèrent Médéah, sauf à y retourner après le départ de nos troupes, qui devait être presque immédiat, puisque le général en chef n'avait fait emporter des vivres que pour huit jours. Trois cents cavaliers arabes semblaient nous attendre sous les murs de la ville. Ils s'enfuirent avec précipitation à la première charge de deux escadrons de chasseurs.

Le général en chef comprit alors, mais un peu tard, que la retraite de la colonne ramènerait les ennemis à Médéah. Afin que ce déplacement inconsidéré de forces ne parût pas tout à fait inutile, il eut la malheureuse idée d'envoyer, le 1er juillet, six bataillons dans les montagnes d'Ouhara. Cette expédition, conduite par l'agha Mendiri, fournit à cet officier de gendarmerie l'occasion de détruire des arbres e̸   ravager de nombreux champs de blés. Cette stupide ҉   ҉ion porta à son comble la fureur des Arabes. Lorsque Mendiri, avec sa petite troupe, voulut rejoindre la colonne à Médéah, dix tribus le poursuivirent avec un acharnement sans exemple. Les vivres touchant à leur fin, le général en chef dut ordonner le départ de la colonne, qui eut lieu le 2 juillet. Ben-Omar et ses rares partisans ayant déclaré qu'ils ne pouvaient rester seuls, on fut obligé de les emmener.

Chose triste à dire, un général français, à la tête de quatre mille cinq cents hommes, craignit d'affronter les Arabes, tant il comptait peu sur la solidité de ses troupes. Il se mit en marche à cinq heures du soir, afin que, s'il était attaqué, la prompte arrivée de la nuit mît fin au combat. L'arrière-garde fut harcelée par les rassemblements arabes qui avaient poursuivi l'agha Mendiri depuis le plateau d'Ouhara. Parvenue, à huit heures, au bois des Oliviers, la colonne en repartit à onze. Divers avis avaient informé le général en chef que les Turcs et les tribus de Titteri, réunis aux Mouzaïa et aux Soumata, devaient, pendant la nuit, occuper le long défilé qui mène au Teniah, et nous livrer, à l'abri des arbres, des ravins et des rochers, un combat sans danger pour eux. Afin d'éviter ce combat, la retraite prit une allure tellement décidée, qu'elle ressemblait à une fuite.

A notre approche du défilé, quelques coups de fusil nous tuèrent trois hommes. En même temps, des cris répétés sur les montagnes indiquaient aux Arabes les mouvements de la colonne. L'ordre donné par le général de ne pas tirer, rendit vaine la fusillade des Arabes. Arrivée au col avec cinq ou six blessés, elle fit halte jusqu'au point du jour et commença à descendre le versant de l'Atlas sans avoir plus de quinze cents ennemis à tenir à distance. Mais comme le général en chef n'avait pas pris la précaution de couronner les hauteurs pour protéger le mouvement des troupes, les Kabyles, embusqués sur les crêtes, suivirent le flanc droit de la colonne en faisant un feu vertical assez bien nourri. Un bataillon du 20me de ligne formait l'arrière-garde. Les soldats, ayant été déployés en tirailleurs, se tenaient à une trop grande distance les uns des autres. A cette première faute, le chef du bataillon en ajouta une plus grande : Ayant été légèrement blessé, il se retira du champ de bataille sans remettre le commandement à un autre officier. Les soldats, ainsi disséminés et sans direction, furent tout à coup saisis d'une terreur panique. Le bataillon se replia pêle-mêle sur le gros de la colonne déjà entamée par les Kabyles. Il n'en fallut pas davantage pour démoraliser le reste de nos troupes. Le désordre fut bientôt à son comble. Les régiments, débandés, n'obéissaient plus à la voix de leurs chefs, et les soldats des diverses compagnies coururent confondus les uns avec les autres jusqu'à la ferme de Mouzaïa. Dans ce moment difficile, le commandant Duvivier, en se jetant avec ses zouaves en dehors du flanc droit de la colonne, repoussa les attaques des Kabyles et sauva l'armée. Il combattit pied à pied avec ses soldats électrisés par son brillant courage, et parvint à dégager une pièce d'artillerie, qui n'avait pour unique défenseur que le brave commandant Camin.

L'ennemi s'arrêta aux pieds des montagnes. Mais en débouchant dans la plaine, l'armée française la trouva couverte de cavaliers. Un jeune officier, étant venu en prévenir le général en chef, lui dit avec émotion : « Ils sont des myriades! » Toutefois, les soldats, honteux de leur panique, voulaient reprendre l'offensive. Le général crut devoir arrêter cet élan afin de rétablir l'ordre dans les régiments. Ils étaient arrivés à l'entrée de la plaine à neuf heures du matin. Ils se reposèrent pendant les fortes chaleurs du jour et ne reprirent leur marche que vers six heures du soir. Ils traversèrent, formés en colonne double, la vaste étendue qui conduit au gué de la Chiffa, sur la route d'Oran, sans être inquiétés par l'ennemi. Les Arabes, suivant leur coutume, attaquèrent plusieurs fois l'arrière-garde. Le colonel du génie Lemercier et le capitaine Saint-Hippolyte, aide-de-camp du général en chef, eurent leurs chevaux blessés. Le général Feuchères repoussa les assaillants et les tint à distance.

Le lendemain, quelques tirailleurs se montrèrent aux environs de Boufarik, mais hors de la portée du canon. La colonne rentra à Alger le 5 juillet, sans autres pertes que cinquante-cinq morts et cent quatre-vingt-seize blessés.

On a cru bien à tort, selon nous, que l'effet produit par cette malencontreuse expédition avait été considérable, et en persuadant aux Arabes que nous n'étions pas invincibles, occasionné les combats qui eurent lieu quelques jours après. L'insurrection générale des indigènes avait pour principe les fautes politiques déjà signalées; elle était fatale. L'expédition avait peut-être eu pour résultat de précipiter les évènements, voilà tout, car les tribus de Médéah et les Kabyles devaient nous attaquer tôt ou tard. Si la lutte avait été différée, il y a lieu de croire que nous aurions eu sur les bras des ennemis en nombre plus considérable. Quoi qu'il en soit, le général Berthezène allait prendre une éclatante revanche et réparer, avec honneur, les fautes commises dans l'excursion de Médéah.

XIII

EL-HADJ-MAHIEDDIN EMBAREK, NOMMÉ AGHA DES ARABES. — ATTAQUE DE LA FERME MODÈLE PAR LES INDIGÈNES. — COMBATS DIVERS.

Avant de raconter les péripéties de ces nouvelles luttes, je dois faire connaître que le général en chef, instruit par l'expérience, s'était empressé, dès son retour de Médéah, de retirer les fonctions d'agha à l'officier Mendiri, cause première du désordre de la retraite de l'armée, afin de les confier à un marabout de Coléah, Si-el-Hadj-Mahieddin-Embarek. Le nouvel agha appartenait à une grande famille de la contrée. Le général Berthezène avait là une idée heureuse. Il avait enfin compris que, tant que la domination française ne serait pas solidement établie dans la Régence, il faudrait compter avec les grandes familles indigènes et assurer une part dans la souveraineté à leurs membres les plus influents; que c'était un moyen infaillible pour arriver à la pacification du pays.

Cependant, les ennemis, s'étant avancés presque jusqu'à la portée des forts, prirent le parti de nous attaquer. Le 17, Ben-Zamoun lança trois mille hommes contre la ferme modèle défendue par le 30ᵐᵉ de ligne.

La brigade Feuchères marcha au secours de ce poste. A son approche, les Kabyles suspendirent leur attaque. Le 18, au point du jour, le général en chef marcha lui-même vers l'ennemi. Ben-Zamoun, assailli sur sa droite et sur son front par les troupes venues d'Alger, et, sur la gauche, par la garnison de la Ferme qui fit une sortie sous les ordres du colonel d'Arlanges, vit ses Kabyles culbutés en un instant et laissa quatre cents hommes sur le champ de bataille. Nos pertes furent insignifiantes : huit morts et une trentaine de blessés. Pendant qu'on le poursuivait, le fils de Ben-Mezrag, à la tête des contingents d'une partie des tribus des environs de Médéah, se mettait en embuscade sur la route de la Ferme à Alger. L'artillerie, à son retour, fut attaquée près de Birkadem vers dix heures du soir, mais le sang-froid du colonel Amirault, qui eut son cheval blessé, prévint tout désordre. Les Arabes furent repoussés. Le 19, la ferme fut attaquée de nouveau sans résultat. Le 20, un convoi, escorté par un demi-bataillon du 67ᵐᵉ, aurait été enlevé et le demi-bataillon mis en déroute, si un détachement du 30ᵐᵉ n'était promptement venu à son secours. Le 21, le général Feuchères eut à soutenir un rude combat sur les bords de l'Oued-el-Kerma. L'arrivée du général en chef, avec quatre bataillons, décida la retraite de l'ennemi qui prit la fuite dans le plus grand désordre. L'infanterie campa près de Birtouta et la cavalerie se porta jusqu'à Boufarik. Pendant ces diverses luttes, les Arabes perdirent six ou huit cents hommes. Nous comptâmes dans nos rangs vingt-huit morts et cent trente-quatre blessés. Signalons le résultat final : les Arabes, découragés par ces pertes relativement très considérables, renoncèrent dès ce moment à venir attaquer nos troupes.

Depuis les derniers jours de juillet 1831 jusqu'à la fin de décembre, les hostilités ne furent point renouvelées. Les indigènes revinrent à nos marchés en assez grand nombre. Les Maures, émigrés dans les premiers temps de la conquête, rentraient dans leurs foyers. Les tribus établies avant l'arrivée des Français dans les environs de la ville, dressaient leurs tentes sur les terrains qu'elles avaient précédemment occupés. Les routes étaient sûres, les Arabes même ramenaient nos soldats égarés et nos colons européens pouvaient vaquer aux travaux agricoles avec une sécurité entière.

XIV

LE GÉNÉRAL BOYER, SURNOMMÉ PIERRE-LE-CRUEL. — SES PROCÉDÉS ADMINISTRATIFS. — EXÉCUTION SOMMAIRE DE VALENCIANO. — SES CONSÉQUENCES.

Pendant que la situation était ainsi améliorée à Alger et dans la banlieue, les indigènes de la ville d'Oran tremblaient sous le joug d'une espèce de monomane, dont la folie sanguinaire est restée une énigme fort difficile à expliquer. Ce personnage fameux est le général de division Pierre Boyer, surnommé à juste titre *Pierre-le-Cruel.* Essayons, toutefois, de crayonner, à l'aide de documents certains, le profil de cette figure sinistre, afin de jeter quelque jour sur d'abominables forfaits qui, quoique vus à distance, paraissent encore porter l'empreinte d'une férocité sans exemple. Les commencements de la carrière militaire du général Boyer sont demeurés obscurs. Nous le trouvons, en 1795, aide-de-camp du général Kellermann. Il fit, l'année suivante, la campagne d'Italie avec le grade d'adjudant général. Puis il assista aux expéditions du Nil et de Syrie. En 1802, il part avec le général Leclerc pour Saint-Domingue. Au retour, il figura avec distinction aux batailles d'Iéna, de Pultusk, de Friedland et de Wagram. En 1810, il commanda en Espagne une division de dragons, à la tête de laquelle il acquit le surnom de Pierre-le-Cruel. Il trouva encore l'occasion de se distinguer pendant la campagne de 1814 et les Cent Jours. Enfin, il avait été envoyé en Afrique, après la Révolution de 1830, et chargé, avec un faible corps de treize cents hommes, d'occuper la ville et les forts d'Oran. Il n'avait, jusque-là, commandé qu'en sous-ordre. Mais la difficulté des communications avec Alger, et le privilège de correspondre avec le ministre de la guerre, directement et sans l'intermédiaire du général en chef, lui assuraient une indépendance absolue, dont il allait faire usage pour s'abandonner à ses terribles penchants. La nature de ses procédés en Espagne, l'épithète de *Cruel*, dont il avait l'air de se glorifier, et notamment, une phrase d'un de ses rapports, *qu'il fallait civiliser les Arabes par des moyens en dehors de la civilisation*, devaient faire soupçonner le mode d'administration préconisé par le général Boyer, et sa mise en pratique à Oran. Le ministre de la guerre dut, lui-même, y attacher bien peu d'importance, puisqu'il le maintint dans son commandement après un acte sans nom que je raconterai tantôt. Il n'y a pas lieu de s'en étonner : les longues guerres d'extermination, comme celles d'Espagne et de Saint-Domingue, ont pour effet certain de pervertir les individus. Car le meurtre souvent répété d'un grand nombre d'hommes et les actes de cruauté de toute nature qui se commettent incessamment, pour être une œuvre collective et exercée au grand jour, ainsi que l'extorsion du bien d'autrui, déguisée sous les noms de *contributions, maraude, razzia*, n'en constituent pas moins une violation flagrante des principes éternels de la morale et du droit. Mais on ne viole pas impunément les lois de la nature : les militaires élevés à une pareille école perdent par degrés tout sentiment humain et arrivent à commettre les plus déplorables excès sans avoir la conscience de malfaire. M. Boyer en est un exemple fatal. Comment expliquer en effet qu'un homme d'esprit et de capacité, ami des arts, doux et affable dans son intérieur et pourvu enfin d'une foule de qualités estimables ; qu'un homme en un mot tel que des historiens dignes de foi représentent le général Boyer, ait ordonné, sous les plus légers prétextes, des exécutions sanglantes et prononcé des confiscations odieuses, si l'on n'admet que la vue du sang, versé à flots dans des guerres funestes, avait étouffé dans son cœur tout sentiment de justice et d'humanité.

Lorsque le général Boyer arriva à Oran, cette province était en proie à des dissensions intestines, dont il était difficile de prévoir la fin. Ce n'était pas avec un effectif de treize cents hommes, que nous pouvions avoir la prétention de placer sous l'autorité de la France une vaste contrée dont les populations étaient singulièrement exaltées par le fanatisme religieux. Le général dut, par conséquent, se résoudre, quoique à regret, à ne pas dépasser les murs d'enceinte de la ville.

Parmi les chefs indigènes, pas un, à l'exception peut-être de l'ancien agha Mustapha-ben-Ismaël, dont nous aurons souvent l'occasion d'entretenir nos lecteurs, n'avait une notoriété suffisante pour dominer ses rivaux et faire reconnaître son pouvoir. Mustapha-ben-Ismaël lui-même, bien que doué d'une bravoure à toute épreuve et d'une intelligence peu commune pour la guerre de coups de main, et qu'il eût fait trembler la province de l'Ouest au seul bruit du galop de son cheval, était dans une situation fausse vis-à-vis de la population arabe. Il avait, pendant la domination turque, rempli à différents intervalles les fonctions d'agha, et, à la tête des cavaliers du Makzen, châtié, maintes fois, les tribus en état de révolte. C'était une cause d'éloignement pour les indigènes des grandes tentes, qui songeaient à restaurer la nationalité arabe chacun à leur profit. Dans une pareille situation les querelles de race et les rivalités de famille se donnaient un libre cours.

Ainsi à Tlemcen, les Maures ou Hadars étaient maîtres de la ville. Mais les Coulouglis occupaient le méchouar (espèce de citadelle intérieure), et les hostilités se prolongeaient avec des chances diverses. Sur d'autres points, les Hadars et les Coulouglis se partageaient le pouvoir. Dans les environs de Mascara, le marabout

Mahi-Eddin exerçait un ascendant considérable sur un certain nombre de tribus, et préparait, par ses intrigues, l'élévation future de son fils Abd-el-Kader.

Les débris des milices turques s'étaient réunis dans les trois villes de Mostaganem, Mascara et Tlemcen, pour résister aux Arabes de la plaine. Mascara ayant été réduite, par la famine, à capituler, les Turcs furent impitoyablement massacrés et les partisans de Mahi-Eddin restèrent maîtres de la place. J'ai dû signaler cette situation pour faire comprendre combien il était facile à ce moment d'imposer la domination de la France à toute la province. Du reste, le général Boyer, qui n'était point dépourvu d'intelligence politique, ayant compris que les Turcs et les Coulouglis seraient tôt ou tard dans la nécessité de se jeter dans nos bras, fit passer des secours d'argent aux Turcs de Mostaganem et de Tlemcen. Ces deux villes résistèrent.

Sous la protection d'un bâtiment de guerre en station à Arzew, il fit acheter des vivres et des fourrages pour les garnisons d'Oran et de Mers-el-Kebir. Les Gharabas, les Douairs et les Smélas lançaient de nombreux partis jusqu'aux portes de la ville et harcelaient nos soldats. Ils poussèrent si loin leur audace, que plusieurs attentats furent commis à quelques mètres des remparts. Alors le général mit en œuvre son système de répression. Sur quelques légers indices, plusieurs indigènes furent décapités et leurs têtes accrochées à des poteaux que l'on apercevait de l'extérieur. Il faisait appliquer cent, deux cents coups de bâton sur la plante des pieds pour le moindre soupçon; mais le fait le plus grave, qui fut sur le point d'entraîner de fâcheuses conséquences, mérite d'être raconté en détail.

Il y avait à cette époque, dans la ville d'Oran, un négociant marocain, nommé Mohamed Valenciano. Il y était établi depuis longtemps et jouissait d'une certaine considération. Valenciano faisait le commerce des tissus avec les Arabes et possédait en outre des propriétés immobilières d'une grande valeur; sa fortune était considérable. Des lettres, qui lui étaient adressées par des Arabes, sans doute ses clients, furent interceptées. Elles paraissaient compromettantes pour Valenciano. Le général Boyer, sans jugement, sans même lui donner le temps de se défendre, l'ayant fait saisir par deux chaouchs, lui fit couper la tête sur la place publique. Un esclave noir ou plutôt un domestique que Valenciano avait dans sa maison, subit le même sort. M. Boyer ne crut même pas devoir s'arrêter en si beau chemin. Il fit chasser de son domicile la femme infortunée de Valenciano, que la fin tragique de son mari avait rendue malade, et toute sa fortune, propriétés immobilières, marchandises et mobilier de toute nature, fut confisquée au profit de la caisse militaire. Cette fortune fut restituée plus tard par ordre du gouvernement français, sur les réclamations directes de l'empereur du Maroc, auquel une réparation satisfaisante dut être accordée.

Mais un fait qui est peut-être tout aussi extraordinaire que l'assassinat du malheureux Valenciano, c'est que le conseil des ministres en entier et le roi lui-même eurent une connaissance exacte des circonstances qui avaient précédé et suivi son exécution. Bien que cette exécution, si contraire au droit des gens, eut suscité au gouvernement des embarras sérieux qui nécessitèrent plusieurs délibérations du conseil des ministres, le départ d'un envoyé extraordinaire français au Maroc chargé d'offrir des présents à l'empereur et opérer aux héritiers de Valenciano la restitution des biens confisqués, le général Boyer conserva son commandement. Il put continuer ainsi le cours de ses exécrables forfaits, à la honte du ministre, son supérieur immédiat, et du roi lui-même, qui auraient dû prononcer sur-le-champ sa révocation, et le faire traduire devant un conseil de guerre.

Toutefois, j'ai lieu de croire que ce crime atroce fut la cause première d'un changement de système important dans les affaires de l'Algérie, et la cause indirecte de la retraite du général Berthézène, que l'on a attribuée bien à tort, à mon avis, à un échec insignifiant, ou pour mieux dire, à la mésaventure d'un officier français à Bône.

XV

EXPÉDITION DE BÔNE, DIRIGÉE PAR LE COMMANDANT HOUDER AVEC LE TITRE SINGULIER DE CONSUL DE FRANCE A BÔNE

J'ai raconté plus haut que le commandant Houder était parti d'Alger avec une centaine de zouaves, tous musulmans, pour aller porter secours, à Bône, aux Turcs réfugiés à la Casbah, contre l'armée de Hadj-Hamet, bey de Constantine. On sait dans quelle condition cette petite troupe était partie, je n'ai plus qu'à donner quelques détails complémentaires.

Le commandant Houder, officier d'ordonnance du général Guilleminot, alors ambassadeur à Constantinople, était venu en Afrique avec le général Clauzel, pensant que les connaissances qu'il croyait avoir des mœurs orientales le rendraient propre au commandement des indigènes de l'Algérie. C'était un homme très actif et plein de zèle, mais d'un jugement peu sûr. Il fut mis à la tête de l'expédition, ainsi que je l'ai fait remarquer, avec le titre de consul de France à Bône. Il arriva dans cette ville avec les zouaves, le 13 septembre. Les habitants l'accueillirent avec joie, mais le chef des Turcs fut fort mécontent de l'intention manifestée par M. Houder d'occuper la ville. L'armée du bey de Constantine, pensant que les zouaves n'étaient que l'avant-garde d'une division française, se retira à plusieurs journées de marche. Le commandant Houder résolut alors de prendre possession de la Casbah. Il y parvint à la suite d'une courte négociation et se crut assuré de la réussite de son expédition. Il y avait à ce moment, à Bône, un certain Ibrahim, ancien bey de Constantine, où il avait gardé de nombreux adhérents. Ce personnage, astucieux à l'excès, s'était d'abord déclaré partisan de l'occupation française, dans l'espérance que notre appui lui ferait recouvrer son ancienne situation. M. Houder commit la faute impardonnable de lui accorder une entière confiance. Cette faute ne s'explique guère chez un homme qui ne pouvait ignorer combien les démonstrations amicales des musulmans envers les chrétiens étaient peu sincères. Elle devait le conduire à sa perte.

Le 26 septembre, Ibrahim se présente à la Casbah, distribue de l'argent aux zouaves et aux Turcs, fait fermer les portes et arborer le pavillon musulman qu'il fit saluer par trois coups de canon. Le commandant Houter et le capitaine Bigot accourent pour protester contre cette trahison, mais, reçus à coups de fusil, ils furent forcés de se retirer. La prudence la plus vulgaire leur conseillait de s'enfermer dans la caserne du port, et d'attendre l'arrivée des troupes que M. Houder avait demandées au général en chef et qui devaient arriver promptement. Ils négligèrent cette précaution. Le 29, les Kabyles vinrent attaquer les portes de la ville. Le capitaine Bigot reçut deux coups de feu ; le dernier fut mortel. La Casbah et la ville tirèrent sur la *Créole* et l'*Adonis*. On se battit sur le port et dans les rues. Le petit nombre de zouaves restés fidèles gagnèrent en toute hâte les embarcations de la *Créole*. Dans le désordre de cette fuite, le commandant Houder, blessé deux fois pendant la lutte, fut tué en mettant le pied dans un canot. Le lendemain, les bricks le *Signe* et le *Voltigeur*, ayant à bord le deuxième bataillon de zouaves, commandé par le chef de bataillon Duvivier, arrivèrent en rade de Bône. L'intrépide commandant voulait enlever la Casbah de vive force, mais il ne put obtenir le concours de la marine qui jugeait cette entreprise audacieuse absolument impraticable. Le même jour, les habitants de Bône, effrayés par l'apparition de ce renfort, rendirent trente-deux zouaves et un officier faits prisonniers et envoyèrent au général Berthezène une députation pour expliquer les évènements dont ils rejetaient la responsabilité sur les Kabyles.

Telle fut le dénouement de cette tentative que l'on peut considérer à juste titre comme un acte de démence. Entreprendre d'occuper une ville et une forteresse au pouvoir d'une population indifférente sinon ennemie et assiégée par une armée nombreuse, avec cent vingt-cinq soldats musulmans peu sûrs, c'était courir de gaîté de cœur au-devant d'un échec certain. Nous avons démontré précédemment que cette expédition ne fut pas due à l'initiative du général Berthezène et qu'il ne doit pas en porter la responsabilité. Néanmoins il fut à cet égard l'objet de critiques amères. Ses ennemis affectèrent de rappeler les fautes commises lors de son excursion sur Médéah. Des fonctionnaires prévaricateurs, des trafiquants sans vergogne, dont les vues droites du général gênaient les honteuses spéculations, s'unirent pour l'accabler. Mais leurs clameurs injustes ne pouvaient avoir aucun résultat. Les faits imputés à M. Berthézène s'étaient passés depuis plusieurs mois, et lorsqu'ils étaient parvenus à la connaissance du pouvoir central, on n'avait nullement songé à lui donner un successeur. En outre son administration n'était pas demeurée inféconde : il avait fait exécuter, avec le plus grand soin et avec des ressources fort restreintes, des travaux utiles pour la réparation du port, le déblaiement et l'assainissement de la ville. On lui doit la création d'abattoirs, de moulins, de casernes, d'un lazaret et d'un camp baraqué à Mustapha-Pacha. Plusieurs routes furent projetées et tracées, les hôpitaux s'agrandirent. La Casbah et les forts voisins de la place furent disposés de façon à recevoir des soldats en plus grand nombre avec une installation moins défectueuse.

Pour terminer ce que j'avais à dire sur ce point, M. le général Berthezène, à mon avis, n'eut que le tort grave d'accepter une tâche impossible. Ce qui explique cette détermination, c'est que ce général était un homme médiocre et qu'il est dans la nature de ces sortes d'esprits de ne jamais reculer devant les difficultés d'une situation, parce qu'ils n'ont pu à l'avance en mesurer l'étendue. Il est vrai, sans doute, qu'il fut impuissant pour maintenir l'autorité de la France à Médeah, et briser la résistance des tribus voisines d'Alger; mais eût-il eu le génie militaire du général Bonaparte et son indiscutable supériorité comme administrateur, qu'avec le petit nombre de soldats valides laissés à sa disposition et l'impossibilité absolue de se procurer par intervalles les vivres nécessaires pour une expédition de quelque durée, il n'eût pu y parvenir.

Il est donc certain que les divers actes de l'administration du général ne furent point la cause de sa retraite. On ne peut l'attribuer qu'à l'organisation des 1er et 5 décembre 1831, qui servit de prétexte au maréchal Soult pour donner une grande position au duc de Rovigo.

XVI

ORGANISATION DES 1ᵉʳ ET 5 DÉCEMBRE 1831, DUE A CASIMIR PÉRIER. — CARACTÈRE DE CE MINISTRE. — SÉPARATION DES POUVOIRS CIVIL ET MILITAIRE. — LE POUVOIR CIVIL CONFIÉ A UN INTENDANT. — LIMITE DES ATTRIBUTIONS DE CE FONCTIONNAIRE.

Avant d'exposer, avec les détails convenables, la mémorable organisation de 1831, afin d'en bien saisir l'esprit, je crois devoir faire connaître le ministre éminent qui en fut l'auteur, les circonstances qui l'amenèrent à prendre en main la cause de l'Algérie et le but qu'il se proposa d'atteindre.

A la chute du ministère Laffitte, la monarchie de Juillet était entourée de périls. Le parti républicain notamment, grâces aux fautes commises, s'était beaucoup accru en nombre et en audace. Louis-Philippe ayant senti le besoin d'organiser la résistance, le ministère du 13 mars fut formé. Casimir Périer, qui en était l'âme, j'allais dire le despote, avait une grande situation politique et financière. Des spéculations heureuses, dues à une parfaite connaissance des affaires et à l'habile direction d'une grande maison de banque, l'avaient conduit rapidement à une immense fortune. En outre, pendant le long ministère de M. de Villèle, il avait figuré, non sans éclat, dans les luttes du parti libéral contre la Restauration, et s'était rendu fameux par la vigueur incomparable et l'énergie extraordinaire de ses apostrophes. Enfin il avait été choisi, le 29 juillet, par Charles X, pour faire partie du ministère Mortemart, concédé tardivement à l'opinion publique, afin de conjurer les conséquences fatales de la Révolution. Il était bien difficile, qu'avec de pareils antécédents et la considération qui s'attachait à sa personne, Casimir Périer fût tout à fait exempt de la morgue qu'on rencontre trop souvent chez les parvenus. Quoi qu'il en soit, il avait un cœur fier, une volonté inflexible et peut-être l'esprit un peu hautain. Le trait suivant achèvera de le faire connaître.

On raconte que, la première fois qu'il se rendit aux Tuileries après son avènement au ministère, le duc d'Orléans lui ayant fait un accueil glacial et Mme Adélaïde n'ayant même pas pris la peine de déguiser son aversion, Casimir Périer n'en fut ni ému ni troublé. Il conduisit Louis-Philippe à l'écart et déclara d'un ton ferme et résolu qu'il lui donnait sa démission de ministre de l'intérieur et de président du conseil. Le roi, étonné de cette résolution subite, lui en ayant demandé la cause, le ministre répondit sans hésiter que l'attitude inconvenante de la sœur et du fils aîné du roi lui révélaient une hostilité sourde, non envers sa personne, mais envers ses tendances politiques; qu'avoir à combattre des ennemis à la cour et des ennemis dans les Chambres, c'était beaucoup trop, qu'il n'accepterait jamais une pareille situation. Le roi, comprenant très bien que la retraite imprévue du ministère du 13 mars serait pleine de dangers pour la couronne, dut fléchir devant la volonté impérieuse de Casimir Périer. Il força son fils et sa sœur à lui faire des excuses. Le ministre sortit du palais satisfait, la tête haute, le sourire du dédain sur les lèvres et l'orgueil sur le front. Il est superflu d'ajouter qu'un pareil caractère ne devait point laisser amoindrir le pouvoir ministériel, dont il était le dépositaire responsable, au profit de la prérogative de la couronne.

Le meurtre atroce de Valenciano et la confiscation de ses propriétés qui en avait été la suite, avaient produit une douloureuse émotion à Tanger, où il comptait plusieurs membres de sa famille et de nombreux amis. Il est certain que la personne et les biens des Français établis dans la ville auraient été l'objet de terribles représailles, de la part des populations musulmanes irritées, si le gouvernement marocain ne les eût entourés d'une énergique protection. Mais il fit demander à la France, par l'intermédiaire de notre consul général, réparation de l'attentat commis par le général Boyer contrairement au droit des gens. Cette réclamation fut soumise au conseil des ministres. Le gouvernement dut se résoudre à faire partir pour le Maroc un envoyé extraordinaire chargé de donner à l'empereur les satisfactions légitimes qui lui étaient dues.

Cette affaire, ainsi qu'il est facile de le comprendre, avait appelé l'attention du président du conseil, non-seulement sur ce fait isolé, mais sur l'administration entière du général Boyer et des divers généraux mis successivement à la tête de l'armée d'Afrique. Les mesures coërcitives, les massacres inutiles, les confiscations injustes et impolitiques à la fois, établis par des documents publics incontestables ne durent point échapper à son coup d'œil pénétrant. Il fut convaincu que l'autocratie du général en chef constituait un danger permanent pour la colonie et pour les intérêts de la France. Il résolut dès lors de circonscrire le pouvoir des généraux en chef dans le cercle normal du commandement militaire, et de mettre à la tête des divers services civils un haut fonctionnaire dépendant du ministère de l'Intérieur, afin de donner à la marche de ces services une allure beaucoup plus régulière et plus légale. Tels furent l'origine et l'esprit de l'organisation mise en vigueur par les ordonnances du 1er et du 5 décembre. Cette organisation fut l'œuvre de Casimir Périer, contrairement à la volonté du roi. Des preuves multiples ne laissent aucun doute à cet égard. Ainsi il est établi que Louis-Philippe, durant tout le cours de son règne, fut l'adversaire systématique de notre développement colonial; il ne pouvait dès lors voir d'un bon œil une organisation dont l'essai loyal eût à jamais assuré l'avenir de l'Algérie et contribué à sa prospérité. D'un autre côté, lorsque, quelques mois plus tard, Casimir Périer fut forcé, par la maladie cruelle qui devait le conduire au tombeau, d'abandonner son département ministériel, M. de Montalivet, son successeur intérimaire, s'empressa de rapporter l'ordonnance du 1ᵉʳ décembre par une ordonnance nouvelle du 12 mai, et quatre jours après Casimir Périer n'était plus. Malgré cette durée éphémère, l'organisation de décembre 1831 n'en fut pas moins un grand bienfait ; elle contenait la déclaration officielle de la souveraineté de la France sur les diverses parties de la régence d'Alger. C'était désormais un fait accompli qui devait enchaîner définitivement la mauvaise volonté du roi et de ses ministres présents et futurs. Examinons maintenant cette organisation :

« *Ordonnance du 1ᵉʳ décembre*

» Considérant que, s'il a été nécessaire, dans les premiers temps qui ont suivi l'occupation du pays d'Alger, de laisser réunis dans une seule main les pouvoirs civils et militaires, il importe maintenant au bien-être de l'établissement que ces pouvoirs soient séparés, afin que la justice et l'administration civiles puissent dans ce pays prendre une marche régulière,

» Avons ordonné :

» ARTICLE PREMIER. — La direction et la surveillance de tous les services civils en Algérie, celle de tous les services financiers, tant en deniers qu'en matières, ainsi que celle de l'administration de la justice, sont confiées à un intendant civil, placé sous les ordres immédiats de notre président du Conseil des ministres, et respectivement sous ceux de nos ministres de la justice, des affaires étrangères, de la guerre, de la marine, des cultes, du commerce et des finances.

» ART. 2. — A partir de la publication en Algérie de la présente ordonnance, les agents de ces divers services et les tribunaux civils passeront immédiatement sous les ordres de l'intendant.

» ART. 3. — Il y aura auprès du commandant en chef des troupes et de l'intendant civil, un conseil d'administration composé du commandant en chef, président, de l'intendant civil, du commandant de la station navale, de l'intendant militaire, de l'inspecteur général des douanes et du directeur des domaines. En l'absence du commandant en chef, l'intendant civil présidera. »

Avant d'analyser les divers articles de cette ordonnance, il est indispensable de connaître celle du 6 décembre, car elles se complètent l'une par l'autre et à elles deux elles contiennent l'organisation des deux grands pouvoirs de l'Algérie, placés côte à côte avec des attributions distinctes et très bien définies :

« *Ordonnance du 6 décembre*

» ARTICLE PREMIER. — Le général commandant Alger

aura le titre de commandant en chef le corps d'occupation d'Afrique.

» Le général commandant à Oran sera sous ses ordres, et prendra le titre de commandant la division d'Oran.

» ART. 2. — Le général commandant en chef pourvoira à la conservation, à la défense et à la sûreté des possessions françaises en Afrique. Les mesures de politique et de haute police ressortiront de son autorité. Il aura, en outre, la présidence du conseil d'administration, qui sera formé à Alger, conformément à notre ordonnance du 1er décembre 1831. »

Bien que trois mois soient à peine écoulés depuis l'expédition de Bône, il est juste de reconnaître que nous sommes déjà bien loin de cette pitoyable équivoque qui avait fait partir le commandant Houder pour sa malheureuse expédition avec le titre de consul de France à Bône. En effet, le général commandant à Alger n'aura plus désormais le titre de commandant en chef de l'armée expéditionnaire, qui n'impliquait en aucune façon le pouvoir d'administrer le pays conquis, et bien moins encore le dessein arrêté de le soumettre définitivement à la souveraineté de la France. Mais il prendra le titre nouveau de commandant en chef le corps d'occupation d'Afrique. Je concède, si l'on veut, que la déclaration du *fait d'occuper un pays* ne soit pas l'équivalent de la déclaration positive et officielle du droit. Toutefois, on conviendra, je l'espère, que c'est un acheminement marqué vers cette déclaration qui, du reste, est proclamée sans ambages par le mandat donné au général dans la disposition suivante : *De pourvoir à la conservation, à la défense et à la sûreté des possessions françaises en Afrique.*

Ce premier point établi, il n'est pas difficile de comprendre la partie des deux ordonnances relatives à l'organisation des pouvoirs publics. Le principe générateur de cette organisation, si je puis m'exprimer ainsi, c'est la séparation du pouvoir civil et du pouvoir militaire et leur indépendance respective. Chacun de ces pouvoirs est investi d'attributions diverses. Au représentant du pouvoir militaire, au général commandant le corps d'occupation est dévolu, ainsi que je l'ai dit tantôt, le mandat de veiller à la conservation et à la sûreté de nos possessions en Afrique ; dès lors les mesures politiques proprement dites et de haute police seront dans son domaine.

Enfin, le représentant du pouvoir civil, l'intendant, demeure chargé de la direction et de la surveillance de tous les services civils. Ainsi, désormais, toutes les questions relatives aux finances, à la perception des impôts, les questions de douane, celles concernant le domaine de l'État et l'administration de la justice, à l'exception de la justice militaire, lui sont exclusivement dévolues. Et pour donner à la plénitude de son indépendance une consécration solennelle et légale, l'ordonnance du 1er décembre dispose que l'intendant civil est placé sous les ordres immédiats du président du conseil des ministres, chargé du portefeuille de l'intérieur, tandis que le commandant en chef restait placé sous les ordres du ministre de la guerre.

La séparation des deux pouvoirs, civil et militaire, n'était pas la seule innovation de l'ordonnance. L'article 1er posait, en outre, un principe qui, dans l'état de la colonie en 1831, eût été une source de progrès, si on l'eût appliqué sérieusement. Ce principe n'était autre que la dévolution des différentes affaires de l'Algérie à leurs ministères respectifs de la métropole. En effet, après avoir déclaré que l'intendant civil était sous les ordres immédiats du conseil des ministres, l'article ajoutait: et *respectivement sous ceux de nos ministres de la justice, des affaires étrangères, de la guerre, de la marine, des cultes, du commerce et des finances.* Ce n'était peut-être pas la meilleure solution à donner à la question algérienne, afin d'amener un développement prompt et rapide du pays, mais le rédacteur de l'ordonnance, ayant été frappé des inconvénients redoutables du pouvoir absolu des fonctionnaires à une pareille distance de la métropole avait, sans doute, multiplié les liens de subordination, afin de maintenir le chef des services civils dans la voie de la légalité et de la modération. C'est encore à cette pensée qu'est due la création du conseil administratif, qui fait l'objet du dernier article de l'ordonnance. Le conseil, en raison du petit nombre de Français établis en Algérie, ne pouvait évidemment être composé que de fonctionnaires. Mais il ne faut pas laisser passer inaperçu que l'élément civil y était en majorité.

Pour compléter les observations qu'il importait de présenter au sujet de l'ordonnance du 1er décembre, je dois ajouter que le président du ministère du 13 mars ne pouvait songer à constituer, d'un seul jet, une organisation complète des pouvoirs publics avec une indication précise et définitive des attributions de chacun de ces pouvoirs. L'Algérie était encore tout à fait inconnue. On se serait exposé à commettre des erreurs suivies de graves mécomptes, et M. Casimir Périer était un esprit beaucoup trop pratique pour commettre une aussi lourde faute. Il était d'ailleurs quelque peu gêné par certains principes de notre droit constitutionnel que je ferai connaître un peu plus tard. Il devait donc, pour le moment, se borner à poser des principes généraux, sauf à formuler ultérieurement les attributions spéciales de l'intendant civil, lorsque les besoins des populations diverses de l'Algérie seraient plus connus et mieux appréciés.

Cette réserve du rédacteur de l'ordonnance explique le vague des expressions de l'article 1er. Cet article exprime, d'une manière fort indéterminée, que *la direction et la surveillance des services civils* sont confiées à l'intendant civil. Mais que fallait-il entendre par les mots direction et surveillance? Et surtout de quelle façon la surveillance et la direction devaient-elles être opérées ? Les intendants les interprétèrent à leur point de vue, de la manière la plus large et empiétèrent sur les attributions du pouvoir central, au moyen d'arrêtés divers, que le président du Conseil n'eût point tolérés, si une terrible maladie ne l'avait forcé d'abandonner les affaires au moment même où les premiers arrêtés virent le jour. Ainsi, à partir du mois d'avril 1832, les intendants civils se sont arrogé le pouvoir législatif, sans qu'on ait songé à y mettre obstacle. Ils ont rendu jusqu'en 1834 de nombreux arrêtés organiques, sur toutes les matières concernant les affaires civiles de la colonie. Ces arrêtés sont d'une illégalité flagrante. Ils ont tous pour principe et pour base l'article 1er de l'ordonnance du 1er décembre 1831. Mais on conviendra qu'il faut singulièrement forcer le sens des expressions, *direction et surveillance des services civils*, pour en extraire un droit aussi exorbitant. Au surplus, la plupart de ces arrêtés, à l'exception de deux ou trois de M. le baron Pichon, sont postérieurs au 12 mai 1832, et à cette date l'ordonnance du 1er décembre précédent fut rapportée. Les intendants civils, replacés sous les ordres des généraux commandant l'armée d'occupation, ne furent plus que des fonctionnaires subalternes, dépourvus de toute espèce d'initiative et par conséquent n'ayant aucun droit de prendre des arrêtés organiques. Je crois devoir citer à ce propos un singulier arrêt de la cour d'appel, qui, ayant à statuer sur cette question, n'a pas osé en affirmer la légalité. Cet arrêt est du 31 juillet 1850. En voici les motifs :

« Attendu que les intendants civils, des premiers temps de la conquête, ont eu le pouvoir qui leur est contesté si tardivement pour la première fois, puisque ce pouvoir leur avait été conféré par les dispositions combinées du préambule et de l'article 1ᵉʳ de l'ordonnance du 1ᵉʳ décembre 1831 ; puisqu'ils l'ont exercé pendant de longues années sans contestation ; puisque l'autorité dont ils relevaient les a approuvés pendant leur gestion, et a maintenu leurs actes longtemps après avoir transporté leurs attributions à un gouverneur général ; puisqu'alors qu'ils auraient agi sans titres, on a cru le contraire, on l'a cru généralement, on l'a cru pendant dix-huit ans et que cette croyance générale a créé des intérêts, qui, cimentés par une aussi longue possession, ne sauraient être tout à coup sacrifiés sans injustice et déloyauté ; qu'on le saurait d'autant moins que l'ordre des choses contre lequel on s'élève, n'a jusqu'ici donné lieu à un seul abus, et qu'à cet égard le passé ne laisse rien à appréhender pour l'avenir. »

Il n'entre pas dans mon sujet de réfuter de pareilles aberrations. Je montrerai bientôt, contrairement à l'affirmation de l'arrêt, que cette longue usurpation de pouvoirs a donné lieu aux abus les plus criants. Au reste, je n'ai cité l'arrêt de la cour que pour démontrer, à l'aide d'une autorité irrécusable, que le gouvernement de Louis-Philippe a constamment abandonné les affaires algériennes aux caprices et à l'arbitraire, non-seulement des généraux dont le choix laissait fort souvent à désirer, mais encore de fonctionnaires subalternes et irresponsables.

XVII

LE DUC DE ROVIGO, COMMANDANT EN CHEF LE CORPS D'OCCUPATION D'AFRIQUE. — M. LE BARON PICHON, INTENDANT CIVIL.

A la suite de cette organisation, le duc de Rovigo fut nommé commandant en chef du corps d'occupation par le ministre de la guerre. De son côté, le président du conseil nomma M. le baron Pichon intendant civil. La nomination du duc de Rovigo fut une calamité pour l'Algérie. Avant d'exposer les divers actes de l'administration de ce triste personnage, je crois devoir faire connaître ses antécédents.

Savary, duc de Rovigo, était né à Sedan en 1764. Il entra au service en 1783. Officier au régiment de Royal-Normandie au commencement de la Révolution, il s'était distingué, à l'armée du Rhin, sous les ordres du général Moreau. Devenu lieutenant-colonel, Savary fit, en qualité d'aide de camp du général Desaix, la campagne d'Égypte et se trouva plus tard à Marengo où Desaix fut tué. Le premier consul l'attacha alors à sa personne en la même qualité. Il est superflu d'ajouter qu'il devint bientôt général de brigade et plus tard général de division.

Jusqu'au moment où le général Savary devint aide de camp de Bonaparte, ses services militaires n'avaient rien eu que d'honorable. Mais déjà disposé, par les batailles meurtrières auxquelles il avait assisté, à considérer la vie des hommes pour peu de chose et leur fortune pour rien, il ne put échapper à l'influence pernicieuse du premier consul. Il apprit, à son école, à se mettre au-dessus de la loi, à n'avoir d'autre règle de conduite que sa propre volonté et pour mobile que les plus détestables passions. Il fut bientôt entièrement perverti et devint un des exécuteurs dévoués de la politique violente et quelquefois criminelle du despote. On l'a accusé d'avoir joué un rôle de comparse dans le sinistre attentat commis sur la personne du duc d'Enghien, qui eut, comme on le sait, pour dénouement le meurtre du prince dans un des fossés de Vincennes. Je dois dire cependant que le fait ne me paraît pas parfaitement établi. Mais ce qui l'est beaucoup mieux et ne peut même faire l'objet d'un doute, c'est qu'il fut, en pleine connaissance de cause, l'agent principal de la fourberie indigne qui fit tomber les princes, beaucoup trop confiants, de la maison régnante d'Espagne dans l'odieux guet-apens de Bayonne. Le titre de duc de Rovigo, qui lui fut conféré plus tard, fut sans doute le prix de cet ignoble service. Enfin, son dévouement aveugle aux ordres de Napoléon était tel, qu'il n'hésita pas, en 1810, à déposer les épaulettes de général de division pour ceindre l'écharpe peu honorable de chef suprême de la police impériale. Il conserva les fonctions de ministre de la police jusqu'à la chute de l'empire. Proscrit par le gouvernement de la Restauration, il vint en 1830 offrir ses services au nouveau roi. Mais ses tristes antécédents n'étaient pas de nature à lui concilier l'estime et la confiance de l'armée. Louis-Philippe, qui avait un penchant secret pour les fonctionnaires les plus décriés de l'empire, ne pouvant lui donner en France un emploi équivalant à son ancienne situation, le fit envoyer en Algérie comme commandant en chef du corps d'occupation. Les attributions de la haute police dont ce haut fonctionnaire était investi, parurent bien placées dans les mains de l'ancien ministre de la police de l'Empire. Malheureusement, c'était une illusion, qui devait avoir de bien fâcheuses conséquences.

M. le baron Pichon, nommé aux fonctions d'intendant civil, était un homme intègre, un administrateur expérimenté. Il était fort difficile, qu'avec ses habitudes régulières et son respect pour la légalité, il marchât longtemps côte à côte et d'accord avec un personnage tel que le duc de Rovigo.

A l'avènement du nouveau commandant en chef, le corps d'occupation reçut des renforts considérables. Le duc de Rovigo put disposer d'un effectif bien plus nombreux que son prédécesseur, M. le général Berhezène. L'armée fut renouvelée en grande partie : elle se composait des 4ᵐᵉ et 67ᵐᵉ de ligne, du 10ᵐᵉ léger, de la légion étrangère, des zouaves et des chasseurs d'Afrique, dont le 1ᵉʳ régiment s'organisait à Alger. Dans le cours de 1832, une ordonnance créa deux bataillons d'infanterie légère d'Afrique, où furent versés les soldats ayant subi de légères condamnations.

Le premier acte du duc de Rovigo, en arrivant à Alger le 26 décembre, fut d'installer un certain nombre de camps aux environs de la ville, pour rétablir la sécurité dans la banlieue. Les points choisis furent Kouba, Tixeraïn, Birkadem et Delybrahim. Il les relia entre eux par un chemin de ceinture. Une route plus large, celle d'Alger à Delybrahim, fut construite depuis le fort Bab-Azoun jusqu'au fort l'Empereur. Les travaux nécessaires pour l'établissement de ces différentes voies exigèrent la coupure de deux cimetières musulmans. M. de Rovigo ne fit prendre aucune des précautions usitées en pareil cas, afin de témoigner de notre respect pour la religion des tombeaux. Au lieu de procéder avec ordre et décence, de façon à ménager la susceptibilité naturelle des indigènes, et transporter les ossements dans un autre lieu, de concert avec les ulémas, ou tout au moins avec le conseil municipal, les débris des corps humains furent dispersés au hasard et l'on vit des hommes grossiers jouer d'une manière ignoble avec des têtes de cadavres. Dans les travaux de déblais, lorsque la ligne, tracée par l'ingénieur, traversait une tombe, la pioche coupait en deux la tombe et le squelette. La partie qui tombait, allait servir pour remblayer quelqu'autre point de la route et la partie restante demeurait exposée au regard des passants sur le revers du chemin. Ces sépulcres béants, pour me servir des expressions sévères d'un document officiel, étaient comme autant de bouches accusatrices, d'où les plaintes des morts semblaient sortir pour venir se joindre à celles des vivants, dont nous démolissions en même temps les demeures. Ce début n'était pas fait pour attirer à M. de Rovigo l'estime et la confiance des indigènes. Mais il n'était pas homme, ainsi qu'on le verra plus tard, à s'arrêter pour si peu dans l'exécution de ses desseins. Cependant, lors des réceptions officielles, il avait déclaré spontanément au conseil municipal et à quelques Maures notables qui désiraient connaître les tendances du nouveau pouvoir, que le gouvernement français était plein de sollicitude pour leurs intérêts ; que la création de l'intendance civile en était une preuve irrécusable ; que le nouveau fonctionnaire, exclusivement chargé de la direction des services civils, serait beaucoup plus à même, étant à l'abri des soucis du commandement militaire, de connaître les besoins des populations diverses d'Alger et de leur donner satisfaction. Il avait déclaré, en outre, en ce qui le concernait, qu'il ne se départirait point des règles de la justice et de la modération.

XVIII

CONTRIBUTION FORCÉE DE 4,500 QUINTAUX DE LAINE. — MESURES DÉTESTABLES QUI EN FURENT LA SUITE.

Je ne sais, si les promesses du duc de Rovigo aux habitants notables d'Alger étaient sincères. Mais il est certain qu'elles furent bien vite démenties par ses actes. Le commandant du corps d'occupation était arrivé à un âge où l'on ne se refait pas. Les habitudes d'arbitraire qu'il avait contractées sous l'Empire devaient donc reprendre le dessus. L'administration militaire ayant besoin d'une certaine quantité de laine pour améliorer le couchage des troupes, les agents des finances conseillèrent au duc de Rovigo de s'adresser aux habitants de la ville par voie de réquisition, afin de se procurer cette laine. Cette mesure avait déjà été proposée au général Berthezène qui l'avait énergiquement repoussée. Il s'adressa au ministre de la guerre qui avait promis de prendre des dispositions prochaines afin de pourvoir aux besoins de ce service. Le duc de Rovigo, loin d'imiter la sage conduite de son prédécesseur, prit, le 7 janvier 1832, un arrêté qui imposait aux habitants d'Alger, musulmans et israélites, une contribution de 4,500 quintaux de laine, nécessaires pour procurer à chaque soldat de l'armée un matelas de dix kilos.

Cet arrêté était arbitraire et illégal. Le duc de Rovigo, ainsi que nous l'avons indiqué en analysant les ordonnances du 1er et du 5 décembre, n'avait d'autres attributions que le commandement en chef des troupes et les mesures politiques et de haute police. Toutes les questions financières étaient exclusivement réservées à l'intendant civil. Ce dernier lui-même n'aurait pas eu le droit de prendre un arrêté de ce genre, qui n'était, par conséquent, qu'une indigne spoliation.

Quand même cette contribution n'eût pas été souverainement illégale, M. de Rovigo aurait dû s'abstenir de l'imposer, car en ce moment la ville d'Alger était on ne peut plus misérable. Elle était dépeuplée des deux tiers de ses habitants. Les plus riches s'étaient enfuis à la vue des confiscations impolitiques de M. le général Clauzel, et en essayant, à l'aide de menaces et d'autres moyens que j'indiquerai bientôt, de faire verser les 4,500 quintaux de laine fixés par l'arrêté, le duc de Rovigo tentait l'impossible. Cependant, M. le baron Pichon n'avait pas tardé à se rendre à son poste et à prendre possession de son emploi. Le jour même de sa première apparition au conseil, le duc de Rovigo lui proposa de signer son arrêté. L'intendant répondit que l'arrêté ayant été délibéré et pris avant son entrée en fonctions, il ne pouvait le signer sans avoir pris une connaissance exacte de l'affaire; qu'il ignorait les besoins de l'armée et les forces contributives de la ville. Cet arrêté parlait d'une répartition d'après des rôles dressés par la municipalité, et autorisée par l'intendant. Mais ces rôles se bornaient à énumérer les patentes et il n'y en avait que pour quinze mille francs. Quelle mesure allait-on décréter en face de l'insuffisance des documents? M. Pichon, craignant de soulever un conflit et, d'un autre côté, ne voulant pas que le duc de Rovigo pût croire que son refus de signer l'arrêté était simplement un acte de mauvais vouloir, promit de coopérer à son exécution en suivant, bien entendu, les formes légales. Il réunit la municipalité indigène le 4 février. Il lui fit espérer que la contribution ne serait qu'une avance remboursable par l'entrepreneur de la literie militaire, avec lequel on savait que le ministre de la guerre avait traité, et il demanda qu'on lui proposât un mode de répartition équitable dont il rendrait les rôles exécutoires.

Cette conduite prudente et mesurée de l'intendant était déjà devenue sans objet. Le duc de Rovigo ayant acquis la certitude que sur la place d'Alger la laine était assez rare, et que la contribution en nature était irréalisable, avait, le jour même de la convocation du conseil municipal, modifié son arrêté. Il laissait aux contribuables la faculté de se libérer en argent, mais en payant la laine à raison de 80 francs le quintal. Après avoir fait connaître le mode de répartition et de versement, le nouvel arrêté déclarait qu'une garnison serait mise chez les retardataires, et qu'en cas d'insuffisance, le commandant en chef ferait usage de mesures beaucoup plus rigoureuses. C'était une vieille réminiscence des procédés de l'Empire. M. de Rovigo n'avait pas oublié que sous le règne de Napoléon, afin de contraindre les conscrits réfractaires à rejoindre leur régiment, on envoyait une garnison dans le domicile des pères de famille, souvent réduits à un dénûment absolu par cette mesure tyrannique.

Le second arrêté était encore d'une illégalité bien plus flagrante, puisque le duc de Rovigo usurpait les fonctions de l'intendant en présence même de ce fonctionnaire. L'intendant, par esprit de conciliation, ne voulut pas s'opposer à son exécution, mais il déclara qu'en bonne justice, la municipalité indigène devait elle-même faire l'emploi des deniers des contribuables; qu'il faudrait mettre à sa disposition un bâtiment, afin qu'elle pût se rendre à Tunis pour y acheter les laines. Mais il apprit bientôt que le duc de Rovigo avait passé un marché pour la fourniture des laines, avec un négociant nommé Lacrouts. Néanmoins, M. le baron Pichon se hâta de faire dresser les rôles de répartition. Mais le général ne l'entendait pas ainsi. L'arbitraire indigne dont il avait usé sans ménagement, l'ayant pour ainsi dire mis en goût, il dit à l'intendant que sa manière de procéder gâtait sa mesure, qu'il fallait le laisser faire. Il voulait faire payer la contribution à une cinquantaine d'individus dont il avait les noms sur une liste. L'intendant, ne pouvant donner son approbation à des infamies de ce genre, se hâta de déclarer au général qu'il lui laissait volontiers le mérite du succès par une voie que l'honneur lui interdisait de suivre. En présence de l'attitude calme et modérée de l'intendant civil, le duc de Rovigo s'abandonna à des mouvements de colère de bien mauvaise augure pour l'avenir. M. Pichon écrit à ce propos :

« Quand j'entendis parler de faire couper des têtes, de faire des saignées et de les faire bonnes, pour vaincre la résistance des contribuables, et tout cela parce que je refusais mon concours à une odieuse illégalité, je dus de prime-abord me demander où nous mènerait une pareille manière d'administrer un pays, auquel nous avions annoncé la fin du règne oppresseur des Turcs, comme une ère de sécurité et de bonheur. »

A la suite de cette scène regrettable, l'intendant civil eut encore, au sujet de la contribution, une entrevue avec le général en chef. Mais on comprend que toute espèce d'entente était impossible. Le duc de Rovigo, qui en avait pris son parti d'avance, convoqua chez lui, en présence de l'intendant militaire seulement, le cadi et la municipalité indigène. Après leur avoir remis la liste des contribuables, il leur donna l'ordre d'opérer les recouvrements. Ces injonctions furent suivies de menaces terribles qui glacèrent d'effroi les assistants. A la fin de la séance, il fit arrêter le président du conseil municipal indigène parce qu'il n'avait pas été exact au rendez-vous. Lorsque ces deux scènes de violence se répandirent au dehors, la ville d'Alger fut frappée de terreur. Cette situation dura pendant tout le mois de février et la première moitié de mars, jusqu'à l'arivée d'un ordre du ministre de la guerre qui blâmait la contribution, et ordonnait de restituer les sommes versées par les habitants.

On s'était toutefois mis à l'œuvre pour recouvrer le montant de la contribution. Après avoir emprisonné bon nombre d'individus, et essayé de l'intimidation au moyen de menaces terribles sur beaucoup d'autres, les agents du duc de Rovigo avaient perçu, vers le 5 mars, cent quatre-vingt-seize mille francs et trente-six quintaux de laine. Lorsque la décision du ministre de la guerre fut connue, les malheureux Algériens avaient espéré un moment que le général en chef renoncerait enfin à l'exécution de son malencontreux arrêté. Après quatre jours d'hésitation, il réunit le conseil d'administration et, par ses instances réitérées, il réussit à lui faire prendre une délibération portant que force devait rester à l'autorité; que le retrait de la mesure serait considéré par les indigènes comme un acte de faiblesse et produirait le plus fâcheux effet. Il considéra dès lors les ordres du ministre comme non avenus et fit poursuivre le recouvrement des sommes imposées avec un redoublement de violence incroyable. Ses agents ne reculèrent devant aucun excès. On prit les bijoux des femmes; on enleva les deniers de la caisse du Bit-el-Mal, dont une partie était consacrée au soulagement des veuves et des orphelins. On fit signer, à des hommes que l'on croyait riches, des engagements personnels, remboursables, disait-on, lorsque l'opération serait terminée, et tout cela pour aboutir à un résultat presque insignifiant. « Si je publiais, dit M. le baron Pichon, le mémoire qui me fut remis à la fin de mars, par les cadis et les muphtis, et par plusieurs membres de la municipalité, pendant que tout Alger était en suspens pour savoir qui prévaudrait, de l'autorité du gouvernement ordonnant une mesure réparatrice, ou de celle du général en chef qui refusait de l'exécuter, on verrait d'étranges choses. On avait ordonné au cadi de dresser de nouvelles listes malgré l'ordre de restitution. On voulut le contraindre à remettre au général en chef, une lettre contre-disant tout ce qu'on avait répandu de la douleur des habitants indigènes et de l'oppression dont ils avaient été les victimes. »

Mais la victoire définitive devait évidemment rester au ministre de la guerre. Une nouvelle dépêche du 5 mai renouvelait, cette fois en termes formels, les injonctions précédemment adressées au général en chef. M. de Rovigo dut se résigner à l'obéissance. Il prit, à cet effet, le 11 mai 1832, un nouvel arrêté qui prescrivait les mesures à suivre pour effectuer aux indigènes le remboursement du prix des laines versées en nature, et la remise des valeurs et dépôts fournis au payeur général de l'armée, afin de garantir le paiement de la contribution. Toutefois, comme les ordres du ministre étaient muets sur la manière d'opérer le remboursement, le général, dont le mauvais vouloir était manifeste, avait profité de ce silence pour le subordonner à des mesures de nettoiement et de salubrité propres à préserver la ville du choléra dont on redoutait l'invasion prochaine. Ce mode d'opérer le remboursement fut encore le principe d'agiotages scandaleux. Il fallait arriver à la caisse avec un certificat du commissaire de police, qui certifiait l'accomplissement des mesures mises à la charge des propriétaires. Des spéculateurs sans foi trafiquèrent effrontément sur l'achat des récépissés de la contribution. En trompant les indigènes sur la valeur de leur droit, et en exploitant les craintes bien naturelles que leur inspirait le duc de Rovigo, ils acquirent leurs titres à quarante pour cent de perte. Telle fut la fin de cette déplorable affaire.

XIX

PRISE DE BÔNE — LE GÉNÉRAL MONK-D'UZER VIENT PRENDRE POSSESSION DE LA PLACE AVEC UN CORPS DE TROUPES DE TROIS MILLE HOMMES.

Je devrais peut-être continuer la série des épouvantables forfaits du duc de Rovigo envers les indigènes. Mais il est grand temps de raconter la prise de Bône, qui fournit l'occasion à l'intendant de prendre un arrêté mémorable afin de compléter l'organisation des 1er et 6 décembre 1831.

Après la mort du commandant Houder, Ibrahim, resté maître absolu de Bône, s'était abandonné à tous ses mauvais penchants et avait commis toute sorte d'exactions. De son côté, le bey de Constantine, désirant se rendre maître de la place, avait envoyé, pour en faire le siège, une armée commandée par son kalifa, nommé Ben-Aïssa. La ville était bloquée depuis plus de six mois, lorsque les habitants de Bône oublièrent pour un moment leurs griefs envers Ibrahim et s'unirent à lui pour implorer le secours de la France contre l'ennemi commun. En attendant le délai nécessaire pour préparer une expédition, le duc de Rovigo chargea le capitaine d'artillerie d'Armandy d'aller, par sa présence, relever le moral des assiégés et leur annoncer l'arrivée de prompts secours. Mais les exhortations de cet officier énergique, que la triste mésaventure du commandant Houder n'avait pu émouvoir, furent impuissantes pour redonner du nerf aux gens de Bône. De longues souffrances avaient abattu leur courage. Les portes furent ouvertes du 5 au 6 mars aux troupes du bey de Constantine, qui pillèrent la malheureuse cité. D'Armandy n'eut que le temps de se réfugier sur un petit navire. Ibrahim s'était retranché dans la Casbah. Le 26, arriva dans le port la goëlette la *Béarnaise*, commandée par le capitaine Fréart. Elle revenait de Tunis, où elle avait apporté Iousouf pour y acheter des chevaux de remonte. Le capitaine d'Armandy se rendit à bord de la goëlette et demanda au commandant 30 marins, se faisant fort de gagner la citadelle et de s'y maintenir jusqu'à l'arrivée des troupes d'Alger. Mais comme le coup de main ne pouvait s'exécuter sans le consentement d'Ibrahim, MM. d'Armandy et Iousouf se rendirent pendant la nuit à la Casbah pour obtenir son adhésion. Ibrahim était dans une disposition d'esprit qui ne permettait pas d'espérer la réussite de la démarche des deux officiers. Il craignait, par dessus tout, s'il tombait dans les mains des Français, d'avoir à répondre du meurtre du commandant Houder, dont il avait été la cause première par sa lâche trahison. MM. d'Armandy et Iousouf furent donc assez mal accueillis par Ibrahim et durent se retirer sans avoir rien obtenu. Après leur départ une discussion éclata parmi les Turcs. Ceux qui n'étaient pas irrévocablement liés à la fortune d'Ibrahim, et c'étaient les plus nombreux, réclamèrent impérieusement le concours de nos soldats. Ibrahim, obligé de fuir pour ne pas être victime de la révolte, se retira avec un très petit nombre d'adhérents à Bizerté, et un émissaire sortit de la Casbah pour venir porter cette nouvelle à bord de la *Béarnaise*. Le capitaine d'Armandy et Iousouf accoururent aussitôt, accompagnés par un certain nombre de marins, et comme la porte de la Casbah était gardée à vue par les soldats de Ben-Aïssa, ils escaladèrent les remparts du côté opposé, au moyen d'une corde jetée par les Turcs du sommet de l'édifice. Le drapeau français fut immédiatement arboré. Les troupes du bey de Constantine, ayant voulu tenter une attaque, quelques coups de canon suffirent pour les repousser. Ben-Aïssa, pour se venger de cet échec, emmena les habitants. À peine eut-il disparu, qu'une nuée de Kabyles entra dans Bône pour y mettre le feu.

Pendant le cours de ces évènements, le capitaine d'Armandy fut prévenu, par des Turcs qui nous avaient appelés à leur secours, que trois zouaves musulmans conspiraient en faveur d'Ibrahim, et poussaient à la révolte contre les Français. Après s'être enquis, avec le plus grand soin, de la réalité de cette dénonciation, convaincu que dans une situation entourée de périls un acte de rigueur était indispensable, il ordonna de mettre à mort les trois conspirateurs. Iousouf se chargea spontanément de faire l'office de bourreau. Le lendemain les Turcs sortirent de la Casbah pour chasser les maraudeurs de la ville afin de s'y établir.

Le capitaine d'Armandy, qu'un coup si inespéré de la fortune venait de rendre maître de la Casbah et de la ville de Bône, était un officier beaucoup trop intelligent pour ne pas comprendre qu'il avait besoin de la prompte arrivée d'un corps de troupes, afin d'assurer à jamais sa conquête; que les Turcs, qui lui avaient servi d'auxiliaires, par crainte de l'armée de Ben-Aïssa, ne pouvaient être des partisans sincères de notre domination. En outre, la conspiration des trois zouaves, si énergiquement et si promptement réprimée, lui fit penser avec raison qu'il y aurait une grande imprudence à compter sur la fidélité des musulmans. Il s'empressa dès lors de faire connaître les faits accomplis au commandant en chef et de réclamer l'envoi de troupes en nombre suffisant, pour en imposer aux Turcs et les maintenir dans le devoir. Le duc de Rovigo fit partir, en toute hâte, un bataillon du 3me de ligne, quelques canonniers et sapeurs du génie, sous les ordres du commandant Duvois. Cet officier donna, à cette occasion, un exemple d'abnégation personnelle qui témoigne hautement de son patriotisme et mérite d'être signalé. Avant le départ de cette petite troupe, le duc de Rovigo, désirant laisser le commandement supérieur de la ville de Bône au capitaine d'Armandy, en raison de sa belle conduite, fit connaître au commandant Duvois son intention à cet égard. Comme il est contraire aux règles de la hiérarchie militaire qu'un officier supérieur en grade puisse, dans des circonstances données, recevoir des ordres d'un inférieur, il lui déclara qu'il le laissait libre de rester à Alger; que, dans cette hypothèse, le plus ancien capitaine prendrait le commandement du bataillon. Le commandant Duvois, qui était plein d'estime pour la valeur connue du capitaine d'Armandy, se soumit sans murmure aux désirs du duc de Rovigo, et, dès son arrivée à Bône, se plaça sous l'autorité du capitaine, dont les procédés pleins de délicatesse produisirent une entente parfaite, qui honore également les deux officiers.

Il faut encore entrer dans quelques détails pour terminer le récit des évènements passés à Bône sous l'administration du duc de Rovigo. Iousouf avait, comme on l'a vu, pris une part active aux démarches du capitaine d'Armandy. Ces démarches avaient eu pour résultat la prise de possession de Bône et de la Casbah. J'ai même raconté, à ce propos, que ses instincts de bête fauve s'étaient traduits par l'offre sauvage de couper trois têtes. Il devait, hélas! donner bien d'autres preuves de son indicible cruauté. Plusieurs jours après notre installation à Bône, quelques traînards, abandonnés sur la route par l'armée de Ben-Aïssa, rentrèrent dans la ville pour y chercher un refuge. Le premier qui se présenta était un nommé Ben-Karouf. Il était accompagné par une famille assez nombreuse. Il fut décapité par ordre de Iousouf. Le 7 mai, des Arabes inconnus étant venus s'emparer, sous les murs de Bône, de quelques bœufs, Iousouf décida que les maraudeurs appartenaient à la tribu de Kharezas. Le même soir, il partit avec les Turcs, s'embusqua pendant la nuit non loin du territoire occupé par la tribu. Le lendemain, au point du jour, il surprit les malheureux Arabes sans défense et massacra impitoyablement tout ce qui lui tomba sous la main, femmes, enfants, vieillards. On apprit bientôt que cette tribu inoffensive était la seule qui, depuis la prise de Bône, approvisionnait notre marché. Mais Iousouf était revenu avec sa troupe chargée de butin. C'était, il faut en convenir, une triste compensation. Il est pénible de constater que, pendant toute la durée de nos luttes africaines, des actes aussi profondément criminels sont toujours restés impunis.

Aussitôt que la nouvelle de l'occupation de Bône parvint en France, le ministère Périer, dans son désir de mettre successivement la main sur les anciennes possessions de la Régence, fit partir le général Monk-d'Uzer, avec un corps de troupes de trois mille hommes. Le choix de ce général, pour commander dans la province de l'Est, était on ne peut plus heureux. Il avait fait partie de l'expédition de 1830 et assisté à tous les combats livrés sous le commandement du général Clauzel. Il avait donc une certaine expérience des affaires algériennes. Il en profita pour se conduire avec sagesse et maturité. Le général Monk-d'Uzer avait compris que, pour attirer les Arabes à nous, il fallait adopter un système pacifique, et l'appliquer sans faiblesse et sans rigueur. Il se montra juste envers les indigènes, mais il n'hésita pas à sévir chaque fois que les circonstances lui parurent commander une sévère répression. Il eut rarement l'occasion de combattre les ennemis extérieurs. Cependant Ibrahim essaya de faire une démonstration contre la place, le 26 décembre, à la tête d'environ quinze cents hommes. Une sortie vigoureuse de nos troupes, dans laquelle Iousouf fit preuve d'un grand courage personnel, mit aisément cette horde de vagabonds en déroute. Il reçut quelques temps après, pour récompense, le grade de chef d'escadrons au 3me chasseurs d'Afrique, dont une ordonnance avait depuis quelques mois prescrit la création.

La politique prudente et loyale du général Monkd'Uzer devait produire les plus heureux effets pour notre domination dans la province de Constantine, car Hadj-Hamet se livrait, depuis quelques temps, contre les indigènes, à des actes de la plus atroce barbarie. Dans les premiers jours de novembre, son agha s'étant avancé jusqu'à Talaha, à sept lieues de Bône, exerça contre les Arabes des cruautés inouïes. Un grand nombre furent égorgés, des femmes et des jeunes filles affreusement mutilées. On leur brisa les mamelles et les genoux. Malheureusement, la garnison de Bône étant, à cette époque, décimée par les maladies, le général ne put, à son grand regret, tirer une prompte et éclatante vengeance de pareilles horreurs.

XX

VUES DU MINISTÈRE PÉRIER A LA SUITE DE LA PRISE DE BÔNE. — ORGANISATION DU BARON PICHON.

La conduite du ministère après la prise de Bône témoignait donc de son dessein manifeste d'asseoir notre domination sur la province entière de Constantine. Divers arrêtés pris par le baron Pichon, l'intendant civil, viennent encore à l'appui de cette opinion.

Le 20 avril 1832, M. Pichon prend deux arrêtés, dans le but certain de compléter l'organisation des 1ᵉʳ et 6 décembre 1831. Le premier de ces arrêtés institue un sous-intendant civil et un juge royal à Bône. Le préambule et les divers articles en sont remarquables :

« Vu la nécessité de pourvoir à Bône, et dans les
« *autres parties de la province de Constantine* occupées
» par l'armée, aux besoins les plus urgents de la justice
» et de l'administration civile :

» Article premier. — Il y aura à Bône un sous-intendant civil, qui aura, sous les ordres de l'intendant, la
» direction et la surveillance des services civils, judi-
» ciaires et financiers, dans *toute l'étendue* de la *pro-
» vince de Constantine*.

» Art. 2. — Il y aura, à cette même résidence et pour la
» même circonscription, un commissaire de police
» chargé de la police générale. »

Enfin, dans un article postérieur, le même arrêté
dispose que jusqu'à ce qu'il soit autrement pourvu à
l'administration de la justice, les fonctions judiciaires
seront exercées à Bône par un juge royal.

Le même jour, par un nouvel arrêté, il organisait le
service des douanes. Ce service était divisé en trois
bureaux principaux, placés à Alger, Bône et Oran. Le
chef de bureau d'Alger, avec le titre de directeur, devait
centraliser tout le service de la Régence. Antérieurement, par un autre arrêté du 17 mars 1832, l'intendant
civil avait organisé la perception des impôts et soumis
cette perception à une comptabilité régulière. Suivant
la disposition de l'article premier, l'administration des
domaines devait prendre le titre d'administration des
domaines et des droits réunis. Elle devait faire les fonctions de caisse des dépôts et consignations.

Ses attributions principales consistaient, suivant les
termes de l'article 5, à recevoir, à l'exclusion de toutes
autres caisses, les versements de tous redevables, pour
paiement de tous droits et revenus. En conséquence,

l'article décidait que tous les redevables à quelque titre que ce soit, pour contributions, fermages, ou toute autre cause, ne seraient libérés que par les récépissés du caissier de la dite administration.

Enfin, l'arrêté, dans l'article 6 et dernier, portait que les versements, qui seraient faits à quelque titre que ce fût, dans la caisse du trésorier-payeur de l'armée, n'auraient lieu que sur bordereaux visés et autorisés par l'intendant civil, les dits bordereaux dressés en la forme et aux époques par lui déterminées.

En outre, il songea, quelque temps après, à organiser le crédit foncier, dans toute l'étendue de la Régence.

Il pensait avec raison que c'était un moyen sûr de prévenir les écarts beaucoup trop considérables du prêt à jour qui, opéré jusque-là sans aucune espèce de garantie, avait donné lieu à des stipulations d'intérêt à un taux exorbitant. Ce fut l'objet de l'arrêté fameux du 28 mai 1832. Je crois devoir rappeler le considérant et quelques articles principaux, pour faire apprécier l'intelligence pratique et la haute moralité de l'auteur :

« Considérant qu'il s'est fait depuis l'occupation et
» se fait encore dans la Régence, notamment dans la
» province d'Alger, de nombreuses transactions sur im-
» meubles, soit pour aliénations, soit pour prêts hypo-
» técaires, et que l'absence de toute disposition, pour
» conserver et publier les hypothèques, jette dans ces
» transactions une insécurité à laquelle il est urgent de
» pourvoir :

» Article premier. — En attendant l'établissement d'une
» conservation des hypothèques dans la Régence, les
» hypothèques seront conservées de la manière sui-
» vante, savoir : pour la province d'Alger, par des regis-
» tres tenus à cet effet au greffe de la cour de justice
» et, pour les provinces de Constantine et d'Oran, par de
» semblables registres tenus aux greffes des tribunaux
» d'Oran et de Bône. »

L'arrêté soumettait ensuite tous les prêts hypothécaires à la formalité de l'inscription. Les transmissions d'immeubles, les baux excédant neuf années, devaient être transcrits. Les actes d'aliénation devaient en outre être publiés à Alger dans le *Moniteur algérien*, et, dans les deux autres provinces, affichés à la porte des tribunaux. D'après l'article 10, ces dispositions n'étaient point applicables aux transactions sur immeubles entre musulmans et entre musulmans et israélites, ainsi qu'entre israélites. Elles continuaient à être régies par le droit antérieur. Il était impossible, en 1832, de soumettre les indigènes à remplir, dans les transactions intervenues entre eux, des formalités qui leur étaient inconnues.

Je dois encore faire connaître qu'une ordonnance du 19 décembre 1838 avait organisé le culte catholique. Un ecclésiastique, nommé Collin, avait reçu le titre de préfet apostolique. Il devait, en cette qualité, prendre la direction d'un petit nombre de prêtres préposés pour le service religieux.

Ainsi, tous les services civils avaient reçu une organisation complète : Cultes, impôts, douane, justice, finances, police, rien n'avait échappé à l'attention de l'intendant civil. Il faut même constater que cette organisation, bien qu'un peu rudimentaire, suffisait largement aux besoins de l'époque. Une société, pas plus que les lois nécessaires pour régler les rapports de ses membres, ne se forme tout d'une pièce. Des modifications successives s'opèrent toujours avec les progrès accomplis. Il eût été fort désirable pour le développement de l'Algérie et dans l'intérêt de la France, que M. le baron Pichon fût resté longtemps encore à la tête des services, dont il venait de compléter l'organisation. La mort de Casimir Périer, si fâcheuse pour la colonie, bien plus que ses dissidences avec le commandant en chef du corps d'occupation, amena la chute de ce haut fonctionnaire. L'ordonnance du 12 mai, ainsi que je l'ai raconté plus haut, vint rapporter celle du 1er décembre et placer l'intendant, et par suite les services civils, sous les ordres du général en chef. Par une autre ordonnance du même jour, M. Genty de Bussy fut nommé intendant. Il ne faut pas croire cependant que l'organisation de 1831 fut tout à fait anéantie. La distinction entre les services civils et l'administration militaire continua de subsister. M. Genty de Bussy, bien que simple fonctionnaire et placé par la nouvelle ordonnance sous les ordres du duc de Rovigo, sut, en simulant les dehors d'une entière soumission et par une habileté incontestable, conquérir en réalité une indépendance absolue. Il prit à son tour une foule d'arrêtés·

Nous les examinerons sommairement en décrivant la situation de l'Algérie, lorsque le successeur du duc de Rovigo, le général Voirol viendra prendre possession de son commandement.

XXI

AMBASSADE DU DÉSERT. — LES PRÉTENDUS AMBASSADEURS SONT PILLÉS A LEUR RETOUR. — MASSACRE DE LA TRIBU DES EL-OUFFIA. — ASSASSINAT JURIDIQUE DU CAÏD RABIA.

Mais il est temps de revenir sur nos pas, afin de continuer le récit des divers actes de l'administration du duc de Rovigo. Si, dans les différentes phases de la contribution forcée des 4,500 quintaux de laine, sa conduite avait été arbitraire et illégale; s'il avait fait preuve d'une brutalité sans exemple, envers les Maures d'Alger, il faut ajouter encore que ses procédés en général, envers les Arabes de l'extérieur, même envers ceux des grandes tentes, étaient presque toujours empreints d'une violence blessante. Il fut même sans ménagements pour notre agha Mahieddin-Embarek qui nous rendait de si utiles services.

Cette manière d'agir imprudente, impolitique même si l'on veut, mérite à peine d'être mentionnée, en présence des crimes abominables dont il se rendit bientôt coupable. Un cheikh des confins du Sahara, ennemi personnel du bey Hadj-Hamet, dont il convoitait le pouvoir, envoya au duc de Rovigo une députation, afin de l'engager à faire une expédition pour s'emparer de Constantine. Il lui promettait le concours des nombreuses tribus rangées sous son autorité. D'aucuns ont prétendu que cette ambassade n'était qu'une mystification. Dans tous les cas, au dire de plusieurs Maures dignes de foi, les soi-disant ambassadeurs n'étaient que des aventuriers et des imposteurs. L'agha, qui les avait reçus à Coléah à leur passage, les avait signalés comme tels, et le général en chef ne put être leur dupe qu'avec un extrême bon vouloir. Un auteur grave affirme même que cette intrigue, mystérieuse en tout point, avait été ourdie à Alger par une coterie de chrétiens et de juifs. Quoi qu'il en soit, ces prétendus ambassadeurs, que M. de Rovigo avait pris au sérieux, n'obtinrent qu'une réponse évasive. Mais ils partirent comblés de présents. A quelques lieues d'Alger, ils furent dépouillés par des maraudeurs, sur le territoire de la petite tribu des El-Ouffia, qui campait près de la Maison-Carrée, sous notre protection.

A cette nouvelle, le général en chef, en proie à une

colère violente, ne songea même pas à s'enquérir des circonstances qui avaient accompagné cet attentat. Il prit une détermination suprême sans connaître les coupables, au risque de ne frapper que des innocents. Par ses ordres, un corps de troupes du 1ᵉʳ chasseurs d'Afrique et du 3ᵐᵉ bataillon de la légion étrangère, commandé par le général Faudoas, ayant sous ses ordres le colonel Schauenbourg, les chefs d'escadrons Marey et Gadrat et le chef de bataillon Salomon de Musis, sortit d'Alger pendant la nuit du 6 avril 1832, surprit au point du jour la tribu endormie sous la tente et égorgea tous les malheureux El-Ouffias, sans qu'un seul cherchât même à se défendre. Ce qui est bien plus infâme encore et dont la responsabilité ne saurait être entièrement limitée à la personne du général en chef, c'est que les féroces exécuteurs de cet ordre barbare ne firent aucune distinction d'âge ni de sexe. Femmes, vieillards, enfants, tout fut impitoyablement massacré. Au retour de cette honteuse expédition, nos cavaliers portaient des têtes au bout de leurs lances. Et, horreur! M. Pellissier raconte, dans ses Annales algériennes, que l'une d'elles servit à un horrible festin.

Tout le bétail enlevé fut vendu à l'agent consulaire du Danemark, M. Cartestin. Le reste du butin fut exposé au marché de la porte Bab-Azoun. On y voyait des bracelets de femme qui entouraient encore des poignets coupés, et des boucles d'oreilles pendant à des lambeaux de chair. Le produit des ventes fut partagé entre les égorgeurs. Dans un ordre du jour du 8 avril, qui atteignit les dernières limites de l'infamie, le général en chef eut l'impudence de féliciter les troupes de l'ardeur et de l'intelligence qu'elles avaient déployées et de leur donner un témoignage public de sa haute satisfaction. Le soir de cette journée à jamais néfaste, la police ordonna aux Maures d'Alger d'illuminer leurs boutiques en signe de réjouissance, et à la même heure et par les mêmes ordres, l'intendant civil, qui avait le tort grave, aux yeux du général en chef, d'improuver cet indigne massacre, fut contraint de subir une sérénade mauresque dans la cour de sa maison. On aurait de la peine à ajouter foi à de pareilles turpitudes, si leur existence n'était fondée sur des preuves indiscutables.

Pour comble d'iniquités, le malheureux cheik des El-Ouffia n'avait échappé à cette rage d'extermination que pour tomber victime d'un assassinat juridique, peut-être plus odieux encore. Malgré les généreux efforts de l'intendant civil pour le sauver, il fut traduit devant un conseil de guerre, condamné à mort et exécuté, bien qu'on eût déjà acquis la certitude que les El-Ouffias étaient innocents de l'attentat commis contre les prétendus ambassadeurs du désert. Mais on ne pouvait acquitter le chef sans décider implicitement que la tribu si terriblement châtiée n'avait pris aucune part au crime, et imprimer un stigmate indélébile sur le front du duc de Rovigo.

La tête du cheik Rabia-ben-Sidi-Grahnem, roulant, le 10 avril 1832, devant la porte Bab-Azoun, ne fut donc qu'un holocauste offert par quelques séides, pour conserver intact l'honneur du général en chef. L'aveu en fut fait par un des membres du conseil de guerre, en présence du capitaine d'état-major Pellissier et de plusieurs autres militaires qui en furent indignés.

Je ne saurais trop insister pour faire ressortir l'ignoble conduite du duc de Rovigo dans toute cette affaire.

« On était à peu près sûr, dit M. l'intendant Pichon, que les députés du désert seraient arrêtés dans la plaine à leur retour. Le duc m'en avait parlé dans ce sens, le 5 avril, jour du départ. Il m'avait encore entretenu d'avance des mesures qu'il prendrait, si cela arrivait. Elles étaient bien différentes de celles qui ont été prises : il ne s'agissait que de faire arrêter tous les Arabes qu'on trouverait au marché, jusqu'à la restitution des objets volés. J'allais sortir de bon matin, le 6, lorsque le capitaine Leblanc, attaché à l'état-major, arrivant fort inquiet, vint me dire : Ce que le général avait prévu est arrivé. Avec cette prévision, n'aurait-on pu faire escorter les députés par les cavaliers de notre agha ? Les voleurs, on l'a su avant l'exécution du cheik des El-Ouffias, appartenaient à la tribu des Krachenas, voisine du petit Atlas ; le cheik avait renvoyé tous les effets, avec une lettre qui demandait au duc de Rovigo la libération du malheureux Rabia. — « Vous avez massacré des innocents, lui écrivait-il, des gens qui vivaient sous votre protection ; c'est tout ce que nous pouvons désirer, cela apprendra à ne pas aller s'y mettre. Mais si vous continuez, vous n'aurez aucun approvisionnement de l'intérieur du pays. Nous savons que vous pouvez en recevoir de France, cela vous est égal. Nous plaignons seulement nos compatriotes qui sont avec vous. »

Si le duc de Rovigo n'eût pas été inaccessible à tout sentiment d'humanité, cette lettre eût sauvé le cheik des El-Oufflas. Mais le général en chef demeura impassible, et malgré les preuves incontestables de l'innocence de l'infortuné Rabia, il n'en persista pas moins dans la résolution de le faire traduire devant un conseil de guerre. Il continuait ainsi l'assassinat commis à l'aide de la force des armes, par un moyen tout aussi coupable, l'abus illégal des formes judiciaires. Car le conseil de guerre était souverainement incompétent. Voici quel était l'état de la législation à cette époque.

Par un arrêté du 15 octobre 1830, le général Clauzel avait fixé les cas dans lesquels les conseils de guerre devaient connaître des crimes commis par des indigènes. Il est nécessaire, pour déterminer l'étendue de leur juridiction, de rappeler les considérants de cet arrêté et son premier article :

« Considérant qu'il importe à la sûreté et à la tranquillité de l'armée, de statuer sur les cas où il serait porté atteinte aux personnes ou aux propriétés des Français, par des habitants du pays. »

Le général Clauzel, comme on le voit par les termes

de ce considérant, n'avait donc qu'un but, réprimer les attentats commis sur la personne et les biens des Français. Le moyen qu'il emploie pour y parvenir est exprimé dans l'article qui suit le considérant :

« Article premier. — Les conseils de guerre connaîtront des délits et crimes commis par les habitants du pays, dans toute l'étendue du royaume d'Alger, sur les personnes ou la propriété des Français ou des auxiliaires à la solde de la France. »

Or, d'après les termes précis de cet article, les indigènes ne devenaient justiciables des conseils de guerre, en matière de crimes ou de délits, que dans une hypothèse unique, lorsque ces crimes ou ces délits avaient été commis au préjudice des Français ou des auxiliaires à la solde de la France. Mais comme les prétendus députés du désert n'étaient ni des Français, ni des auxiliaires à la solde de la France, les crimes commis à leur encontre ne pouvaient donc être déférés à cette juridiction.

Cette situation légale avait encore été maintenue par l'arrêté organique du 24 du même mois. L'article 1er de cet arrêté attribuait juridiction aux cadis maures dans toutes les causes criminelles entre musulmans. Il n'y avait qu'une seule exception à cette attribution générale, celle portée dans l'arrêté précédent du 15 octobre, qui attribue aux conseils de guerre la connaissance des crimes et des délits commis par les habitants du pays sur la personne et la propriété des Français. C'était bien là, en effet, l'état de la législation, et M. de Rovigo l'ignorait si peu, que dans un arrêté du 16 août 1832, relatif à l'institution d'une cour criminelle, qui porte sa signature, il écrit, à l'article 6, que les affaires correctionnelles et criminelles entre musulmans *continueront à être jugées par le cadi maure*. C'était donc le cadi maure qui devait juger Rabia.

Il est superflu de faire remarquer qu'en présence d'une condamnation infaillible et pour ainsi dire concertée à l'avance, la défense de l'accusé ne pouvait être sérieuse. On ne prit même pas la peine de sauver les apparences. Je lis à ce sujet, dans un auteur dont le témoignage ne saurait être suspect, que le chef Rabia fut assisté au procès par un défenseur tellement décrié, qu'il avait été exclu de tous les tribunaux civils.

Il ignorait d'ailleurs la langue arabe et toute la procédure avait été faite en français et avec une telle précipitation, qu'il était impossible que l'accusé eût eu le temps moral nécessaire pour répondre aux charges relevées contre lui.

Ce n'est pas tout encore ; après le meurtre, il faut signaler le vol. Car il est extrêmement rare que l'assassinat ne soit pas procédé ou suivi de la soustraction des biens qui ont appartenu aux victimes.

Nous avons déjà dit que les soldats avaient emporté un butin considérable, et le duc de Rovigo avait déclaré, dans un ordre du jour du 8 avril, que la vente des bestiaux aurait lieu aux enchères. Toutefois, il faut croire qu'il eut d'excellentes raisons pour changer d'avis. Ils furent vendus à l'amiable, à l'agent consulaire du Danemark, à un prix véritablement dérisoire. 2,000 moutons furent payés cinq francs par tête, 700 bœufs vingt francs et 30 chameaux cent francs. Il fut même établi qu'une grande partie de ce bétail appartenait à des tiers. En effet, quelques jours après la vente, plusieurs Arabes se présentèrent chez l'intendant civil, pour réclamer des têtes de gros et de menu bétail, qu'ils avaient confiées aux El-Oufflas qui n'en étaient que les gardiens. Nous ne sommes, disaient-ils, ni des voleurs, ni des conspirateurs contre le roi de France. Pourquoi nous prendrait-il nos biens ? L'intendant civil ne put que répondre que c'était une affaire militaire qui ne regardait que le général. Les Arabes s'étaient déjà adressés à lui sans succès.

XXII

INSURRECTION GÉNÉRALE DES ARABES. — EXPÉDITIONS DES GÉNÉRAUX FAUDOAS ET BROSSARD. DEUX CAÏDS EXÉCUTÉS AU MÉPRIS D'UN SAUF-CONDUIT.

Cependant, la fin tragique des El-Ouffias et l'infâme exécution de Rabia, dont l'innocence était notoire, avaient produit une vive agitation parmi les indigènes. Il était certain qu'à la première occasion ils recommenceraient les hostilités. Au mois de mai suivant, une reconnaissance de 30 hommes de la légion étrangère fut surprise par un groupe d'Arabes, à une lieue de la Maison-Carrée. Ces hommes furent égorgés sans commisération. Notre agha Mahi-Eddin, que n'avaient pu détacher de notre parti les procédés blessants du général en chef, fit cette fois cause commune avec les Arabes, exaspérés par ces actes de folie sanguinaire. Une colonne de 1,500 hommes partie sur une frégate, un brick et un bateau à vapeur, pour l'embouchure de l'Isser, n'osa débarquer. On eût dit vraiment que tant d'affreux massacres de pauvres êtres sans défense avaient ôté toute énergie à nos soldats.

Un soulèvement général se préparait. Il éclata vers le mois de septembre. Le marabout Sidi-Saadi, un des instigateurs de l'insurrection de 1831, prêchait partout la guerre sainte. La Mitidja fut bientôt couverte d'ennemis. Enfin, le 28 septembre, le duc de Rovigo se décida à combattre. Il établit son quartier général à Birkadem et de là fit partir de nuit, le 2 octobre, deux colonnes. L'une, conduite par le général Faudoas, devait se diriger vers Souk-Ali, à l'est de Boufarik. L'autre, sous les ordres du général Brossard, devait gagner Coléah.

Les Arabes étaient sur leurs gardes, et connaissaient tous les mouvements de nos troupes. La colonne Faudoas tomba au milieu d'eux et au premier choc fut mise en déroute. Elle eût probablement été détruite, sans l'incomparable énergie du commandant Duvivier, qui, à l'aide de ses zouaves, rétablit le combat. Les officiers de cavalerie, électrisés par son exemple, chargèrent avec vigueur. Les chasseurs d'Afrique, ramenés au combat, reprirent l'offensive. Au point du jour, nous étions maîtres du champ de bataille. Après avoir refoulé les Arabes, le général Faudoas ramena sa colonne à Alger. Quant au général Brossard, il était entré à Coléah sans obstacle. Il avait pour mission de s'emparer de l'agha Mahi-Eddin. Ne l'ayant pas trouvé, il fit arrêter deux marabouts de sa famille, qui furent écroués dans les prisons d'Alger, sans motif. Le général Voirol les fit mettre en liberté pendant son administration. La défaite des Arabes à Boufarik fit cesser momentanément les hostilités. Ben-Zamoun, le belliqueux chef des Kabyles de Bougie, ne pouvant ranimer leur courage, se retira dans ses possessions chez les Flissa, déterminé à ne prendre désormais aucune part à la guerre.

Le duc de Rovigo, grisé par ce facile succès, s'abandonna à tous ses mauvais penchants. Les contributions forcées marchèrent grand train. Il se donna le ridicule d'imposer les villes de Blidah et de Coléah, qui n'étaient que deux pauvres bourgades, presque entièrement dépeuplées, à la somme énorme de 1,100,000 francs. Il ne fut recouvré, sur le montant de la contribution, que 10,000 francs payés par la famille M'barek de Coléah et 1,400 francs remis plus tard au général Voirol par le hakem de Blidah. Peu de temps après, un indigène, doué d'un esprit d'intrigue peu commun, et qui, grâce à ses dehors humbles et soumis, avait su capter la bienveillance du duc de Rovigo, vint le trouver pour se plaindre de prétendus dangers qu'il avait courus dans la ville de Blidah. Mais il n'avait d'autre but que de tirer vengeance de ses habitants qui avaient refusé de le nommer hakem. Le général en chef, qui ne cherchait que des prétextes pour faire des *saignées*, afin d'employer une de ses expressions, s'empressa de faire partir le général Faudoas avec des troupes contre cette ville. Elle fut saccagée le 21 novembre. Fort heureusement, les indigènes avaient fui à notre approche, emportant avec eux les objets les plus précieux. Le surlendemain, nos soldats rentrèrent à Alger avec quelques guenilles abandonnées par les fuyards.

Ce n'était partout que massacres et pillages. Ainsi, le 22 du même mois, le général Trezel, chef de l'état-major de l'armée, s'étant porté sur Sidi-el-Kebir, beau village, situé dans une gorge de l'Atlas, à une demi-lieue derrière Blidah, fit main basse sur tous les biens, malgré les prières et les larmes de ses habitants inoffensifs. Les vieillards, les femmes et les enfants, qui s'étaient réfugiés dans le sanctuaire d'un marabout, à l'approche des Français, furent tous passés au fil de l'épée.

Quand on réfléchit à tout ce sang versé, froidement et sans nécessité, par les ordres ou d'après les instructions du duc de Rovigo, on est vraiment tenté de croire qu'une divinité inexorable avait choisi cette nature si profondément perverse pour en faire un agent fatal de l'œuvre de destruction qui précède toute grande rénovation sociale.

Le récit de tous ces méfaits m'impressionne à tel point, malgré le long temps écoulé, que j'oubliais de raconter le meurtre de deux pauvres caïds, à la suite d'un manque de foi indigne, qui suffirait à lui seul pour déshonorer l'administration du duc de Rovigo. Deux caïds de la plaine, El-Arbi-ben-Moussa et Messaoud-ben-Abd-el-Oued, lui avaient été signalés par sa haute police, comme ennemis secrets de la France. Il résolut de les faire venir à Alger, et, par une lettre du 8 octobre, il écrivit au hakem de Blidah, de les adjoindre à une députation qui lui était annoncée. Ces deux Arabes, en proie à de sinistres pressentiments, ne consentirent à se rendre à Alger que sur la foi d'un sauf-conduit qui leur fut adressé. Le caïd des Krachenas, leur ami et notre allié, les conduisit lui-même, répondant, en quelque sorte, de leurs têtes sur la sienne. A leur arrivée, ils furent saisis par des gendarmes, mis en prison, jugés et décapités au mois de février 1833. Cet assassinat juridique de deux chefs auxquels un sauf-conduit, respecté chez tous les peuples civilisés, conférait le caractère inviolable de parlementaires, fut le dernier acte de l'administration du duc de Rovigo. Mais avant de clore ce que j'avais à dire à cet égard, il importe de faire connaître avec quelle facilité cet homme, dont je n'ai jusqu'ici raconté que les violences sans nom, se laissait duper par les plus grossières intrigues. J'indiquerai, par la même occasion, les causes qui amenèrent le retrait de son commandement.

XXIII

EXIL EN FRANCE DE PLUSIEURS MAURES. — HAMDAM-BEN-KODJIA OBTIENT D'ALLER A CONSTANTINE, SOUS PRÉTEXTE DE TRAITER AVEC HADJ-HAMET. — LETTRE DE IOUSOUF RELATIVE A CETTE MISSION.

Les rapports de sa police, auxquels le duc de Rovigo ajoutait toujours foi sans examen, lui avaient signalé un fait qui, s'il eût été exact, n'aurait pas manqué d'une certaine gravité. Les Maures d'Alger, disait-on, répandaient le bruit parmi les Arabes que la France allait abandonner sa conquête, et substituer à l'ancienne domination des Turcs un gouvernement dont les chefs seraient choisis parmi les indigènes. Au lieu d'agir avec circonspection et prendre des renseignements nouveaux pour contrôler l'exactitude de ce rapport, il prit sur-le-champ la résolution de déporter en France plusieurs notables habitants. Ils ne se doutaient guère de l'imputation dont ils étaient l'objet, cause unique de leur disgrâce.

Parmi eux se trouvait un certain Hamdam-ben-Kodjia, qui avait imaginé, pour échapper au sort réservé à ses compatriotes, et aussi dans le but d'aller régler quelques affaires particulières, de se faire envoyer à Constantine, sous prétexte d'amener Hadj-Hamet à reconnaitre la souveraineté de la France. Il est probable que cette mission beaucoup trop donnée à la légère, et sans résultat possible, ne tarda pas à transpirer. Iousouf, qui était alors chef d'escadrons au 3me chasseurs d'Afrique à Bône, la prit au sérieux et essaya, à l'aide de manœuvres coupables, de la faire échouer. Il paraît que ce personnage caressait déjà le projet de se faire nommer bey de Constantine, car il est certain qu'il était en rapport secret avec plusieurs habitants de Constantine. Un traité avec Hadj-Hamet eût été la ruine de ses espérances. Une de ses lettres, adressée à Sidi-Iacoub, qui tomba plus tard dans les mains du duc de Rovigo, portait ce qui suit :

« J'ai reçu votre lettre par laquelle vous m'informez
» du retour d'El-Hadj-Hamet à son quartier général, ainsi
» que l'arrivée de Sidi-Hamdam-ben-Kodjia, pour traiter
» de la paix entre les Français et le bey. Ne croyez rien
» de cela, ni de tout ce que pourra vous dire le bey.
» Mais apprenez de moi la vérité : coûte que coûte, les
» Français iront à Constantine et prendront la ville. »

Le duc de Rovigo fut encore, dans cette circonstance, dupe de la perfidie de Hamdam, qui, pour se disculper du prétendu échec de sa mission, lui avait remis cette lettre de Iousouf. Elle avait, disait-il, empêché le succès de sa négociation avec le bey de Constantine. Le duc de Rovigo en conçut une grande irritation contre Iousouf. Il écrivit, le 5 décembre, au général commandant à Bône :

« Je joins ici la copie d'une lettre de Iousouf, dont je
» garde l'original. Il paraît qu'elle n'a été communiquée
» à Hamet qu'après que Hamdam eut quitté Constantine
» pour se rendre à Bône, où Hamet-Bey la lui a envoyée
» comme témoignage des motifs de son changement de
» disposition. Cette lettre de Iousouf, qui serait crimi-
» nelle s'il y avait intention, je ne veux la considérer
» que comme l'œuvre d'un brouillon ambitieux, qui veut
» à tout prix forcer l'expédition de Constantine, pour
» avoir sa part du pillage. Si cet homme n'est pas un sot,
» ce que je crois, c'est l'homme le plus dangereux que
» nous puissions avoir parmi nous. Je place sa conduite
» sous votre responsabilité, et dussiez-vous le faire
» fusiller à la première faute, je vous approuverais.
» Vous voyez qu'il y a là-dessous une intrigue dégoû-
» tante, et que cette intrigue a fait manquer les opéra-
» rations commencées. Je ne reviens pas de l'audace de
» ce mameluk, qui se place entre nos ennemis et moi. »

J'ai tenu essentiellement à reproduire le contenu de ces deux lettres, afin de démontrer combien il était facile de se jouer de la crédulité du duc de Rovigo, et pour ne pas laisser tomber dans l'oubli une nouvelle intrigue de Iousouf, que j'aurai l'occasion de rappeler, lors de la première expédition de Constantine.

Cependant, les Algériens déportés, et quelques personnes redoutant le même sort, s'étaient rendus à Paris. On y vit à la fois Ben-Omar, notre bey fugitif de Médéah, l'ancien agha Hamdam, Ben-Mustapha-Pacha, et l'ex-banqueroutier de Marseille, Bouderbah. Tous ces individus furent très bien accueillis par les ministres qui ignoraient leurs tristes antécédents. On crut voir dans ces natures dégradées, qui n'étaient propres qu'à l'intrigue, les représentants de la nationalité arabe. Ils devinrent objets de mode. Les deux premiers reçurent la croix de la Légion d'honneur. On les invitait dans le grand monde. On appelait Ben-Omar, Monsieur le Bey, et Ben-Hamdam, Monsieur l'Agha, et l'on croyait posséder dans la personne de ces deux pusillanimes marchands de poivre les plus valeureux des descendants d'Ismaël. Ce fut une véritable mystification, que je devais faire connaître, afin d'établir dans quelle profonde ignorance était alors le pouvoir central des choses de l'Algérie. La direction en avait été abandonnée, sans le moindre contrôle, au commandant en chef du corps d'occupation. Le gouvernement militaire avait pu dès lors s'épanouir en toute liberté, d'où la conséquence que, relativement aux faits accomplis, il n'est que juste de lui en attribuer le mérite et l'honneur.

Quoi qu'il en soit, les Algériens profitèrent du bon accueil qui leur était fait par le gouvernement pour dénoncer la conduite insensée et coupable du duc de Rovigo. Leur présence à Paris était une preuve manifeste de la violence et de l'illégalité de ses actes. Le rappel du général fut résolu.

XXIV

ÉVÈNEMENTS DE LA PROVINCE D'ORAN. — HADJ-ABD-EL-KADER, SON ORIGINE, SA VIE. — IL EST PROCLAMÉ ÉMIR A MASCARA. — TENTATIVES DES ARABES CONTRE ORAN

Pendant que les évènements que je viens de décrire se passaient à Alger, la province d'Oran avait vu apparaître sur la scène politique un marabout inconnu qui, grâce aux irrésolutions du gouvernement français et aux fautes graves de quelques généraux incapables ou félons, allait bientôt devenir un personnage.

Il existait aux environs de Mascara, dans la grande

tribu des Hehems, une antique famille de marabouts, qui faisait remonter son origine jusqu'aux premiers kalifes, descendants de Fatma, l'une des filles de Mahomet. Le vieux Mahi-ed-Din, qui en était le chef, était vénéré comme un saint. Une vie austère, principalement consacrée aux soins domestiques et au devoir du culte musulman, lui avait donné une influence considérable. A l'exemple des castes sacerdotales de tous les pays, il s'était tenu un peu à l'écart de la foule, ne se mêlant aux gens de sa tribu que pour applanir les difficultés qui les divisaient. Les lectures continuelles du Coran, l'exercice un peu trop fréquent des pratiques religieuses, et par dessus tout le souvenir incessant des succès prodigieux des premiers sectateurs de Mahomet, l'avaient rendu partisan fanatique de la nationalité arabe, et en auraient fait un factieux sous l'empire des Turcs, si le sentiment de sa faiblesse n'était venu comprimer ses ardentes aspirations. Dans l'impérieuse nécessité d'ajourner ses desseins, Mahi-ed-Din avait reporté ses patriotiques espérances sur la tête de son second fils, Abd-el-Kader, qui, dès l'enfance, avait donné des preuves non équivoques d'un génie précoce, et qui, suivant des prédictions réelles ou supposées, devait relever les Arabes de leur déchéance séculaire et étendre au loin leur domination.

Abd-el-Kader naquit vers 1806. A l'âge de huit ans, il fit avec son père un premier voyage à la Mecque. Au retour, Mahi-ed-Din ayant répandu imprudemment le récit de prétendues révélations sur la gloire future de son fils, le bey d'Oran les fit arrêter. Ils n'échappèrent à la mort que grâce aux sollicitations d'amis puissants, qui n'obtinrent à prix d'or leur liberté, qu'à la condition d'un exil immédiat. Les deux proscrits retournèrent à la Mecque, et ne revinrent d'Orient qu'en 1828. A son retour, Abd-el-Kader vécut dans la retraite avec une grande austérité. Des mœurs simples, l'accomplissement des devoirs religieux sans ostentation, une conduite prudente et mesurée, contraste frappant avec la frivolité de la jeunesse, enfin une intelligence supérieure, lui valurent l'admiration des Hachems et une prépondérance sans égale. A la chute de l'empire turc, les dissensions intestines des principaux chefs de la province, l'absence de toute autorité effective, ayant fait penser que le moment de le mettre en évidence était devenu opportun, Mahi-ed-Din raconta aux Arabes que, pendant son dernier voyage, il avait visité à Bagdad un vieux fakir qui lui avait donné trois pommes en lui disant : La première est pour toi, la seconde est pour ton fils aîné que voici, et la troisième est pour le sultan. Quel est ce sultan? aurait demandé Mahi-ed-Din. C'est l'enfant que tu as laissé à la maison, reprit le fakir. Cet enfant était le second fils du marabout, Abd-el-Kader. Lorsqu'il eut ainsi, à l'aide de récits merveilleux, dont il connaissait la puissance sur l'imagination naïve et crédule des Arabes, préparé les esprits à l'élévation prochaine de son fils, Mahi-ed-Din manda à Mascara un marabout étranger qui vint révéler aux habitants que l'ange Gabriel lui était apparu et l'envoyait annoncer que, par la volonté de Dieu, Abd-el-Kader devait régner sur les Arabes. A cette révélation inattendue, l'enthousiasme éclata de toutes parts. Abd-el-Kader fut proclamé émir.

Le nouvel émir était un esprit délié, fin, artificieux, fécond en ressources, habile à profiter des fautes et des faiblesses de ses adversaires. Il avait surtout appris à manier avec art l'arme terrible du fanatisme religieux qui devait attacher tant de partisans à sa fortune. Mais bien qu'intrépide cavalier et d'un courage personnel à toute épreuve, il était entièrement dépourvu des qualités qui distinguent les grands capitaines. Ainsi il n'avait point, malgré sa jeunesse, l'ardeur guerrière de Mustapha-ben-Ismaël, qui, parvenu à l'âge de soixante-dix ans, se plaçait résolument, à l'heure des combats, à la tête du goum, et, se dressant sur ses étriers, le fusil haut et le burnous au vent, se précipitait sur les ennemis déconcertés et à demi-vaincus par l'impétuosité de l'attaque. En outre, il n'avait pas la moindre idée de ces combinaisons stratégiques, qui, employées au moment décisif par un général expérimenté, décident souvent de la victoire. Il faut même ajouter que les habitudes sédentaires de la vie contemplative l'avaient rendu peu propre à l'action du champ de bataille. Bien que dans quelques circonstances il ait poussé en personne les masses confuses de ses Arabes contre nos bataillons, il était beaucoup mieux dans son rôle lorsque, nouveau Moïse, il se tenait debout sur la montagne, les mains levées vers le ciel pour implorer l'assistance du Très-

Haut, pendant qu'il laissait à Josué le soin de combattre les ennemis.

Dès lors, on s'étonnera peut-être qu'Abd-el-Kader, ayant, en maintes occasions, éprouvé l'immense supériorité de nos armes, ne se soit pas efforcé, par tous les moyens en son pouvoir, de maintenir les malencontreux traités qui lui assuraient, à notre détriment, la souveraineté sur la majeure partie des possessions de la Régence. Cependant, si l'on réfléchit aux impressions de sa vie entière, à son enfance bercée aux chants des légendes mystiques qui célébraient la grandeur de sa race; dans un âge plus avancé, aux leçons paternelles; enfin à ses pérégrinations en Orient si plein du triomphe de ses aïeux, on ne sera plus étonné de sa foi si vive en la vigueur éternelle de la nationalité arabe, et qu'il ait formé le projet d'en réunir les lambeaux épars en Algérie, pour leur redonner du ressort.

Avec une éducation moins exclusive, l'émir aurait aisément compris que la célèbre bataille de Poitiers, gagnée par les rudes guerriers d'Austrasie, sous la conduite de Charles-Martel, avait été fatale pour la nationalité arabe, que depuis cette époque elle n'avait fait que déchoir; qu'enfin trois siècles du plus affreux despotisme, sous l'empire des Turcs, avaient rendu la décadence complète et définitive. Essayer dans ces conditions de relever les Arabes, c'était tenter l'impossible, et, après des flots de sang inutilement versés, Abd-el-Kader allait attirer un surcroît de ruine et de misère sur les indigènes de l'Algérie, si tristement victimes de leur aveugle superstition.

Le 3 mai 1832, plusieurs milliers d'Arabes voulurent inaugurer l'élection de l'émir par une attaque contre la ville d'Oran. L'artillerie du Château-Neuf les ayant repoussés, ils quittèrent ce point d'attaque pour s'attacher au fort Saint-Philippe. Mais, n'ayant pas été plus heureux que la première fois, ils battirent en retraite vers le soir. Le 4, trois cents cavaliers arabes se montrèrent en éclaireurs dans la direction d'Arzew, Mascara et Tlemcen. Au-delà des lacs, on voyait se mouvoir de grandes masses. A deux heures, ces masses attaquèrent le fort Saint-Philippe, par les hauteurs du village de Raz-el-Aïn. Quinze cents Arabes se jetèrent résolument dans les fossés pour tenter l'escalade. Nos soldats répondirent par une vive fusillade à une grêle de projectiles lancés sur eux par des frondeurs ennemis. Le combat dura jusqu'à la nuit. Nos pertes furent insignifiantes, trois morts et onze blessés. Le 5 mai, un corps de troupes françaises sortit de la place par ordre du général Boyer et alla brûler Raz-el-Aïn qui protégeait les embuscades des arabes. A deux heures, comme la veille, des cavaliers vinrent tirer contre les remparts. Le 6, trente-deux tribus, formant une douzaine de mille hommes, établirent leurs tentes en face d'Oran ; mais tout se borna à des escarmouches contre le fort Saint-Philippe, que son mauvais état rendait plus accessible. Le 8, les Arabes profitèrent d'un brouillard très épais pour tenter l'assaut. Le feu dura jusqu'au soir sans résultat. Puis, découragés par leur insuccès et d'ailleurs les vivres étant venus à manquer, les contingents ennemis reprirent le 9, au lever du soleil, le chemin de leurs montagnes. Mahi-ed-Din et Abd-el-Kader assistaient à ces petits combats. Plus d'une fois le jeune émir, pour encourager les Arabes qu'effrayait notre artillerie, lança son cheval contre les obus et les boulets qu'il voyait ricocher, et il saluait de ses plaisanteries les balles qui sifflaient à ses oreilles. Malgré le courage dont il donnait ainsi des preuves, il faut reconnaître que ses débuts ne furent pas heureux. Ils attestaient sa profonde nullité comme capitaine. Le général Boyer pouvant à peine disposer de douze cents hommes pour défendre la ville et les forts d'Oran, une sortie à une certaine distance était impossible en présence d'ennemis aussi nombreux. Si, dans ces conditions, Abd-el-Kader s'était emparé des sources de Raz-el-Aïn; qu'il eût en même temps garni les hauteurs environnantes de quelques milliers de tirailleurs, la ville et la garnison étant privées d'eau, le général eût dû se résoudre à attaquer les Arabes en dehors des remparts avec des forces très insuffisantes. Il est probable qu'un échec en eût été la suite et aurait rendu Abd-el-Kader maître de la ville d'Oran. Les hostilités ne se renouvelèrent que le 23 octobre. Dans une petite affaire sous les murs de la place, le 2me chasseurs, de formation nouvelle, chargea l'ennemi avec une brillante valeur. Le général Trobriand se battit au premier rang comme un soldat. Le 10, Abd-el-Kader reparut et, après une lutte assez vive qui nous coûta quelques pertes, il abandonna le champ de bataille au général Boyer. Le général pouvait enfin sortir des remparts, grâce à une augmentation notable de l'effectif de la garnison. Si la conduite de M. Boyer fut exempte de reproches au point de vue militaire, il est pénible de dire que, comme administrateur, il avait continué le cours de ses arbitraires et sanglantes exécutions. Les choses furent poussées à un tel excès que le duc de Rovigo, lui-même pourtant si peu scrupuleux en cette matière, crut devoir, dans un ordre du jour du 5 juin 1832, prévenir les troupes du corps d'occupation qu'elles devaient se refuser à toute exécution illégale. Cet ordre du jour subsistera à jamais comme une pièce accusatrice contre l'administration militaire. Il était ainsi conçu :

« Le général en chef informe les officiers de tout
» grade de l'armée, qu'il a appris, par des rapports dignes
» de foi, que des hommes avaient disparu des prisons
» et avaient été mis à mort sans jugement. Les troupes
» doivent refuser leur ministère à toute exécution qui
» ne serait pas précédée de la lecture de la sentence,
» faite en leur présence au condamné. Car ce ne serait
» plus qu'un assassinat dont elles se rendraient com-
» plices. »

Cet ordre du jour établit en outre l'insubordination permanente du général Boyer. Ce général, malgré l'ordonnance du 6 décembre 1831, qui le plaçait sous les ordres du commandant du corps d'occupation d'Afrique, affectait des allures intolérables d'indépendance, qui déterminèrent son rappel suivi bientôt après du départ du duc de Rovigo. Si j'ai considéré comme un devoir rigoureux de signaler les nombreux méfaits de ces deux généraux, c'est qu'à mon avis, les crimes réitérés des dépositaires du pouvoir accusent hautement l'imperfection du système politique en vigueur. Qui pourrait douter, en effet, du vice d'institutions qui permettent de commettre impunément de détestables forfaits, tels que *contributions arbitraires et illégales, scandaleux marchés, massacres d'innocents sans défense, assassinats juridiques, violations de la foi jurée, exécutions clandestines ?* Ce sont là, en effet, les glorieux trophées de l'administration militaire, sous le commandement du duc de Rovigo.

XXV

COMMANDEMENT DU GÉNÉRAL VOIROL. — M. GENTY DE BUSSY, INTENDANT CIVIL. - SITUATION DE L'ALGÉRIE A L'ARRIVÉE DU NOUVEAU COMMANDANT. — CRÉATION D'UN BUREAU ARABE.

Le duc de Rovigo quitta l'Afrique le 3 mars 1833, pour aller mourir en France des suites d'une cruelle maladie. Sa succession échut au général Voirol, qui vint prendre possession de son poste à la fin du mois d'avril. Le nouveau commandant du corps d'occupation était précédé par une brillante réputation militaire. Colonel en 1815, il avait attaché son nom à la belle défense de Nogent-sur-Marne, qui fit dire au général Boutourlin, aide de camp de l'empereur Alexandre, qu'il suffisait de trois journées de la vie du général Voirol pour illustrer toute une carrière. C'était en outre un homme de bien, dont la conduite juste et modérée allait singulièrement ressortir par la comparaison avec les actes arbitraires de son prédécesseur. Avant de montrer ce général à l'œuvre, il est indispensable de faire connaître les auxiliaires mis à sa disposition pour l'accomplissement de son mandat, et ensuite d'indiquer quelle était la situation de l'Algérie à son avènement. A Bône, le commandement, ainsi que je l'ai déjà dit, était exercé par le général Monk-d'Uzer, dont l'administration intelligente et pacifique sut maintenir la tranquillité dans la province de l'Est. Les évènements de Bône ne présentèrent aucune importance et méritent à peine d'être signalés. Il n'en fut pas de même dans la province d'Oran, où le général Desmichels avait remplacé le général Boyer le 23 avril 1833. La politique inconsidérée de ce général et sa conduite étrange envers Abd-el-Kader donneront lieu à d'assez longs développements. Mais, à cette heure, je reviens à la province d'Alger.

J'ai expliqué précédemment que M. de Montalivet, ministre de l'intérieur par intérim, après la retraite de Casimir Périer, avait, par une ordonnance du 12 mai 1832, détruit l'organisation du 1er décembre, subalternisé de nouveau l'élément civil dans la colonie, en plaçant l'intendant sous la dépendance absolue du commandant en chef du corps d'occupation. Un fait qui est passé inaperçu et qui a pourtant son importance, c'est que lorsque M. Périer avait eu le dessein d'organiser le gouvernement civil en Algérie, l'administrateur placé à la tête des différents services était un fonctionnaire de l'ordre civil, un conseiller d'État. Son successeur, M. Genty de Bussy, n'était qu'un simple sous-intendant militaire de 3ᵐᵉ classe, par conséquent, un administrateur militaire. En outre, comme il était placé sous les ordres du général, sans attributions spéciales et directes, nous ne pourrons plus le considérer que comme un chef de bureau, pour lui servir d'intermédiaire avec les différents fonctionnaires de l'ordre civil, et les surveiller au besoin.

Mais M. Genty de Bussy était un habile homme. Il avait une connaissance parfaite de l'administration militaire et était doué d'une facilité d'élocution remarquable. Il possédait très bien la phraséologie des bureaux, de sorte qu'à l'aide de sa faconde et d'une grande habitude des affaires, il dominait le conseil d'administration qui ne faisait, en quelque sorte, qu'enregistrer ses projets. D'un autre côté, il avait parfaitement réussi à gagner la confiance du duc de Rovigo, en affectant les dehors d'une soumission absolue. Il ne lui en fallut pas davantage pour acquérir un tel ascendant sur cette nature grossière, qu'il put s'emparer de la réalité du pouvoir, tandis qu'il n'en laissait que les apparences au commandant en chef. Il avait, par ce moyen, usurpé en fait une situation, sinon supérieure, du moins égale à celle que M. Pichon tenait de l'ordonnance du 1ᵉʳ décembre 1831. Bien que cette ordonnance eût été rapportée, M. Genty de Bussy s'empara résolument des attributions de son prédécesseur et marcha sur un pied d'égalité avec le duc de Rovigo, qui toléra les usurpations de son subordonné, sans avoir saisi la portée de ses artificieux desseins. Le nouvel intendant, sous le prétexte d'en épargner la fatigue au général en chef et de n'agir en quelque sorte que comme son secrétaire, prit en son nom une foule d'arrêtés, dont la légalité est plus que douteuse. Néanmoins ces arrêtés ont donné lieu dans la pratique à bien peu de contestations. Je devrai cependant en signaler quelques-uns, avant de décrire l'administration du général Voirol.

Le général Voirol trouva donc, à son arrivée, M. Genty de Bussy en possession de la réalité du pouvoir. Il est probable même qu'il eût suivi les errements de son prédécesseur et toléré les prétentions de son subordonné, si l'intendant civil, persuadé que le titre de commandant par intérim, donné au général Voirol, devait amoindrir son autorité, ne se fût départi de ses habitudes de dissimulation et eût suffisamment ménagé l'amour-propre de son supérieur. Mais les airs d'indépendance qu'il eut la maladresse de prendre vis-à-vis du général Voirol, révoltèrent sa susceptibilité d'homme et de commandant en chef. Ayant résolu de faire rentrer M. de Bussy dans son rôle légal, il en résulta un conflit qui devait amener la fin de l'administration de l'intendant.

M. Genty de Bussy, à l'exemple de M. le baron Pichon, avait pris la direction de tous les services civils. Ces services avaient tout à la fois pour objet l'administration des Européens et des indigènes. Mais, après le départ du duc de Rovigo, un commandant intérimaire, dont le pouvoir ne dura que quelques jours, M. le général Avizard, vint modifier cet état de choses, au moyen de la création d'un bureau arabe, dont M. de Lamoricière, alors capitaine aux zouaves, fut nommé chef. Bien que ce bureau arabe ait été supprimé au bout d'un certain temps, ainsi que je le raconterai en son lieu, ce ne fut pas moins un antécédent regrettable, car il devait être reconstitué sur de plus larges bases et devenir le principe de cette formidable institution qui a enlacé dans ses réseaux, pendant près de quarante ans, le gouvernement de la presque totalité des indigènes de l'Algérie, et a été un des plus grands obstacles au développement de la colonisation. Il est à présumer, cependant, que le général Avizard n'en comprit ni la portée ni les conséquences fatales; qu'il n'y vit qu'un moyen propre à faciliter les relations du commandement avec les indigènes. Car le chef de ce premier bureau s'était adonné à l'étude de la langue arabe et pouvait dès lors rendre à cet égard de bons et d'utiles services. Mais avec un peu plus d'expérience des affaires, il se serait bien vite aperçu que l'établissement de ce bureau n'était autre qu'une administration spéciale pour les Arabes. Que cette administration, par la nécessité de déterminer son ressort, conduirait forcément à la division des territoires en territoire civil et en territoire arabe; que les Européens, c'est-à-dire l'élément civilisateur, serait nécessairement exclu du territoire arabe, les bureaux ne pouvant être investis d'aucune espèce d'autorité à leur égard; que, d'un autre côté, ces bureaux devant se servir, pour l'administration des indigènes, d'intermédiaires obligés, finiraient par tomber dans les mains des Arabes influents; que, dès lors, cette institution était on ne peut mieux inventée pour maintenir la domination séculaire de l'aristocratie arabe, et conduire d'une façon continue la masse du peuple au dernier degré de la misère et de l'abjection.

Tous les hommes de bonne foi ont toujours été unanimes pour signaler les dangereux inconvénients de cette déplorable institution. Voici comment s'exprimait, en 1841, le général Duvivier :

« Rien n'a été plus funeste au bien de nos relations
» avec les indigènes, que cette institution, sous quelque
» titre qu'on l'ait désignée, soit bureau arabe, soit di-
» rection des affaires arabes, soit service de l'agha. La
» cause principale de ce mal fut que, par un désir trop hâté
» et mal examiné de bien faire, on s'occupa trop des
» affaires intérieures de ces populations, et que, par
» suite, on fut trop en prise aux menées habiles des
» intrigants, ce qui conduisit à s'immiscer encore plus
» dans les affaires intérieures. Or, le besoin le plus grand
» de ces populations est qu'on les laisse en paix chez
» elles, suivre leurs usages et leurs règles particulières.
» Il faut tendre seulement à la protection, à l'ordre, entre
» les grandes tribus. Mais, entraînés par de prétendues
» plaintes suscitées par des intrigants, on a souvent
» changé les chefs principaux. On crut faire ainsi de la
» popularité avec les indigènes et se les attacher. Il
» n'en a rien été, on a même poussé à activer le résultat
» contraire, en élevant au commandement des gens de

» rien et cela chez une des nations les plus aristocra-
» tiques du monde. »

J'ai dû citer ces quelques lignes de M. le général Duvivier, afin de convaincre mes lecteurs que cette néfaste
institution, pour me servir des mêmes termes, a toujours été fatale à l'Algérie à ses débuts, comme à son
déclin. Je reviens maintenant à M. Genty de Bussy et à
ses arrêtés, pour bien préciser l'état de l'administration
algérienne, au mois d'avril 1833.

XXVI

CARACTÈRE DE L'ADMINISTRATION DE M. GENTY DE BUSSY. — ARRÊTÉS DES 16 AOUT ET 8 OCTOBRE 1832.

M. Genty de Bussy apporta malheureusement, dans ses rapports avec les indigènes, des habitudes autocratiques qui ne sont que trop familières au personnel administratif de l'armée. Ses arrêtés spéciaux démontrent qu'il suivit à cet égard les plus mauvaises traditions léguées à ses successeurs par le général Clauzel. Je les aurais passés sous silence, si un de ces arrêtés n'avait fourni l'occasion au général Voirol de donner une preuve éclatante de sa haute probité. Dans le courant de 1834, M. Genty de Bussy, voulant agrandir le jardin de naturalisation, expropria un pauvre Maure. Ce qui voulait dire, à cette époque, que l'administration s'emparait du bien d'autrui, sans bourse délier. Le lendemain, ce malheureux fut chassé du petit jardin qui le faisait vivre, lui et sa famille. Il vint tout en larmes se jeter avec ses enfants aux pieds du général en chef, qui le renvoya à l'intendant civil. Ce dernier répondit que les règles de la comptabilité ne permettaient pas de payer sur-le-champ à cet homme l'indemnité qui lui était due, mais qu'on s'en occupait. Le misérable exproprié ne vécut longtemps que des bienfaits du général Voirol, qui éprouva les plus vifs regrets d'avoir signé de confiance un arrêté dont les suites étaient si regrettables. Y avait-il donc une si grande urgence à agrandir la pépinière d'essai, aux dépens d'une famille qu'on réduisait à mourir de faim ?

Quant aux arrêtés organiques de M. de Bussy, qui portent en même temps la signature du duc de Rovigo et la sienne, bien que ces arrêtés aient conservé pendant fort peu de temps une valeur légale, ayant été abrogés par l'organisation du 22 juillet 1834, il ne sera pourtant pas sans intérêt de faire connaître dans leur esprit ceux du 16 août et du 8 octobre 1832. Le général Clauzel, comme on le sait déjà, avait organisé la justice civile et criminelle, par un arrêté du 22 octobre 1830. Cet arrêté disposait que les affaires criminelles relatives aux Français seraient instruites devant la cour de justice d'Alger, mais que les accusés seraient renvoyés en France, avec les pièces de l'information, pour y être jugés. Jusqu'au 16 août 1832, aucune loi, aucune ordonnance, n'étaient venues changer cette situation légale, lorsque, à cette date, un arrêté portant les deux signatures du duc de Rovigo et de M. Genty de Bussy, institua une cour criminelle et lui donna juridiction, notamment sur les crimes commis par les Français. Je reconnais volontiers que l'ordre de choses établi par M. le général Clauzel avait de graves inconvénients ; qu'il importait, au double point de vue de l'intérêt des accusés et de la sécurité publique, d'instituer, au plus tôt, une justice locale. Mais il fallait se donner bien des gardes de créer une justice dépendante et tout à fait à la discrétion du général en chef, pour ne point livrer à sa merci la fortune et l'honneur des habitants d'Alger. En un mot, il ne fallait point donner de nouvelles armes au despotisme militaire. Ce fut pourtant le résultat acquis au moyen de la nouvelle législation.

Il suffit, pour le démontrer, de faire connaître les articles 3 et 4 de l'arrêté du 16 août. Aux termes du premier de ces articles, la cour était composée des membres de la cour de justice et du tribunal de police correctionnelle au nombre de sept. Elle était présidée par un magistrat faisant partie du conseil d'administration de la Régence, ou par un vice-président désigné par l'intendant civil, même en dehors de l'ordre judiciaire. Il faut convenir qu'il était difficile de trouver mieux pour soumettre entièrement la justice criminelle à la volonté toute-puissante, j'allais dire au caprice du général en chef. Il est vrai que cette cour ne jugeait qu'en premier ressort les crimes commis par les Français. Mais l'appel offrait encore bien moins de garanties aux accusés, car, aux termes de l'article 4, il devait être porté devant le conseil d'administration, dont le général en chef était président. Il est superflu, je crois, de faire observer que les indigènes, maures ou juifs, n'étaient pas dans une situation plus favorable; que les cadis et les rabbins, qui du reste ne connaissaient des affaires criminelles qu'en premier ressort, n'étaient guère en état de résister à la pression de l'omnipotence administrative. L'arrêté du 8 octobre suivant ne modifia guère la situation. Il n'avait eu qu'un objet, déférer à la cour criminelle, dont on avait pu apprécier la condescendance envers le pouvoir, un certain nombre d'appels portés antérieurement devant le conseil d'administration.

Ainsi, grâce aux procédés arbitraires de l'administration à l'égard des propriétés des indigènes, procédés qui malheureusement étaient passés dans l'usage, et à l'organisation judiciaire que je viens d'exposer, le général en chef avait un pouvoir absolu sur les personnes et sur les choses.

Quelques mots suffiront pour faire connaître la situation extérieure. Le combat de Boufarik, où la colonne du général Faudoas avait fini par refouler les Arabes, avait un peu calmé leur effervescence. Les environs d'Alger étaient relativement tranquilles. Les tribus voisines de Bône jouissaient de la paix sous l'administration juste et modérée du général Monk-d'Uzer. Enfin les populations turbulentes de l'Ouest, refroidies par leurs tentatives infructueuses contre la ville d'Oran, se tenaient momentanément en repos.

XXVII

**ADMINISTRATION SAGE ET HONNÊTE DU GÉNÉRAL VOIROL.
EXPÉDITION ET PRISE DE BOUGIE.**

Le général Voirol profita de l'apaisement accidentel des esprits pour faire exécuter sur les routes des travaux, dont MM. les intendants civils Pichon et Genty de Bussy avaient fait préparer les projets. Des dessèchements considérables furent commencés dans la Mitidja et dans la plaine de Bône. Bientôt, les renseignements fournis au général en chef lui ayant donné la certitude qu'une révolte se préparait, en capitaine expérimenté, il fit réprimer les premiers mouvements insurrectionnels avec une extrême vigueur. Mais, sous son commandement, on n'avait pas à craindre les actes barbares qui avaient taché de sang les expéditions de son prédécesseur. Un camp fut établi sur les bords du Hamis, pour permettre aux soldats de faire sans danger la récolte des foins poussés en abondance dans les riches prairies qui avoisinent la rivière. Grâce à la conduite énergique et modérée du général, ainsi qu'à l'intelligence du capitaine de Lamoricière, les Arabes reprenaient confiance et revenaient sur nos marchés. Le général Voirol ayant compris que les indigènes, en raison de leur extrême mobilité, ne pouvaient être atteints que par des colonnes volantes, avait organisé, au mois de juin, un corps de cavaliers, dans le but de protéger les cultures des environs d'Alger contre les maraudeurs. Ayant, par ce moyen, pourvu à la sécurité d'une certaine étendue de pays, le commandant en chef chargea le chef de bureau arabe, le capitaine de Lamoricière, de renouer nos anciennes relations avec les Hadjoutes de la plaine. Il consentit, sur leur demande, à mettre en liberté un des parents de notre ancien agha Mahieddin, enlevé de Coléah le 28 septembre 1832. Il leur fit déclarer en outre que la liberté du second serait la récompense de leur soumission sincère et définitive. Vers la même époque, un camp fut installé à Douéra pour commander les routes de Blidah et de Coléah et, par sa proximité avec ces deux villes, les maintenir dans l'obéissance. Le périlleux défilé de Boufarik fut aussi l'objet de ses préoccupations. Il envoya des travailleurs en assez grand nombre qui en éclaircirent les abords. Pendant que ces diverses mesures, habilement combinées, étaient en voie d'exécution, le général Voirol organisait une colonne pour l'occupation de Bougie.

Pendant l'administration du duc de Rovigo, un navire anglais avait été insulté dans la rade de cette ville. Le cabinet britannique avait adressé, à ce sujet, de vives plaintes au gouvernement français. La note remise par l'ambassadeur d'Angleterre se terminait par une espèce de menace. Si la France, disait le ministre anglais, ne pouvait faire respecter le pavillon de ses alliés sur les côtes algériennes, l'Angleterre aviserait au moyen d'obtenir les satisfactions qu'elle était en droit de réclamer. Le gouvernement se hâta d'en informer le général Voirol qui chargea immédiatement le capitaine de Lamoricière d'aller reconnaître la place. Le chef de bataillon Duvivier, dont nous avons eu plusieurs fois l'occasion de signaler le brillant courage, était désigné à l'avance, par le ministre de la guerre, pour remplir, après la prise de la ville, les fonctions de commandant supérieur. Le général Trezel devait commander l'expédition.

Une escadre composée de la frégate la *Victoire*, des corvettes la *Circé*, l'*Arianne* et l'*Oise*, des gabares la *Durance* et la *Caravane* et du brick le *Signe*, partit de Toulon le 22 septembre; elle vint prendre à Alger les troupes destinées à l'expédition. L'escadre, ayant à bord deux bataillons du 59ᵐᵉ de ligne, sous les ordres du colonel Petit d'Hauterive, deux batteries d'artillerie, une compagnie du génie, une demi-section du train des équipages et une section d'ouvriers d'administration, parut devant Bougie le 29. L'artillerie de l'escadre ayant fait taire promptement les forts de la ville, le débarquement eut lieu entre la Casbah et le fort Abd-el-Kader. Malgré une assez vive résistance, la ville fut enlevée en quelques heures. Dans la nuit, les Kabyles ayant occupé les hauteurs environnantes en très grand nombre, descendirent par le ravin qui coupe Bougie par le milieu, et vinrent attaquer la porte de la Marine. Le 30, au point du jour, ils cernaient les rues et dirigeaient sur les troupes un feu de tirailleurs assez bien nourri. Le 1er octobre, les soldats, exaspérés par les attaques d'assaillants épars et en quelque sorte insaisissables, s'en vengèrent sur les habitants, dont ils firent une horrible boucherie. Quatorze femmes ou enfants furent égorgés dans la seule maison du cadi Boucetta, qui, cependant, était d'intelligence avec nous et ne fut pas plus épargné que les autres.

Pour mettre fin à ces attaques de tirailleurs qui, après avoir fait le coup de feu, se retiraient sur les hauteurs voisines, il était indispensable de balayer la montagne. Dans la nuit du 2 au 3, le capitaine de Lamoricière lança à cet effet quatre compagnies du 59me qui firent preuve d'une grande vigueur et obtinrent un plein succès. Le 3, le général Trezel, ayant tenté l'escalade du mont Gourayah, fut obligé d'ordonner la retraite pour ne pas exposer sa petite troupe à des pertes trop considérables. Cette entreprise était pleine de périls en raison de l'insuffisance de l'effectif. Le 4, survint d'Alger un bataillon du 4me de ligne, avec deux compagnies du 2ᵐᵉ bataillon d'Afrique. Après des combats partiels qui durèrent jusqu'au 12, le général Trezel résolut de diriger une attaque générale contre le mont Gourayah, occupé par une masse de Kabyles. Il forma sa petite armée en trois colonnes qui abordèrent, avant le jour, la montagne par trois côtés à la fois. Celles de droite et du centre atteignirent les crêtes presque sans difficultés. La colonne de gauche, commandée par le chef de bataillon Gentil, du 4ᵐᵉ de ligne, trouva une plus grande résistance. Mais un détachement de marins, que le commandant Parceval-Deschênes avait fait débarquer au fond de la rade, étant venu appuyer cette colonne, les Kabyles furent repoussés sur tous les points. Le général Trezel ayant établi au moulin Demous un poste, le colonel du génie Lemercier le fit fortifier à la hâte et entourer de retranchements pour le mettre à l'abri d'un coup de main. Les Kabyles renouvelèrent les hostilités jusqu'au mois de novembre, sans obtenir le moindre résultat. Nos blockhaus se multipliaient et bientôt ils n'osèrent se montrer à la portée de nos canons. Le chef de bataillon Duvivier prit, le 7 novembre, le commandement de la place. Le général Trezel, grièvement blessé dans une escarmouche, retourna à Alger, laissant à Bougie un bataillon du 59ᵐᵉ, un du 4ᵐᵉ, et les deux compagnies du bataillon d'Afrique. Cette petite garnison fut renforcée un peu plus tard par un escadron du 3ᵐᵉ chasseurs d'Afrique envoyé de Bône.

XXVIII

GÉNÉRAL MONK-D'UZER. — EFFETS DE LA CONDUITE PRUDENTE DU GÉNÉRAL VOIROL.

Le général Monk-d'Uzer, commandant la ville de Bône, continuait à recueillir les fruits de sa politique loyale et modérée. La grande tribu des Merdès, campée sur les bords de la Mafrag, avait détroussé des Arabes qui nous apportaient des vivres. Le général marcha aussitôt avec quelques troupes contre cette tribu, qui, après un combat de quelques heures, se soumit à toutes les conditions qu'on voudrait lui imposer. Le général, satisfait de ce rapide succès, se contenta d'exiger la restitution des objets volés. Cette conduite généreuse et habile nous assura la fidélité de la tribu.

Le général Voirol, de son côté, travaillait d'une main ferme à la pacification du pays, et ne se laissait détourner de ses desseins par aucun incident. Pendant qu'il préparait l'expédition de Bougie, un de nos adhérents indigènes, Bouzeid-ben-Chaouïa, caïd des Beni-Khalel, fut assassiné au marché de Boufarik, le 9 septembre. Convaincu qu'il serait d'une bonne politique, non-seulement de réprimer avec énergie les attentats commis sur la personne de nos alliés, mais encore de donner une preuve irrécusable que notre protection ne cesserait de couvrir leurs familles, le général demanda au gouvernement, pour la veuve du caïd, une pension qui lui fut refusée. Ce refus s'explique d'autant moins, que Ben-Omar, notre bey fugitif de Médéah, qui, en raison de sa déplorable nullité, nous avait été plus nuisible qu'utile, continuait à recevoir un traitement annuel de six mille francs, et qu'un réfugié obscur de Constantine, nommé Ben-Zécri, dont les services étaient au moins très contestables, ayant été proposé à la garde du Fort-de-l'Eau avec quelques cavaliers, recevait pour son propre compte une rétribution de la même somme, sans parler des frais de garde qui n'étaient pas moindres de dix-huit mille francs par an. Le général Voirol dut se borner, par conséquent, à tirer une vengeance exemplaire des assassins. Ayant acquis la certitude que les Hadjoutes étaient les auteurs de ce meurtre, il fit partir d'Alger le général Trobriand avec une colonne qui, ayant passé le Mazafran à Mortakara, mit le feu à leurs villages. Le fils de Bouzeid fut nommé caïd à la place de son père et nous servit avec le même dévouement.

Grâce à ces procédés énergiques, la province d'Alger jouit d'un calme relatif pendant l'hiver de 1833 à 1834.

A l'exception de quelques pointes des Hadjoutes, dans la Mitidja, les indigènes restèrent fort paisibles, et nous n'eûmes à réprimer aucun acte d'hostilité. Au mois de janvier, le général en chef reçut une députation du cheik de Tugurth. L'envoyé de cette petite puissance du Sahara s'était rendu à Alger par la voie de Tunis. Il venait offrir le concours du cheik dans le cas où les Français feraient une expédition contre Constantine. Le général Voirol l'accueillit avec bienveillance, et le renvoya comblé de présents, sans lui faire espérer l'exécution prochaine de cette entreprise, qu'il ne pouvait tenter avec les ressources restreintes et le peu de troupes mises à sa disposition. D'autres ennemis personnels d'Hamet-Bey, tels que Farhat-ben-Saïd, l'un des plus puissants cheiks du Sahara, El-Hadj-Abd-el-Salem, cheik de la Medjanah, maître par sa position du fameux défilé des portes de fer, Haznaoui, cheik des Hanenchas, grande tribu limitrophe de la régence de Tunis, Abd-el-Diaf-ben-Hamet, cheik de la plaine de Hamza au pied du Jurjura, et enfin Bel-Kassem, cheik d'une tribu campée près de Stora, sur le littoral de la province de Constantine, lui adressèrent les mêmes propositions. Ces ouvertures émanées de personnages considérables, et dont l'influence était grande sur les Arabes des tribus, démontraient jusqu'à l'évidence qu'avec un système de protection éclairé, ferme et persévérant, et une conduite équitable, il eût été facile d'asseoir notre domination avec de légers sacrifices sur une portion notable de l'Algérie. En effet, les Arabes nous offraient spontanément des otages, des vivres et même de l'argent, tant était grande leur soif de tranquillité. Malheureusement, le général Voirol ne pouvant répondre à leurs bonnes dispositions en notre faveur, les indigènes ne tardèrent pas à douter de notre puissance, et, quelque temps après, les défaillances coupables de plusieurs généraux eurent pour résultat de renverser de fond en comble le prestige dont le nom français était encore entouré. Sans doute qu'un génie malfaisant se donnait le malin plaisir d'entasser obstacles sur obstacles, afin de différer la réalisation des brillantes destinées de l'Algérie. Mais les plus mauvaises choses ont presque toujours leur bon côté. Ces difficultés permanentes, contre lesquelles l'élément européen a dû se raidir depuis la conquête, ne doit-on pas les considérer comme une épreuve indispensable pour donner une trempe supérieure aux générations nouvelles appelées à jeter les larges assises d'un grand État.

Au mois de mai 1834, les incorrigibles Hadjoutes, ayant recommencé leurs déprédations, le général Bro fut envoyé contre eux avec 2,000 hommes, auxquels se joignirent les Beni-Khalil et les Beni-Moussa. Cette colonne les atteignit le 18, dans le bois de Karaza, entre l'Oued-Jer et le Bouroumi. Un parlementaire se présenta, de leur part, pour traiter de la paix et demander un caïd nommé par le général en chef. Le commandant de la colonne exigeant des otages, on ne put s'entendre, les hostilités commencèrent. Les Hadjoutes furent promptement culbutés. Nos auxiliaires firent dans ce combat un butin qui les dédommagea largement de leurs pertes antérieures. Le lendemain, un nouveau parlementaire vint apporter la soumission des Hadjoutes. Le général Bro reprit avec la colonne le chemin d'Alger, après leur avoir laissé pour caïd Koulder-ben-Rebaha. Quelques jours après, ils célébrèrent, par une grande fête à Blidah, leur réconciliation avec les Beni-Khalil. Le général en chef, voulant leur donner un témoignage de satisfaction, fit mettre en liberté Sidi-Mohamet, le second parent de notre ancien agha Mahi-eddin. Le bey de Titteri *in partibus*, Ben-Omar, fut installé en même temps, près de Douéra. On lui donna pour mission de surveiller les Beni-Khalil. Ces mesures bien entendues inspiraient à un tel point la confiance aux indigènes, que les Arib, peuplade du Sahara, d'où la guerre l'avait chassée, s'étant réfugiés d'abord dans la plaine de Hamza et ensuite dans la Mitidja, vinrent se placer sous notre protection, dans les belles prairies de Rassoutha et autour de la Maison-Carrée. Ce fut un des beaux résultats de la politique loyale du général Voirol, qui faisait partout aimer et respecter notre domination.

XXIX

POLITIQUE INSENSÉE ET COUPABLE DU GÉNÉRAL DESMICHELS.
TRAITÉ DU 26 FÉVRIER 1834 AVEC ABD-EL-KADER. — SUITES DE CE
TRAITÉ. — MUSTAPHA-BEN-ISMAEL.

L'administration du général Voirol aurait très-certainement obtenu une place à part dans les fastes algériennes, si le commandement de la province d'Oran n'eût été confié à un général incapable et brouillon, dont les actes insensés et peut-être criminels allaient jeter les fondements de la puissance de l'émir. La conduite, demeurée impunie, du général Desmichels, accuse hautement le mauvais vouloir ou tout au moins l'imprévoyance du gouvernement français. A l'arrivée à Oran de ce général, la situation d'Abd-el-Kader était fort précaire. Son autorité ne s'étendait qu'à un rayon de quelques lieues autour de Mascara. Il avait, il est vrai, entraîné à sa suite une douzaine de mille hommes, pour attaquer Oran, sous le commandement du général Boyer. Mais l'insuccès de cette ridicule expédition, contre une ville dépourvue de tout moyen de défense sérieux et défendue par une poignée de soldats, était un signe non équivoque de sa faiblesse. A l'exception des Hachems, soumis depuis longtemps à l'ascendant religieux de sa famille, les autres Arabes n'étaient qu'un amas de vagabonds et de mendiants, rangés sous ses étendards par les prédications fanatiques de deux ou trois marabouts dépenaillés. Un grand nombre d'entre eux étaient, du reste, si mal armés, qu'à l'attaque du camp Saint-Philippe, ils n'avaient lancé à nos soldats d'autres projectiles que des pierres à l'aide de frondes, dont ils s'étaient même fort mal servis. En outre, le nouvel émir comptait dans la province beaucoup d'ennemis et un non moins grand nombre d'envieux de sa fortune.

Les Turcs et les Koulouglis de Mostaganem, Tlemcen et de plusieurs autres points, étaient encore sous l'impression du sort affreux de la garnison de Mascara, indignement égorgée par ses bandes sauvages, malgré les termes formels de la capitulation. Si-Hamza et les marabouts des Ouled-Sidi-Cheik, dont l'influence était si grande sur les Hauts-Plateaux, et presque jusqu'aux portes de Mascara, refusaient de reconnaître sa suprématie politique et religieuse. Dans les plaines de la Mina et du bas Chélif, la famille toute-puissante des Laribi avait éprouvé une jalousie secrète de l'élévation d'Abd-el-Kader, et aurait certainement assisté sans la moindre peine à la ruine de ses espérances. Mais le plus acharné et le plus redoutable de ses adversaires était, sans nul doute, l'agha Mustapha-ben-Ismaël, qui pouvait, en raison de son courage et de son habileté bien connue dans les luttes africaines, rallier autour de sa personne un grand nombre de partisans. Un général habile et prudent comme M. Voirol eût facilement rattaché à notre cause la plupart des ennemis d'Abd-el-Kader et anéanti en une seule campagne, à la tête de quelques milliers de soldats, ses bandes indisciplinées et presque sans armes. Il importe de remarquer qu'il n'était pas nécessaire de demander de nouveaux sacrifices à la France. La garnison de Bougie, dont la prise inopportune n'avait été qu'un acte de condescendance envers le cabinet britannique et un millier d'hommes retirés momentanément de Bône, réunis à la garnison d'Oran, auraient donné à l'intrépide général des troupes suffisantes pour arriver à ce résultat.

Le général Desmichels signala ses débuts par une razzia sur les Gharabas au sud-ouest d'Oran. Abd-el-Kader, informé de cette agression, vint presque aussitôt camper à trois lieues de la ville. Plusieurs sorties vigoureuses le forcèrent à se retirer. Encouragé par ce succès, le général résolut d'occuper Arzew et Mostaganem. Sur le premier de ces points, Abd-el-Kader le prévint et força les populations à émigrer. Le général s'empara de murailles vides, et se retira en y laissant une garnison de 300 hommes. Quelques-uns des fugitifs vinrent s'établir à Oran, le plus grand nombre alla se mêler aux tribus de la plaine de Ceïrat. L'émir, dont le pouvoir ne s'étendait encore qu'à quinze lieues autour de Mascara, se porta vers Tlemcen qui lui ouvrit ses portes. Mais il ne put, faute d'artillerie, se rendre maître du Méchouar, défendu vaillamment par les Turcs et les Coulouglis. Il reprit, dès lors, le chemin de Mascara où son père était mort pendant son absence.

Le 27 juillet, le général Desmichels débarquait au Port-aux-Poules, à l'embouchure de la Macta, avec 1,400 hommes. Il marcha rapidement, à la tête de sa colonne, sur la bourgade de Mazagran, où les soldats ne trouvèrent qu'une vieille femme aveugle qu'ils jetèrent dans un puits. Il se dirigea ensuite vers Mostaganem, où il entra sans coup férir. Les habitants prévenus qu'ils étaient libres d'y rester sous l'autorité de la France, ou d'abandonner leurs maisons en emportant leurs richesses, choisirent pour la plupart ce dernier parti. Le 29 et le 30, les Arabes attaquèrent nos avant-postes. Le 31, nous perdîmes une cinquantaine d'hommes. Le 2 août, Abd-el-Kader arriva en personne avec des forces considérables. Le général Desmichels, que la faiblesse numérique de ses troupes mettait dans l'impossibilité de risquer une bataille, jugea qu'il était prudent d'enfermer un certain nombre de soldats dans les forts et de retourner à Oran, afin de tenter une expédition dans l'intérieur pendant l'absence de l'émir. Le 5, il envoya le colonel de Létang, du 2me chasseurs d'Afrique, attaquer, avec 1,300 hommes, la tribu des Smélas. Toutes les horreurs des razzias furent déployées dans cette circonstance : les chasseurs revenaient, poussant devant leurs chevaux, femmes, enfants, chèvres et moutons, lorsque les Arabes, exaspérés, se rallièrent et vinrent les charger avec fureur. L'infanterie, sans vivres, était accablée de fatigues et en proie aux tourments de la soif. L'ennemi, mettant le feu aux broussailles, traça tout autour un cercle ardent. On vit alors un triste spectacle. Des hommes désespérés jetaient leurs fusils et refusaient de marcher. Ceux qui avaient conservé quelque courage manquaient de force pour combattre. La cavalerie fut dans la nécessité d'abandonner le butin et de soutenir seule les efforts des Arabes. Sans le dévouement de M. Desforges, officier d'ordonnance du colonel de Létang, qui, pour le salut commun, se risqua à travers mille dangers, pour venir chercher des secours à Oran, la colonne eût été exterminée.

Il eût été bien difficile de commettre un plus grand nombre de fautes, en si peu de temps. La razzia contre les Gharabas était un acte inutile et par conséquent dangereux. Il ne pouvait avoir d'autre effet que d'accroître les dispositions hostiles de cette tribu. L'occupation d'Arzew et celle de Mostaganem étaient deux mesures intempestives. Elles furent la cause d'une diminution sensible de l'effectif disponible, déjà trop restreint, et mirent le général Desmichels dans la nécessité de tenir la campagne avec des colonnes de 1,300 à 1,400 hommes, beaucoup trop faibles pour obtenir, contre des ennemis très nombreux, un succès décisif. Mais de tous ces actes, la razzia contre les Smélas, qui faillit nous coûter si cher, fut le plus impolitique et le plus funeste. Les Smélas étaient une des deux tribus des environs d'Oran qui fournissaient leurs cavaliers au Magzen, pour permettre au bey de faire la police de la province et châtier les révoltes des indigènes. Ils étaient par conséquent les ennemis des autres tribus, et, avec un peu de bonne volonté, on les aurait facilement rattachés à notre cause. Cette razzia devait avoir pour conséquence de jeter cette tribu dans les bras d'Abd-el-Kader. Ce résultat était d'autant plus regrettable, que les Smélas, en raison de leurs habitudes militaires, étaient bien armés, et que leurs cavaliers étaient habiles et intrépides.

Pendant ces évènements, l'émir pressait le siège de Mostaganem.

Du 3 au 9 août, la petite garnison française eut à lutter contre des masses d'ennemis. Mais les Arabes ayant promptement épuisé leurs munitions, se dispersèrent peu à peu suivant la coutume, et Abd-el-Kader dut regagner Mascara et attendre une meilleure occasion pour recommencer ses attaques. Il envoya des émissaires dans les tribus, pour leur défendre toute espèce de communication avec les Français, sous la menace de tirer de cette infraction à ses ordre une vengeance exemplaire. Sur ces entrefaites, un cheik des Bordjias, que le désir du lucre avait fait venir à Mostaganem, craignant les suites de cette démarche, résolut d'en conjurer les périls, en offrant à l'émir quelques têtes de chrétiens. Il se présenta à Arzew sous prétexte d'apporter des vivres à la garnison. La vente opérée, il alla trouver le commandant pour lui demander une escorte, afin de retourner dans son douar, pour échapper aux cavaliers d'Abd-el-Kader, qui, disait-il, surveillaient les environs. Cet officier lui donna cinq chasseurs d'Afrique qui, à un quart de lieue des avant-postes, tombèrent dans une embuscade. L'un d'eux périt et les quatre autres furent envoyés à Mascara. Le général Desmichels ayant écrit pour les réclamer, Abd-el-Kader répondit qu'il n'était pas responsable des menées d'un intrigant, dont le commandant d'Arzew avait été dupe, et qu'il désavouait. Qu'au surplus, il rendrait les prisonniers pour mille fusils par tête. Il reprochait en outre au général de ne se livrer qu'à des actes de pillage, et le défiait d'accepter dans la plaine un combat régulier plus digne de l'honneur des armes françaises. Au reçu de cette lettre, le général Desmichels, ayant appris qu'Abd-el-Kader était campé sur le territoire des Smélas, sortit d'Oran, à 6 heures du soir, le 2 décembre, avec toutes ses troupes, et marcha toute la nuit. Au point du jour, au lieu d'attaquer le camp de l'émir, il dévasta des douars inoffensifs. Après un effroyable massacre, il se préparait à la retraite, lorsqu'il fut enveloppé à l'improviste par une nuée de cavaliers. Dans le premier moment de stupéfaction, le général s'empressa de faire lâcher quelques femmes et quelques enfants, que nos soldats amenaient prisonniers. Mais cet acte forcé n'était pas de nature à calmer le juste ressentiment des Arabes. Sans le secours de notre artillerie, il eût payé cher les sauvages exploits de cette journée. Il profita de la nuit pour rentrer à Oran.

Le 6 janvier 1834, l'incapacité du même général nous valut encore un échec déplorable, qui précéda une intrigue mytérieuse, dont les détails sont demeurés inconnus. On apprit tout à coup à Oran que le général Desmichels était entré en pourparlers avec l'émir. Ce fut avec une curiosité mêlée de surprise que les habitants virent arriver Miloud-ben-Harach, secrétaire d'Abd-el-Kader. Ses conférences secrètes avec le général furent suivies de la conclusion d'un traité, qui porte la date du 26 février 1834. Ce traité incroyable livrait le commerce d'Arzew aux agents d'Abd-el-Kader. Alger était ouvert à ses espions, que le général en chef ne pouvait faire arrêter qu'en s'exposant à une rupture. Il concédait aux Arabes le droit de venir acheter chez nous des armes et des munitions. Il était interdit aux Européens de voyager dans l'intérieur des terres sans une permission de l'émir, tandis que les musulmans avaient la faculter de pénétrer sur notre territoire sans obstacle et sans contrôle. Il contenait en outre la reconnaissance officielle d'Abd-el-Kader comme Prince des Croyants; c'était désormais un souverain que la France devait traiter d'égal à égal.

A l'aspect d'une pareille convention l'esprit demeure confondu. Comment expliquer en effet qu'un général subalterne, sans titre ni mandat spécial, ait osé concevoir la pensée de traiter avec l'ennemi, sans demander l'adhésion de son supérieur immédiat ; qu'il ait entamé, poursuivi les négociations, et signé le traité à son insu. Car il est constant que le général Voirol n'en connut la teneur que par des officiers de l'émir qui vinrent lui apporter les dépêches du général Desmichels après la signature du traité. L'étonnement redouble, quand on considère avec quelle infatigable activité le général Desmichels avait commencé la lutte. En moins de dix mois, il avait exécuté plusieurs razzias, fait des sorties vigoureuses, repoussé les troupes d'Abd-el-Kader, pris successivement Arzew et Mostaganem et enfin livré plusieurs combats dans la plaine. Tout à coup un changement à vue se produit dans les procédés du général ; à cette ardeur extrême pour la guerre succède, sans motif ni prétexte apparent, une ardeur non moins grande pour la paix. M. Desmichels avait-il donc trouvé son chemin de Damas ? ou plutôt par quelle influence mystérieuse et irrésistible, ennemi acharné la veille, était-il devenu à tel point l'ami du lendemain, qu'il n'avait pas reculé devant le sacrifice honteux des intérêts et de l'honneur de la France ? Je laisse à mes lecteurs le soin de répondre à cette question. Toutefois l'auteur d'un ouvrage intitulé *l'Algérie ancienne et moderne,* affirme que les contractants du traité de 1834 signèrent des articles secrets, non avoués par le général Desmichels et ignorés même du gouvernement français.

Quoi qu'il en soit, voici le texte du traité véritable et complet, traduit sur l'original arabe, communiqué par Abd-el-Kader :

« I. *Conditions des Arabes pour la paix*

» 1° Les arabes auront la liberté de vendre et acheter
» de la poudre, des armes, du soufre, enfin tout ce qui
» concerne la guerre......

» 2° Le commerce de la Marsa à Arzew sera sous le
» gouvernement du prince des Croyants, comme par le
» passé, et pour toutes les affaires. Les cargaisons ne
» se feront pas autre part que dans ce port. Quant à
» Mostaganem et Oran, ils ne recevront que les mar-
» chandises nécessaires aux besoins de leurs habitants,
» et personne ne pourra s'y opposer. Ceux qui désirent
» échanger des marchandises devront se rendre à la
» Marsa......

» 3° Le général nous rendra tous les déserteurs et les
» fera enchaîner. Il ne recevra pas non plus les crimi-
» nels. Le général commandant à Alger n'aura pas de
» pouvoir sur les musulmans qui viendront auprès de
» lui avec le consentement de leurs chefs......

» 4° On ne pourra empêcher un musulman de
» retourner chez lui quand il le voudra.

» Ce sont là nos conditions revêtues du cachet du
» général commandant à Oran. »

« II. *Conditions des Français.*

» 1° A compter d'aujourd'hui, les hostilités cesseront
» entre les Français et les Arabes......

» 2° La religion et les usages des musulmans seront
» respectés.....
» 3° Les prisonniers français seront rendus.....
» 4° Les marchés seront libres......
» 5° Tout déserteur français sera rendu par les Arabes.......
» 6° Tout chrétien qui voudra voyager par terre, devra
» être muni d'une permission revêtue du cachet du con-
» sul d'Abd-el-Kader et de celui du général.
» Sur ces conditions se trouve le cachet du prince des Croyants. »

Lorsque le général Voirol eut acquis la preuve de l'existence de ce honteux traité, bien qu'il fût radicalement nul, un général en sous-ordre n'ayant ni mission ni qualité pour faire de pareilles conventions, il avait le devoir de le déclarer aux officiers de l'émir. Il devait, en outre, faire traduire le général Desmichels devant un conseil de guerre, ou tout au moins demander sa révocation immédiate. Il crut devoir garder le silence. Ce fut une faute, car il n'ignorait pas qu'aux termes de l'ordonnance du 6 décembre 1831, le général placé à la tête de la division d'Oran était sous les ordres du commandant en chef du corps d'occupation. En ne désavouant pas les actes de son inférieur, il en acceptait implicitement la responsabilité.

Devenu maître de la province d'Oran depuis les frontières du Maroc jusqu'au Chélif, Abd-el-Kader songea à faire accepter sa souveraineté par l'aristocratie indigène. Mustapha-ben-Ismaël refusa, non-seulement de reconnaître son autorité, mais lui déclara la guerre. Ayant réuni un certain nombre de cavaliers en toute hâte, il marcha contre les troupes de l'émir, les mit en fuite le 12 avril après un combat acharné et offrit au général Desmichels de traiter avec la France.

Si M. Desmichels n'avait pas eu d'excellentes raisons pour désirer ardemment le triomphe d'Abd-el-Kader, il aurait parfaitement compris les avantages qui pouvaient résulter pour la France de la compétition de Mustapha-ben-Ismaël et la faute grave qu'il avait commise en reconnaissant la souveraineté de l'émir. Il aurait lui-même provoqué son désaveu de la part du général en chef, et lui aurait conseillé d'accueillir les ouvertures du vieil agha, qui probablement se serait attaché dès lors, comme il le fit plus tard, à la fortune de la France. Cette conduite de M. Desmichels eût peut-être amené le retrait de son commandement, par suite de la fausse situation qu'il se serait ainsi faite. Certes, si la fibre patriotique eût encore vibré dans son cœur, il n'aurait pas hésité un instant. Mais, hélas! il ne fallait pas attendre une si noble abnégation de la part d'un homme qui avait si indignement forfait à son devoir et abaissé notre drapeau devant un misérable chef de quelques milliers de vagabonds fanatiques incapables de résister à des troupes régulières.

Le général Desmichels repoussa donc les offres de Mustapha-ben-Ismaël, et, non content d'avoir ainsi fait preuve d'un dévouement non équivoque pour la cause de l'émir, il lui écrivit afin de lui donner une nouvelle assurance de son concours. Pour mettre le sceau à son infâme trahison, il lui expédia un convoi de poudre et quatre cents fusils. Cependant, l'heureux coup de main exécuté par Mustapha avait fait accourir sous ses étendards quelques aventuriers énergiques, pleins d'admiration pour sa valeur. Le caïd de Tlemcen se proposait de lui livrer la ville. Les Coulouglis et les Turcs, maîtres du Méchouar, n'attendaient qu'une occasion favorable, afin de le reconnaître pour chef. Enfin plusieurs tribus limitrophes du désert, notamment les Angades, étaient en pleine insurrection. Il est dès lors probable qu'avec son indomptable énergie et ses talents militaires bien connus, Mustapha eût fini par réunir en un faisceau ces éléments divers, qu'il aurait pendant longtemps tenu en échec le pouvoir naissant d'Abd-el-Kader, si les actes insensés du général Desmichels ne lui avaient porté un coup funeste.

L'émir était trop clairvoyant pour ne pas apprécier avec justesse les difficultés de la situation. Il comprit qu'il fallait empêcher par tous les moyens la ligue de nombreux ennemis qui, ayant à leur tête un homme tel que Mustapha, pouvaient être un obstacle invincible à l'exécution de ses desseins. Il résolut d'étouffer à son origine la compétition de son redoutable adversaire. Il pensa, avec raison, qu'avec le concours des troupes françaises, un acte de vigueur suffirait pour disperser les partisans de l'ancien agha. Il se concerta, à cet effet, avec le général Desmichels, qui souscrivit avec empressement à ses désirs, et alla aussitôt porter son camp à Misserghin, afin de surveiller les mouvements de Mustapha et, au besoin, pour lui couper la retraite. De son côté, Abd-el-Kader, ayant réuni les contingents de toutes les tribus fidèles, se dirigea en toute hâte vers le Sig. Après avoir détruit le village d'El-Bordj, il atteignit Mustapha le 12 juillet, et, suivant ses prévisions, les cavaliers ennemis, démoralisés par l'attitude hostile des troupes françaises, lâchèrent pied au premier choc. Mustapha, grièvement blessé dans l'action, tomba dans ses mains. A cette occasion, le jeune émir donna une preuve éclatante de la profondeur de sa politique. Bien que tourmenté du désir de tirer vengeance de la conduite de Mustapha, qui s'était montré en bien des circonstances l'implacable ennemi de sa famille, il sut dissimuler sa haine. En faisant tomber un cheveu de sa tête, il aurait craint de s'aliéner pour jamais les intrépides cavaliers des Douairs, dont Mustapha était l'idole, et qu'il s'efforçait de rattacher à sa cause dans l'intérêt de sa puissance. Ce fut encore pour atteindre ce résultat, qu'il nomma El-Mazary, neveu de Mustapha, agha de la province.

Après ce succès décisif, qui accrut considérablement son prestige, Abd-el-Kader se dirigea en toute hâte vers Tlemcen. Il entra sans opposition dans la ville, dont il chassa le caïd. Mais les Turcs et les Couloughs du Méchouar lui opposèrent encore une résistance énergique qu'il ne put vaincre, toujours faute d'artillerie. Ce qui est à peine croyable, c'est qu'ayant prévu cet obstacle,

Il avait demandé, avant son départ, deux obusiers au général Desmichels. Le général en ayant référé au gouvernement français, le ministre de la guerre autorisa la remise des deux pièces. Mais, quand cette autorisation arriva à Oran, l'émir avait déjà quitté Tlemcen.

Le général Desmichels, par ses divers actes, avait donc bien mérité d'Abd-el-Kader. Il l'avait créé Prince des Croyants, et aidé de son concours précieux pour anéantir ses ennemis. Voulût-il alors compléter son œuvre, ou escompter ses derniers services, je l'ignore. Mais il est certain qu'il écrivit une lettre à l'émir, pleine de basses adulations, pour lui demander une entrevue. Soit qu'Abd-el-Kader ne put dissimuler son mépris pour ce triste personnage, soit qu'il craignît qu'une pareille démarche du général donnât l'éveil sur la nature de leurs relations, il repoussa cette demande, plusieurs fois réitérée, avec une invincible obstination.

Avant de continuer mes récits, il est nécessaire de signaler, que non-seulement la convention du 26 février fut connue du gouvernement français, mais encore qu'il y donna implicitement son adhésion. Car, en exécution de ce malheureux traité, l'émir envoya un consul à Oran, et plusieurs officiers se rendirent à Mascara pour y former une légation, afin de protéger les intérêts des Français. Tous ces faits, ainsi que nous le verrons bientôt, parvinrent à la connaissance du commandant en chef le corps d'occupation qui avait le devoir d'en instruire le ministre de la guerre. Du reste, lorsque le maréchal Soult autorisait le général Desmichels à faire la remise à l'émir des deux obusiers, il est plus que probable qu'il en connaissait la destination. Comment, dès lors, admettre que le ministre eût consenti à fournir des armes à l'émir, pour s'emparer d'une ville dont nous n'aurions pas fait l'abandon.

Abd-el-Kader, dont l'ambition grandissait avec le succès, rêva bientôt la souveraineté de toute la zone intérieure, de l'Est à l'Ouest. Il comprenait très-bien que notre occupation restreinte à quelques villes du littoral, sans relations avec les indigènes, serait pour nous un pesant fardeau, et que la France renoncerait tôt ou tard à des sacrifices inutiles, pour lesquels il n'y avait dans l'avenir à espérer aucune compensation. Il aurait, par ce moyen, atteint le but de reconstituer à son profit un grand royaume arabe sur toute l'étendue des possessions de la Régence. Il résolut donc de se mettre immédiatement à l'œuvre, en ayant le plus grand soin de dissimuler ses desseins.

XXX

INTRIGUES D'ABD-EL-KADER DÉJOUÉES PAR LA POLITIQUE HABILE DU GÉNÉRAL VOIROL. — IL ORGANISE SON POUVOIR.

Abd-el-Kader, ayant appris, par ses émissaires, que les villes de Millianah et de Médéah n'étaient pas éloignées de se déclarer en sa faveur, écrivit au général Voirol pour sonder ses dispositions et lui annoncer son projet de venir lui même châtier les brigandages des Hadjoutes. Le général en chef, trop habile pour ne pas pénétrer les vues secrètes de l'émir, et trop sage pour lui donner l'occasion d'augmenter encore sa puissance, répondit avec fermeté que si Abd-el-Kader franchissait le Chélif, cette marche en avant serait considérée comme une rupture ; que, du reste, l'armée française avait réprimé la révolte des Hadjoutes et qu'elle était plus que suffisante pour maintenir, au besoin par la force, la tranquillité dans le beylik de Titteri. Force fut donc à Abd-el-Kader de demeurer en repos. Mais, avant de s'y résoudre, il eut recours à une intrigue qui ne laisse aucun doute sur ses vues. Il voulut mettre M. Desmichels en opposition avec le commandant en chef, espérant qu'à l'aide d'un conflit entre ces deux généraux, il pourrait pénétrer dans la province d'Alger, et que peut-être il amènerait M. Desmichels à lui en donner l'autorisation. Je vais raconter quel fut l'auteur de cette intrigue, et les moyens employés pour irriter le général Desmichels contre son supérieur. Sidi-Allel-Kalati, caïd de Millanah, un des partisans les plus dévoués d'Abd-el-Kader, se rendit à Mascara. Il sut capter par son esprit les officiers de la légation française. Il parvint à leur persuader que le général Voirol cherchait à annuler le traité du 26 février, parce qu'il avait été conclu sans sa participation ; qu'il était jaloux du pouvoir considérable du général Desmichels. Il écrivit, en outre, directement au général. Sa lettre était adressée à *Sa Majesté* le général commandant les troupes françaises à Oran. Elle contenait ce qui suit :

« Nous avons vu votre sagesse et votre prudence, vous
» êtes un homme de bon conseil, vous avez de saines
» et grandes idées, votre conduite nous l'a prouvé. »

A la suite de ces astucieuses flatteries était transcrite la réponse faite par le général Voirol aux prétentions d'Abd-el-Kader sur la province d'Alger. Mais El-Kalati y avait ajouté cette phrase : « Le gouvernement de l'Afrique ne regarde que moi, le général Desmichels n'est rien, et n'est pas écouté par le grand roi qui est à Paris. L'habile émissaire de l'émir donnait ensuite la copie d'une autre lettre que le général Voirol lui avait personnellement adressée, dans laquelle il avait intercalé beaucoup de phrases désobligeantes pour M. Desmichels. Il terminait son épître par de nouvelles flatteries, espérant déterminer le général Desmichels, qui, du reste, y mettait de la bonne volonté, à rompre avec le général Voirol, dans le but indiqué plus haut. A partir de ce jour, le général de la division d'Oran secoua toute autorité et essaya de jouer au dictateur dans le cercle étroit de son commandement. Il fit même déclarer à Abd-el-Kader qu'il le rendrait plus grand qu'il n'aurait osé le désirer, qu'il fallait qu'il régnât partout, depuis le *Maroc jusqu'à Tunis*. C'était de la démence? Abd-el-Kader fut lui-même surpris du langage de l'officier français, qui lui rapportait de si singulières paroles. Mais comme, en définitive, le général Desmichels n'avait aucune espèce de pouvoir sur la province d'Alger, qu'il était en outre le subordonné du commandant en chef, il se garda bien d'afficher aucune prétention à cet égard, et Abd-el-Kader comprit que, s'il pouvait tout risquer à Oran, il devait s'abstenir sur la province d'Alger d'une tentative qui aurait été l'objet, de la part du général Voirol, d'une prompte et énergique répression. Il résolut dès lors de s'occuper de l'organisation politique et administrative des tribus soumises à son pouvoir. Dans son désir de connaître nos usages, notre législation et notre système militaire, il adressait fréquemment des questions aux officiers de la légation de Mascara, qui lui donnèrent des renseignements précis, et par écrit, qui tournèrent à notre détriment. Il y puisa les données nécessaires pour établir des institutions qui, tout en respectant les mœurs des indigènes, devaient accroître son autorité et leur donner une force de cohésion que le fractionnement des tribus avait jusque-là rendue impossible. A cet effet, il forma de ces tribus cinq grandes divisions qui furent placées chacune sous les ordres d'un agha. L'agha transmettait ses ordres aux caïds et autres agents placés sous son autorité. Pour soustraire les Arabes aux exactions des fonctionnaires, il assigna à chacun des traitements fixes, avec défense expresse d'accepter aucune gratification. Bien qu'il fût fort simple de manières et économe dans sa vie privée, il voulut relever le commandement aux yeux des Arabes par l'étalage d'un certain luxe extérieur. Il créa des fabriques d'armes, une monnaie à son coin, augmenta le nombre des écoles, et chercha par une foule d'autres moyens à améliorer la situation matérielle et morale de ses sujets. C'est là le secret de sa longue et prodigieuse influence.

XXXI

ÉVÈNEMENTS DE BOUGIE. — SUITES DE L'ADMINISTRATION DU GÉNÉRAL VOIROL. — SES DISSIDENCES AVEC L'INTENDANT GENTY DE BUSSY.

Pendant que la paix paraissait régner dans les provinces d'Alger et d'Oran, le chef de bataillon Duvivier était en butte à Bougie aux agressions fréquentes des Kabyles. Cet officier supérieur, dont nous avons déjà signalé l'énergie et le coup d'œil décisif dans des circonstances difficiles, avait acquis une grande expérience dans nos luttes africaines. Il eut à soutenir, depuis le 5 janvier jusqu'au 23 juillet 1834, des combats partiels, dont le succès prouva son intelligence militaire et la valeur de nos troupes.

Le général en chef avait consacré tout son temps à l'administration des tribus voisines d'Alger, et, grâce à son activité vigilante et énergique, la tranquillité n'avait pas tardé à renaître. Le résultat avait même dépassé nos espérances. M. Genty de Bussy avait créé plusieurs établissements agricoles et, entre autres, un jardin d'essai qui a prospéré de plus en plus. Malheureusement, ainsi que nous l'avons indiqué, il se montra souvent envers les indigènes injuste et oppresseur. Il fit, au moyen d'arrêtés spéciaux, main basse sur leurs propriétés, soit pour la réalisation de ses projets, soit au profit de spéculateurs venus d'Europe, sans leur payer l'indemnité préalable qui leur était si légitimement due. Lorsque le général Voirol, auquel le calme de la province permettait enfin de porter son attention sur les affaires civiles, voulut user de son droit, d'empêcher des mesures contraires aux règles d'une saine politique et de l'équité, M. Genty de Bussy afficha des prétentions impossibles. Ses habitudes d'indépendance, jointes à une connaissance supérieure des affaires, lui avaient donné une morgue qui fit éclore de fâcheux débats.

Dans les premiers jours de septembre 1834, un évènement assez peu important par lui-même vint mettre le comble à leur mésintelligence. Une Mauresque divorcée se présenta au général Voirol et lui déclara qu'elle avait l'intention d'embrasser la religion chrétienne. Le général en chef, après s'être assuré qu'elle n'était plus en puissance de mari, l'envoya au commissaire du roi, près la municipalité, en invitant ce fonctionnaire à veiller sur sa sécurité. Il y avait lieu de craindre qu'elle ne fût en butte aux mauvais traitements de ses coreligionnaires qui pourraient voir sa conversion d'un mauvais œil. La néophyte étant sûre de la protection de l'autorité, commença à se faire instruire des premiers principes de notre religion, en attendant le baptême. Le cadi d'Alger, Sidi Abd-el-Aziz, homme instruit mais fanatique, ayant eu connaissance de ce fait, courut se plaindre au général Voirol. Il prétendit que la Mauresque n'avait pas le droit de changer de religion, qu'elle méritait même d'être punie pour en avoir formé le projet. M. Voirol l'écouta avec beaucoup de patience. Il lui répondit : qu'il lui était fort indifférent que cette femme fût chrétienne ou musulmane, mais qu'il ne pouvait permettre qu'il lui fût fait la moindre violence sous prétexte de religion ; que chacun était libre de suivre le culte qui lui convenait ; que ce principe avait été respecté par l'autorité française, qui ne s'était point opposée à la conversion de plusieurs chrétiens à la religion musulmane, et que par des motifs identiques il ne devait point empêcher une conversion à la religion chrétienne. Le cadi n'ayant rien à objecter de raisonnable à ces observations, pria alors le général de lui permettre de voir la Mauresque, espérant la rattacher par ses conseils au culte de ses pères. M. Voirol lui ayant répondu qu'il était parfaitement libre à cet égard, le caïd se retira satisfait, du moins en apparence. Mais, ayant échoué dans ses tentatives, il eut l'insigne audace de faire enlever la Mauresque par ses chaouchs. Le général, ayant été instruit de cet acte de violence, envoya auprès d'Abd-el-Aziz un de ses aides de camp, avec l'ordre formel de faire mettre la femme indigène en pleine liberté, et au besoin d'employer la force. La

Mauresque, à qui l'on s'apprêtait à infliger la bastonnade, se trouva délivrée fort à propos des mains du cadi. S'étant réfugiée dans une église, elle fut immédiatement baptisée, sans le moindre obstacle de la part des musulmans. Mais le cadi se rendit à ce propos chez le muphti, afin de se concerter sur la conduite à tenir dans cette conjoncture. Tous deux convinrent de fermer leurs tribunaux afin de provoquer un soulèvement dans la population. Le général en chef eut bientôt raison de cette conduite factieuse ; car, après avoir fait sommer les deux magistrats indigènes de reprendre leurs fonctions, sur leur refus, il les destitua. Le cadi fut remplacé par Sidi-Ahmed-ben-Djadoun, oukil du Bit-el-Mal, qui fut installé dans ses nouvelles fonctions par le commissaire du roi. Le muphti Mustapha-ben-el-Kebaty, étant venu spontanément faire ses excuses au général en chef, fut réintégré dans son emploi. Quelques indigènes, ayant insulté le nouveau cadi, furent arrêtés et punis. Cet exemple suffit pour rétablir la plus complète tranquillité.

Voici maintenant le rôle joué par M. Genty de Bussy dans cette affaire. Le jour de la fermeture des tribunaux musulmans, le général en chef l'ayant fait appeler, lui dit :

— Je vous ai mandé, monsieur l'intendant, pour vous entretenir de l'évènement du jour.

— Quel évènement, mon général ? demanda M. de Bussy.

— Mais, monsieur, reprit le général, vous devez le savoir : il s'agit de la conversion de la Mauresque réfugiée près de l'autorité civile et des suites de cet incident.

— Comment, mon général, il y a une Mauresque qui a embrassé le christianisme ? Je vous assure que je n'en savais rien.

Le général Voirol, indigné de cette affectation ironique d'ignorer un évènement que tout Alger connaissait, le pria froidement de se retirer, en ajoutant que, puisqu'il en était ainsi, il lui ferait plus tard connaître ses ordres.

Le lendemain, de très bonne heure, après avoir reçu, la veille, l'arrêté qui destituait le cadi et le muphti, l'Intendant se rendit chez le général pour lui faire des observations sur cette mesure. Il avait sans doute oublié que la politique générale et la haute police, en supposant même qu'il ne fût pas le subordonné du général en chef, étaient, aux termes de l'ordonnance du 6 décembre 1831, dans les attributions spéciales du commandant militaire. Au bout de quelques minutes, la conversation prit une tournure regrettable. M. Voirol, oubliant un instant la dignité de chef suprême, se mit, à l'égard de M. de Bussy, dans la position d'un homme chatouilleux sur le point d'honneur, qui se sent outragé à l'occasion de faits d'une moralité indiscutable. Cette scène de violence clôtura d'une manière fâcheuse la triste administration de ce fonctionnaire.

M. Genty de Bussy laissa peu de regrets à Alger.

Néanmoins, il faut reconnaître que son administration ne fut pas entièrement stérile pour la colonie. Indépendamment des travaux publics préparés et exécutés, on doit à cet intendant la création de plusieurs écoles primaires, et la fondation des deux premiers villages français de Kouba et de Delybrahim. Nous devons même ajouter, à sa décharge, qu'à son arrivée en France, il écrivit et dédia au maréchal Soult, ministre de la guerre, un livre sur l'Algérie qui contient d'excellentes idées et dont je me plais à rappeler ici la conclusion :

« Avec un gouverneur venu de l'ordre civil, et nous
» ne dissimulons pas que tel est notre vœu formel, s'en
» va le danger de voir substituer le moyen au but. Il y
» aura chez lui plus d'habitude de manier les hommes,
» plus de penchant pour la douceur et la persuasion,
» que pour la violence et la force. Concentrée sur une
» seule pensée, sa gloire sera la paix ; son ambition, la
» prospérité progressive du pays. Inaccessible aux
» séductions des combats, devant lui l'esprit militaire
» effacera ses excès, et la colonisation reprendra la
» seule place qu'elle puisse occuper, la première. »

Cette déclaration franche et profondément vraie, aux risques de déplaire à la pensée immuable qui commençait à s'imposer dans les sphères ministérielles, fut dans la situation précaire de M. Genty de Bussy un acte de courage civil. Elle doit lui valoir l'absolution de bien des fautes. Quant au général Voirol, plusieurs indigènes notables, mécontents de la fermeté dont il avait fait preuve dans l'affaire de la Mauresque, se mirent à pétitionner contre lui. Mais comme par ses mesures équitables, et toutes dans l'intérêt public, il avait su acquérir l'estime et l'affection de la majeure partie des habitants d'Alger, des contre-pétitions couvertes d'un très grand nombre de signatures furent adressées au gouvernement. Le terrain s'effondra sous les pas de ses ennemis. Il est plus que certain qu'il sortit vainqueur de cette épreuve, et qu'il eût conservé son poste, sans les évènements que je vais raconter, qui furent l'occasion ou le prétexte de sa rentrée en France.

XXXII

COMMISSION GOUVERNEMENTALE DE 1833. — ORGANISATION DES 22 JUILLET ET 10 AOUT 1834.

Le 7 juillet 1833, le maréchal Soult, ministre de la guerre, sur la demande des Chambres, avait fait accepter par le roi l'envoi en Afrique d'une commission d'enquête, chargée d'étudier sur les lieux l'état de l'occupation française, sous le double rapport militaire et colonial, et de constater d'une manière irrécusable les faits qui se rattachaient à l'administration de notre colonie naissante. Le gouvernement, il faut le reconnaître à sa louange, confia cette délicate mission à des hommes de valeur, qu'entourait la considération publique, et dont les aptitudes spéciales et variées devaient concourir puissamment à éclairer les divers points soumis à leurs investigations. Les commissaires choisis par le ministre de la guerre, furent MM. le général

Bonnet d'Haubersaërt, pair de France, de Lapinsonnière, Laurence, Piscatory et Regnard, députés, Monfort, maréchal de camp, inspecteur du génie, et David d'Ailly, capitaine de vaisseau.

Les membres de cette commission, ayant débarqué le 2 septembre, visitèrent successivement toutes les villes occupées par nos troupes. Ils avaient tellement pris leur mandat au sérieux, qu'ils ne reculèrent même pas devant les plus minutieuses informations. La commission interrogea successivement les autorités civiles et militaires, la chambre de commerce d'Alger. Elle entendit les délégués de la société des colons, les négociants européens ; les Maures et les Juifs furent également admis à soumettre leurs griefs. Le 22 octobre, elle revint à Alger avec de nombreux documents. Son rapport, présenté aux Chambres au mois de juin 1834, bien qu'il n'eut pas été destiné à la publicité, est la condamnation éclatante de l'administration africaine et de la politique anti-nationale du gouvernement français. Néanmoins, le ministre eut la maladresse de faire publier ce rapport. Il n'était certes pas de nature à créer des partisans au chef de l'état, qui s'était efforcé, dans un prétendu intérêt dynastique, de faire prévaloir le déplorable système précédemment expliqué. M. Piscatory, député influent, un des membres de la phalange doctrinaire qui reconnaissait M. Guizot pour chef, voulant affranchir la commission de la responsabilité de cette mesure imprudente, s'exprima ainsi à la tribune de la Chambre des députés :

« La Chambre ayant témoigné le désir de recevoir tous
» les documents nécessaires à l'examen de la question
» d'Alger, soulevée par la discussion du budget de la
» guerre, le gouvernement a cru devoir déposer sur le
» bureau le procès-verbal de la commission qui avait
» accepté d'aller en Afrique. Quoique ce procès-verbal
» eut été rédigé uniquement pour mettre de l'ordre dans
» son travail, et pour témoigner de la marche qu'elle
» avait suivie, la commission n'a pas cru devoir s'op-
» poser à cette communication. Mais, il est utile que la
» Chambre sache que ce procès-verbal n'était pas des-
» tiné à l'impression, et que, cependant, la commission
» a pensé ne devoir apporter aucun changement à sa
» rédaction. »

Maintenant, voici les passages les plus remarquables
de ce procès-verbal :

« Si l'on s'arrête un instant à la manière dont l'occu-
» pation a traité les indigènes, on voit que sa marche
» a été en contradiction, non-seulement avec la justice,
» mais avec la raison. C'est au mépris d'une capitulation
» solennelle, au mépris des droits les plus simples et
» les plus naturels des peuples, que nous avons mé-
» connu tous les intérêts, froissé les mœurs et les exis-
» tences, et nous avons ensuite demandé une sou-
» mission franche et entière à des populations qui ne
» se sont jamais bien complétement soumises à per-
» sonne.

» Nous avons réuni au domaine les biens des fonda-
» tions pieuses. Nous avons séquestré ceux d'une classe
» d'habitants que nous avions promis de respecter.
» Nous avons commencé l'exercice de notre puissance
» par une exaction. Nous nous sommes emparés des
» propriétés sans indemnité aucune, et de plus nous
» avons été jusqu'à contraindre des propriétaires, ex-
» propriés de cette manière, à payer les frais de démo-
» lition de leurs maisons et même d'une mosquée. Nous
» avons loué des bâtiments du domaine à des tiers,
» nous avons reçu d'avance le prix du loyer, et le len-
» demain, nous avons fait démolir ces bâtiments sans
» restitution ni dédommagement.

» Nous avons profané les temples, les tombeaux,
» l'intérieur des maisons, asile sacré chez les musul-
» mans. On sait que les nécessités de la guerre sont
» parfois irrésistibles, mais on devait trouver dans
» l'application de mesures extrêmes des formes de
» justice, pour masquer tout ce qu'elles ont d'odieux.
» Jamais les peuples de l'antiquité, depuis les plus
» éclairés jusqu'aux plus barbares, n'avaient pensé que
» la violation des mœurs et des lois des nations vain-
» cues pût les leur attacher. Les Romains, loin de
» suivre une telle marche, prenaient toujours une partie
» des coutumes des peuples qu'ils avaient soumis. Les
» hordes barbares du Nord firent de même. Il est vrai
» que, plus tard, l'Europe a substitué ses mœurs et ses
» croyances à celles de l'Amérique. Mais elle fut obligée
» de détruire les populations, et l'on ne pense pas

» que tel soit le résultat à rechercher aujourd'hui en
» Afrique.

» Il y eut confusion dans l'organisation de la justice,
» confusion dans les juridictions, confusion dans l'ad-
» ministration, confusion partout, et certainement les
» indigènes, quand même ils auraient été pleins de
» bonne volonté, n'auraient pu se reconnaître dans ce
» chaos, où nous ne nous retrouvions plus nous-mêmes.
» Des interprètes ignorants ou infidèles vinrent encore
» ajouter aux difficultés de nos transactions avec les
» Arabes.

» Nous avons envoyé au supplice, sur un seul soupçon
» et sans preuve, des gens dont la culpabilité est restée
» plus que douteuse. Leurs héritiers ont été dépouillés,
» le gouvernement a fait restituer la fortune, il est vrai,
» mais il n'a pu rendre la vie à un père assassiné.

» Nous avons massacré des gens porteurs de sauf-
» conduits, égorgé sur un soupçon des populations
» entières qui se sont ensuite trouvées innocentes.
» Nous avons mis en jugement des hommes réputés
» saints dans le pays, des hommes vénérés, parce qu'ils
» avaient assez de courage pour venir s'exposer à nos
» fureurs, afin d'intercéder en faveur de leurs malheu-
» reux compatriotes. Il s'est trouvé des juges pour les
» condamner, et des hommes civilisés pour les faire
» exécuter.

» Nous avons plongé dans les cachots des chefs de
» tribus, parce que ces tribus avaient donné asile à nos
» déserteurs; nous avons décoré la trahison du nom de

» négociation, qualifié d'actes diplomatiques de honteux
» guet-apens, en un mot, nous avons débordé en Bar-
» barie les barbares que nous venions civiliser. Et nous
» nous plaignons de ne pas avoir réussi auprès d'eux !!!
» Mais nous avons été nos plus cruels ennemis en
» Afrique, et, après tous ces égarements de la violence,
» nous avons changé tout à coup de système, pour nous
» lancer dans l'excès contraire. Nous avons tremblé
» devant un acte de vigueur mérité, et nous avons voulu
» ramener à nous, à force de condescendance, des gens
» qui n'ont alors cessé de nous craindre que pour nous
» mépriser.

» On ne peut attacher le blâme à tel administrateur
» plutôt qu'à tel autre. Les modifications survenues
» dans le personnel, l'absence de système déterminé,
» l'incertitude de l'occupation, ont jeté la langueur
» partout. Les faux errements des uns, inaperçus par
» leurs successeurs, n'ont pas été rectifiés. Des mesures,
» favorables à telle branche d'administration, ont été
» légèrement adoptées, sans qu'on ait remarqué qu'elles
» étaient nuisibles à d'autres. Enfin, le sol a manqué
» sous les pas de presque tous, parce que presque tous,
» en présence de difficultés extrêmes, ont été inférieurs
» à leur position. »

La Commission, après avoir constaté ces faits inqua-
lifiables, résumait ainsi son jugement :

« Il n'y a personne qui n'ait été frappé de l'incapacité,

» de l'ignorance, de la faiblesse de certains fonction-
» naires. Il en est résulté que l'autorité a donné un
» spectacle honteux pour la France ; qu'elle a été pour
» les Français vexatoire et tracassière, et que, loin de
» rien encourager, elle a éloigné les progrès, découragé
» les efforts, et que tous les bons résultats ont été
» rendus, sinon impossibles, au moins ajournés pour
» longtemps. De là naît pour nous la déconsidération
» vis-à-vis des Européens, une impuissance complète
» sur l'esprit des Arabes et l'idée donnée aux étrangers
» que la France ne veut pas conserver un pays qu'elle
» gouverne si mal.

» L'attitude de l'autorité militaire, jugée dans son en-
» semble, est la faiblesse et l'hésitation ; la perte de son
» influence sur les nationaux, et défaut de puissance
» morale sur les indigènes. L'autorité supérieure a une
» large part dans ce blâme.

» L'autorité civile est placée dans une fausse position :
» absence de haute direction, défaut d'intelligence de sa
» mission, activité peu féconde en résultats utiles, sou-
» vent imprudente et dommageable. La Commission ne
» méconnaît pas que les circonstances ont souvent été
» difficiles. L'autorité supérieure a fait tout ce qui devait
» les aggraver.

» L'autorité judiciaire manque de considération et
» d'indépendance. Elle a été mal composée dans son per-
» sonnel. La confiance s'est retirée d'elle, et l'opinion
» publique réclame sa prompte réorganisation. »

Puis enfin, arrivent les conclusions. Après avoir signalé les graves inconvénients attachés à l'action prédominante du pouvoir militaire, la Commission pensait que « l'institution d'un gouverneur, supérieur
» au commandant en chef de l'armée, et qui, par consé-
» quent, dominerait tout à la fois le pouvoir civil et le
» pouvoir militaire, sans appartenir plus spécialement
» à l'un qu'à l'autre, pourrait concilier avec sagesse et
» ensemble tous les besoins du pays. » Et un point digne de remarque, la Commission terminait son travail en affirmant, à l'unanimité de ses membres, que, sans la déclaration officielle de la réunion de l'Algérie à la France, il n'y avait pas de colonisation possible. Avait-elle donc la pensée qu'on avait pu craindre pendant longtemps que, malgré la conquête, cette réunion n'aurait pas lieu, ou bien les hésitations du pouvoir central, et un certain nombre d'actes inconciliables avec la souveraineté de la France, dont elle avait recueilli les preuves, lui faisaient-elles conjecturer que, dans les sphères élevées, on rencontrait parfois des partisans systématiques de l'abandon de l'Algérie ? que ces idées d'abandon, ou tout au moins d'occupation excessivement restreinte, étaient la cause unique du mauvais choix des administrateurs et du mode d'administration déplorable qui lui avait été imposé ? Quoi qu'il en soit, pour déterminer le pouvoir à proclamer cette réunion, elle faisait un tableau saisissant des avantages que la France devait retirer de la possession de l'Algérie.

« Tout nous paraît, disait-elle, devoir encourager nos
» efforts en Afrique. La fertilité du sol est grande, la
» perspective commerciale se présente aussi sous les
» couleurs les plus favorables, et quelques difficultés
» que l'on éprouve à naturaliser la civilisation sur cette
» terre, et par suite, l'usage des produits de notre in-
» dustrie, la voie qu'une colonisation purement euro-
» péenne ouvrirait serait déjà bien assez large pour
» justifier toutes les espérances. La position militaire
» est merveilleuse, sous le rapport politique, en ce
» qu'elle commande une des mers les plus riches d'a-
» venir, et qu'elle présente à l'ennemi extérieur d'im-
» menses difficultés d'attaque. »

La publicité imprudente donnée à ce consciencieux travail était un évènement. Il eût sans doute produit une révolution radicale, dans la politique du pouvoir central, vis-à-vis de l'Algérie, si, malheureusement, la Commission ne s'était heurtée contre un parti pris du chef de l'État. Il était, en effet, fort difficile d'en contester la sincérité et la valeur. Les hommes qui avaient concouru à sa rédaction étaient des partisans déclarés de la dynastie d'Orléans. Deux d'entre eux, MM. Piscatory et Laurence, avaient donné des gages appréciés à la politique conservatrice qui prévalait à cette époque. En outre, le choix du ministre attestait que l'administration avait en leurs lumières une entière confiance. Ce qui, par dessus tout, venait en accroître la force et la portée, c'est que les fonctionnaires eux-mêmes, dont ils avaient blâmé les procédés avec une grande énergie et vivement critiqué les actes, étaient dans la nécessité de rendre hommage à la justesse et au mérite de leurs appréciations. Pour en donner la preuve, il me suffira de rappeler le jugement de M. Genty de Bussy, particulièrement visé dans le procès-verbal de la Commission :

« Prise dans les deux premiers corps de l'État, dit
» M. de Bussy, une Commission est venue, en 1833, étu-
» dier l'Afrique sur les l… …. Guidée avant tout par le
» besoin de saisir la véri…, elle a voulu voir et toucher
» par elle-même les éléments livrés à son examen.
» Pleine de circonspection et de prudence à la fois, elle
» a pensé que les conséquences des faits qu'elle avait
» mission de recueillir ne devaient pas être prématu-
» rément tirées; qu'elle n'avait pas d'avis à laisser
» transpirer sur les lieux. Loin donc de se presser
» d'écrire, lorsque les impressions étaient encore trop
» vives, elle a parfaitement senti qu'à Alger elle devait
» se borner à tout voir, et que c'était à Paris seulement
» qu'elle était appelée à dire comment elle avait vu.
» Inaccessible à toute autre considération qu'à celle
» de bien faire, elle s'est mise à la tâche avec ce patrio-
» tisme qui distingue, aujourd'hui, les hommes sincè-
» rement attachés à leur pays. Grâces lui en soient
» rendues ! La France lui a déjà tenu compte de ses
» travaux et de son dévouement à la chose publi-
» que. »

Il y avait donc lieu d'attendre qu'en apprenant les épouvantables forfaits signalés par le procès-verbal, la Chambre serait frappée d'une commotion électrique, et que dans l'élan irrésistible d'une généreuse indignation, par un ordre du jour énergiquement motivé, elle forcerait la main au ministre; que le despotisme militaire, cause évidente de tous ces odieux méfaits, céderait désormais la place à un gouvernement civil largement constitué.

Mais la pensée occulte qui avait jusque-là imprimé une si pitoyable direction aux affaires algériennes, n'était pas encore à la veille de renoncer à son empire. Le mot d'ordre fut donné aux fidèles de détourner, par tous les moyens, l'attention de la Chambre, afin d'atténuer le mauvais effet produit par le travail de la commission. Nous savons déjà que M. Piscatory avait déclaré à la tribune que le procès-verbal ne devait pas être publié; qu'il avait été rédigé dans l'unique but de mettre de l'ordre dans le travail de la commission, et pour témoigner de la marche qu'elle avait suivie. Il importe surtout de faire connaître, qu'à la séance du 29 avril 1834, M. Dupin, président de la Chambre des députés, qui, malgré son langage un peu âpre et ses manières rudes, n'en était pas moins un des courtisans les plus dévoués au roi, fit une charge à fond contre les spéculations indignes signalées dans le procès-verbal. Il s'exprima avec cette verve mordante qui était un des beaux côtés de son talent oratoire, dans des termes dignes d'être rapportés:

« La rage de la spéculation a été poussée jusqu'au
» scandale. Il y a telle maison, qui est louée à l'État
» douze fois ce qu'elle a coûté. Un administrateur a
» fait cette spéculation, et voudrait faire tomber à la
» charge de l'État le soin d'assurer ce bénéfice. On a
» vendu des terres à Alger comme des quantités algébri-
» ques ; comme à la Bourse de Paris, on trafique sur le
» sucre, le café, et les eaux-de-vie, etc., etc. »

Mais laissons-là cette triste comédie, faisons remarquer seulement que ce même homme, qu'une spéculation coupable sans doute indignait si vivement, ne trouva pas un seul mot pour flétrir le massacre d'une tribu entière, dont l'innocence était reconnue, les violations de sauf-conduits, la condamnation par les conseils de guerre de gens qu'on savait innocents, et autres crimes tout aussi lamentables.

Mais le tour était joué, l'incident n'eut pas de suite. Cependant le procès-verbal de la commission ne devait pas rester entièrement sans effet. Il produisit une influence considérable, que nous allons indiquer, en exposant l'organisation du mois de juillet 1834, complétée le 1er septembre suivant.

XXXIII

ORDONNANCE DU 22 JUILLET 1834. — CRÉATION D'UN GOUVERNEUR GÉNÉRAL. — ORGANISATION D'UNE NOUVELLE ADMINISTRATION SUPÉRIEURE.

J'ai tantôt fait remarquer que la commission d'enquête, après avoir émis le vœu de l'institution d'un gouverneur civil, supérieur au commandant militaire, avait affirmé que, sans la déclaration officielle de la réunion de l'Algérie à la France, il n'y avait pas de colonisation possible.

Le gouvernement, pour se conformer dans une certaine mesure aux idées émises dans le procès-verbal, à ce double point de vue, décida, par l'article premier de l'ordonnance du 22 juillet 1834, que le commandement général et la haute administration des possessions françaises dans le nord de l'Afrique étaient confiés à un gouverneur général. Mais cet article contenait un deuxième alinéa : « Il exerce ses pouvoirs sous les ordres et la direction de notre ministre secrétaire d'État de la guerre. » Cet alinéa disposait d'une manière implicite que, contrairement aux vues de la commission, le gouverneur général serait un militaire et non un fonctionnaire de l'ordre civil. En outre, le fait, énoncé dans l'ordonnance, que les points occupés par nos troupes seraient désormais désignés par les termes : *Possessions françaises,* et que ces possessions seraient administrées par un gouverneur général, n'équivalait pas à la déclaration officielle de l'union de l'Algérie à la France. Ce qui le prouve, c'est qu'après la Révolution de Février, les rédacteurs de la constitution républicaine ont senti le besoin de déclarer, dans l'article 108, que l'Algérie faisait partie intégrante du territoire français. De plus, le mot *possession* ne s'applique qu'à un fait purement matériel, et comme ce fait peut être transitoire ou définitif, il n'implique en aucune façon la souveraineté privée ou publique, qui dans toutes les hypothèses est limitée par l'étendue de l'objet possédé. Nous sommes donc autorisés à conclure que le gouvernement en était arrivé à la politique de l'occupation restreinte. Politique funeste, qui nous a fait commettre de lourdes fautes, et devait nous imposer plus tard de si douloureux sacrifices. Qu'on ne croie pas que, pour aboutir à cette conclusion, j'ai dû donner aux termes de l'article premier de l'ordonnance un sens contraire à la pensée de ses rédacteurs. Quand il s'agit de l'organisation des pouvoirs publics, les expressions ne peuvent être détournées de leur sens propre. Et les qualifications données aux divers agents ont presque toujours une signification positive. Il est facile d'en donner des preuves sans sortir de mon sujet.

M. de Bourmont était venu en Afrique en qualité de général en chef de l'armée expéditionnaire. Après la prise d'Alger, il dut pourvoir, au même titre, aux premières nécessités de l'administration du pays. Il s'était écoulé trop peu de temps entre la conquête et la Révolution pour que le gouvernement de Charles X ait eu la pensée de changer son titre, et de prendre une résolution définitive à ce sujet. La qualification de général en chef correspondait donc, à ce moment, à une situation incertaine, qui pouvait bien n'être que temporaire. Après la Révolution, le général Clauzel succède à M. de Bourmont, avec le même titre de général en chef. Ici encore ce titre exclut la pensée de l'occupation définitive de l'Algérie au bénéfice de la France. Le doute à cet égard n'est pas permis, quand on considère que les principaux actes du général Clauzel n'ont eu pour objet que de détruire l'ébauche d'administration due à son prédécesseur, et rétablir l'état des choses existant sous l'empire turc. Dans le cas contraire il serait difficile d'expliquer que, sous le couvert d'une prétendue organisation, il ait maintenu la juridiction des cadis, des rabbins, des consuls étrangers sur leurs nationaux, et qu'il ait autorisé la cour de justice à statuer sur les contestations des Français, d'après les us et coutumes de la Régence. Enfin, le général Berthézène est chargé de l'administration en la même qualité de général en chef. Sous son commandement, la durée de l'occupation n'est pas moins incertaine. Aucune modification ne fut apportée aux errements suivis par M. Clauzel, et dans la malencontreuse expédition de Bône, faite par 125 zouaves, presque tous musulmans, l'officier qui les commandait avait le titre significatif de *consul de France* à Bône. Ainsi le titre de général en chef, porté successivement par les généraux Bourmont, Clauzel et Berthézène, correspond à une période d'indécision, pendant laquelle il était fort incertain si le gouvernement conserverait la conquête.

Tout à coup un évènement sinistre ayant appelé l'attention de Casimir Périer, le détermine à prendre la direction de l'Algérie et à rattacher les services civils à son ministère. Les idées absolues du ministre, son dessein d'occuper en temps opportun toutes les parties de la Régence, vont se refléter dans la nouvelle qualification donnée au chef de l'armée.

Il ne s'appellera plus désormais général en chef de l'armée expéditionnaire. Il portera le titre de commandant le *corps d'occupation* d'Afrique, termes vagues et indéterminés, qui permettront de soumettre à son commandement toutes les populations de l'Algérie. Peut-on éprouver un doute en présence des attributions données aux sous-intendants civils de Bône et d'Oran, qui n'avaient d'autres limites que celles des provinces de Constantine et d'Oran. Par conséquent, la qualification de commandant le corps d'occupation d'Afrique était un signe certain que le ministre dirigeant inaugurait la politique de l'occupation continue, absolument comme les expressions, beaucoup plus précises, de gouverneur des possessions françaises, donnent la preuve qu'au moment de l'organisation de 1834, le ministère, ou quoique soit le chef de l'État, était partisan de l'occupation restreinte. Il est bien difficile de ne pas l'admettre, à la vue du traité du 26 février 1834, qui abandonnait à Abd-el-Kader, dans la province d'Oran, la souveraineté de toute la zone intérieure, depuis les frontières du Maroc jusqu'au Chélif, et de la décision du ministre qui permettait de remettre à l'émir deux obusiers pour lui faciliter la prise de la citadelle de Tlemcen.

Il était indispensable de faire connaître la politique et les vues du gouvernement français à cette époque, afin d'apprécier les actes ultérieurs de ses divers agents, et surtout afin de faire comprendre que tous les habitants de nos possessions, à l'exclusion des militaires, devaient être soumis aux différents chefs des services civils, sans distinction de territoires et de personnes, et que la nouvelle organisation judiciaire avait une tendance marquée vers l'unité de législation.

La commission avait encore déclaré, dans son procès-verbal, qu'il y avait eu confusion dans l'organisation de la justice, confusion dans les juridictions, confusion dans l'administration, confusion partout. L'article 2 de l'ordonnance avait pour objet de remédier à ces inconvénients. Il est ainsi conçu :

« Article 2. — Un officier général, commandant les
» troupes, un intendant civil, un officier général, com-
» mandant la marine, un procureur général, un inten-
» dant militaire, un directeur des finances, sont chargés
» des différents services civils et militaires, sous les
» ordres du gouverneur général, et dans la limite de
» leurs attributions respectives. »

Cet article contient, en principe, la distinction des deux pouvoirs civil et militaire. Les différents services militaires sont dévolus à un général des troupes de terre, à un amiral et à un intendant militaire. Les services civils sont exclusivement réservés à l'intendant civil, au procureur général, au directeur des finances, et sont divisés en trois branches distinctes, dont les chefs seront indépendants les uns des autres, ainsi que je l'indiquerai en faisant connaître leurs principales attributions. Ils seront soumis au gouverneur général, absolument comme les fonctionnaires du même rang et du même ordre sont soumis en France à leurs ministres respectifs. Cette division rationnelle, administration proprement dite, justice, finances, embrassant les différents services civils dans leurs rapports avec les administrés, me paraît suffisante pour assurer la marche d'une société civilisée.

L'ordonnance fait mieux encore par l'article 3, elle institue un conseil du gouvernement, composé des fonctionnaires énumérés dans l'article 2, afin de venir en aide au chef de l'administration dans toutes les questions difficiles. L'indépendance des membres de ce conseil ne paraîtrait peut-être pas suffisante, si l'on ne considérait qu'au moment de la rédaction de l'ordonnance, quatre ans n'étaient pas encore écoulés depuis la conquête, et que, parmi les Français établis dans la colonie, un très-petit nombre présentaient les garanties nécessaires d'intelligence et de moralité pour remplir dignement des fonctions publiques.

Les rédacteurs de l'ordonnance passent ensuite à un autre ordre d'idées. L'Algérie avait été abandonnée jusque-là à l'omnipotence des généraux. Les essais d'organisation contradictoires antérieurs avaient donné naissance à un grand nombre d'arrêtés, dont le mérite était fort contestable. Après l'organisation de 1831, les intendants civils s'étaient également arrogé le droit de prendre des arrêtés, non-seulement sur des matières spéciales, ils avaient encore pris un certain nombre d'arrêtés organiques d'une flagrante illégalité. Sous l'administration du duc de Rovigo, M. Genty de Bussy, notamment, s'était donné libre carrière à ce sujet, et n'avait que trop souvent méconnu les principes de la plus vulgaire équité. Pour remédier à cet abus, l'article 4 de l'ordonnance dispose que, jusqu'à ce qu'il en soit autrement ordonné, les possessions françaises du Nord de l'Afrique seront régies par des ordonnances royales. Ainsi, le régime des ordonnances a été substitué au régime des arrêtés, comme nous avons vu de nos jours le régime des ordonnances remplacé par le régime de la loi, qui est le dernier terme du progrès.

Mais de tous les articles, celui qui mérite le mieux de fixer notre attention est assurément l'article 5. Nous savons déjà que, suivant l'article 4, les possessions françaises doivent être régies par des ordonnances. L'article 5 va nous indiquer la marche à suivre et les travaux préparatoires à exécuter pour leur rédaction. Le *gouverneur général prépare en conseil* les projets d'ordonnance que réclame la situation du pays, et les transmet à notre ministre de la guerre. Je n'essaierai pas de faire ressortir la profonde sagesse de cet article. Car il tombe sous les sens qu'on ne peut administrer un pays sans le connaitre, et il est malheureusement établi, par des données positives, que les gouvernants et les assemblées qui n'ont pas craint de légiférer sur les affaires algériennes, ont toujours commis de pitoyables bévues. Le même article donne ensuite au gouverneur général le droit de prendre, par exception, des arrêtés dans les cas d'extrême urgence. Enfin, le dernier article annonce des ordonnances spéciales pour déterminer les attributions du gouverneur général et des autres fonctionnaires.

Telle fut la mémorable organisation du 22 juillet 1834. Elle réalisa non-seulement de notables progrès, mais elle est à mon avis tellement bien conçue, que je désirerais, pour le bonheur de l'Algérie, une organisation semblable, avec les modifications, bien entendu, devenues nécessaires par suite de la grande expansion de l'élément européen, et des progrès politiques accomplis.

Ainsi, au lieu d'un gouverneur militaire, plaçons à la

tête de l'administration un gouverneur général civil, chargé de la haute administration, communiquant, par l'intermédiaire d'un secrétaire général, avec les chefs des différents services compris dans la division tripartite éternellement vraie : administration, justice et finances. Faisons assister le gouverneur général d'un conseil colonial, composé d'un certain nombre de membres élus par le suffrage universel et direct ; que ce conseil ait, à l'exclusion de tous fonctionnaires et autres corps constitués, la mission spéciale de préparer les projets de loi, d'en formuler les dispositions, sauf à les soumettre ensuite aux Chambres françaises pour leur donner la force légale ; qu'il soit, en outre, chargé de contrôler au besoin les actes de l'administration coloniale, et, à mon avis, nous aurons organisé une administration supérieure capable de diriger l'Algérie dans la voie du progrès et de la conduire promptement à de hautes destinées.

L'ordonnance du 22 juillet avait donc édicté des principes généraux profondément vrais. Mais les ordonnances du 10 août et celles du 1er septembre vont bientôt nous donner la preuve combien il est facile de fausser, dans la pratique, les meilleures institutions. Car, considérée dans son ensemble, l'organisation de 1834 est une œuvre détestable, qui devait arrêter pour longtemps les progrès de la colonisation.

Je vais indiquer maintenant, d'une manière succincte, les attributions du gouverneur général et des trois administrateurs civils. J'analyserai ensuite, avec plus de détails, l'organisation judiciaire contenue dans l'ordonnance du 10 août.

Ordonnance du 1er septembre 1834.

En exposant les principes généraux de l'organisation de 1834, j'ai dû reconnaître que ces principes, sainement appliqués, étaient de nature à donner satisfaction aux nécessités du moment. Mais, hélas ! en fixant, par l'ordonnance du 1er septembre 1834, les attributions diverses des hauts fonctionnaires, le pouvoir central allait nous donner la mesure de son libéralisme et de son bon vouloir à l'égard de l'Algérie.

Quand on jette un coup d'œil synthétique sur l'ensemble des attributions conférées par l'ordonnance au gouverneur général et sur le luxe étonnant de fonctionnaires de tout ordre, créés ou à créer dans le plus bref délai, on serait porté à croire que l'organisation nouvelle avait à régir de vastes États et de nombreuses populations. Certes, il serait fastidieux d'entrer dans de trop grands développements à ce sujet, mais pourtant quelques détails sont indispensables, afin de démontrer combien cette organisation était défectueuse et peu en rapport avec l'exiguïté de nos possessions.

Les trois premiers articles de l'ordonnance nous donneront une idée à peu près exacte de l'immensité des attributions du gouverneur général :

« Article premier. — Le gouverneur général a, sous

» les ordres du ministre de la guerre, les attributions
» nécessaires pour l'exercice du commandement et la
» direction supérieure de l'administration qui lui sont
» confiés.

» Article 2. — Il est chargé de la défense intérieure et
» extérieure des possessions françaises dans le Nord de
» l'Afrique. Il a sous ses ordres immédiats les gardes
» nationales et urbaines, la gendarmerie et les troupes
» de toute nature, régulières et irrégulières. Il donne,
» s'il y a lieu, des ordres d'embargo. En temps de
» guerre, il délivre des lettres de marque, ou prolonge
» la durée de celles qui ont été envoyées de France. Il
» détermine l'envoi des bâtiments parlementaires, et
» les commissionne. Il convoque et préside les com-
» missions pour le jugement des prises. »

On croit rêver en lisant ces étranges élucubrations. Mais passons à l'article suivant :

« Article 3. — Il dirige seul les rapports : 1° avec les
» tribus de l'intérieur ; 2° avec les pouvoirs politiques
» des États limitrophes ; 3° avec les agents des puis-
» sances étrangères établis dans l'étendue de son gou-
» vernement. »

Je ferai bientôt connaître son pouvoir exorbitant sur ses administrés et sur les fonctionnaires. Mais il faut, au préalable, indiquer les catégories des divers agents placés sous ses ordres, afin d'avoir une idée de leur nombre, de la nature de leurs fonctions et indiquer ensuite que la plupart des dispositions de l'ordonnance étaient sans objet. Pour énumérer les diverses catégories de fonctionnaires, il suffit de rappeler la teneur des articles 27 et 38 :

« Article 27. — L'intendant civil a sous ses ordres les
» fonctionnaires municipaux, les agents de l'instruction
» publique, les agents sanitaires et les officiers des
» ports, les agents salariés par le gouvernement, dans
» l'intérêt de la colonisation et des expériences agri-
» coles. »

Ajoutons les ingénieurs des ponts et chaussées, les architectes des bâtiments civils, enfin les différents interprètes employés par tous ces agents, et nous serons fixés sur le nombre des fonctionnaires de cette première catégorie. Arrivons à la seconde :

« Article 38. — Le directeur des finances dirige et
» surveille les services de l'enregistrement et du timbre,
» des domaines, des douanes, des postes, des contri-
» butions diverses et, en général, toutes les branches
» du revenu public. »

Enfin, la troisième et dernière catégorie se composait des fonctionnaires de l'ordre judiciaire, dont nous indiquerons le nombre en faisant l'analyse de l'ordonnance du 10 août.

Si on réfléchit sur tous ces faits et sur notre situation précaire en Afrique, il est bien difficile d'admettre que le pouvoir central ait pris au sérieux l'organisation de 1834. Elle avait sans doute pour principe le dessein de persuader l'existence de vastes possessions, et de jeter un voile sur les tristes conséquences de la politique imposée par le chef de l'État, et dans laquelle il devait persister avec obstination, ainsi que le prouva, trois ans après, le fameux traité de la Tafna. A l'exception de la ville d'Alger, dont l'importance était plus apparente que réelle, dans les autres centres occupés par nos troupes l'élément européen brillait par son absence ou par son petit nombre, et la colonisation était nulle. En effet, si l'on retranche les agents des douanes, du service des ports, de la santé, les employés des domaines, des postes, du service des hôpitaux, les agents des ponts et chaussées, des bâtiments civils, les fonctionnaires de l'ordre judiciaire et leurs familles; si on ajoute les divers agents de l'administration militaire, intendants, comptables, les directions de l'artillerie et du génie, et les familles d'un certain nombre d'officiers, on acquiert la conviction que la population d'Alger se réduisait peut-être à un millier d'individus, accourus de divers points pour faire des fournitures à l'armée ou pour tout autre trafic. Dans les villes des deux autres provinces, les Européens étaient encore bien plus rares. Bône, dans l'Est, que nous occupions pour la seconde fois depuis un peu plus d'un an, se relevait à peine de ses ruines. Nous avons vu qu'elle avait été prise par les troupes du bey de Constantine, qui avaient emmené les habitants, et que les Kabyles avaient incendié les maisons. En outre, l'insalubrité du sol était grande : les fièvres décimaient les soldats et la population. Nous venions à peine de nous emparer de Bougie. Elle était l'objet d'attaques incessantes de la part des indigènes, il y avait donc très peu d'Européens. Dans la province d'Oran, la situation n'était guère meilleure. Les actes atroces commis par le général Boyer n'avaient pas été de nature à attirer de nombreux habitants, qui, du reste, n'auraient pu y trouver des éléments d'existence, en raison du petit nombre de troupes et de l'impossibilité de franchir les murs d'enceinte. Le général Desmichels avait fait occuper, depuis quelques mois seulement, Mostaganem ; la majeure partie des indigènes avaient pris la fuite. Si l'on considère en outre, que même depuis la paix, le traité intervenu ayant cédé à l'émir Arzew et son territoire, toute communication par terre avec Oran était impossible, il n'y avait par conséquent, à Mostaganem, à l'exception des troupes de la garnison, que quelques malheureux Arabes et quelques Juifs.

Il est superflu de faire remarquer que pas une seule tribu n'était en ce moment soumise à notre domination. Dans la province d'Oran, les Douairs et les Smélas avaient été livrés à Abd-el-Kader, et leur chef, Mustapha-ben-Ismaël avait été battu par l'émir, grâce au concours insensé du général Desmichels. A Alger et à Bône, le duc de Rovigo et Iousouf avaient indignement égorgé les tribus qui s'étaient placées sous notre protection, et j'ai raconté tantôt que le général Voirol s'était vu dans la nécessité de châtier les Hadjoutes, qui venaient exercer leurs brigandages jusqu'aux portes d'Alger. Dans cet état de choses indiscutable, l'organisation de 1834 était donc sans objet. Avant de songer à créer des administrateurs, il aurait fallu se procurer des administrés.

La Commission gouvernementale ayant fait ressortir le mauvais côté du rôle subalterne des divers agents des services civils, on voulut obvier à cet inconvénient en plaçant à la tête de chacune des trois branches de l'administration un personnage. Ainsi, l'intendant civil reçut les mêmes attributions que les préfets de France, le procureur général, les attributions et le rang des procureurs généraux des cours d'appel, et le directeur des finances fut placé dans une situation à peu près équivalente. De plus, ces trois hauts fonctionnaires, réunis au commandant des troupes, à l'intendant militaire et à l'amiral, devaient composer le conseil du gouvernement. Mais en retour, et sous prétexte de maintenir l'unité du commandement et de conserver au gouverneur une prépondérance décisive, les rédacteurs de l'ordonnance allaient organiser le despotisme militaire, et constituer en sa faveur une espèce de pachalik turc. Les articles suivants en font foi :

« Article premier. — Le gouverneur est chargé de la
» haute police, sous le double rapport de la tranquillité
» publique et de la sûreté du dehors. Dans les circons-

» tances graves, lorsque le bon ordre et la sûreté du
» pays le commandent, il peut prendre, à l'égard des
» individus qui compromettent ou troublent la sûreté
» du pays, les mesures ci-après, savoir :
 » L'exclusion pure ou simple d'une ou de plusieurs
» localités comprises dans son gouvernement, l'ex-
» clusion à temps ou limitée des possessions françaises
» dans le Nord de l'Afrique. Il peut refuser, dans l'étendue
» de son gouvernement, l'admission des individus dont
» la présence est jugée dangereuse.
 » Il peut prononcer la suspension provisoire des
» fonctionnaires qui ne pourraient, en raison de leur
» conduite, être maintenus dans l'exercice de leurs
» fonctions. Dans ce cas, il en rend compte immédia-
» tement au ministre qui statue. Ce n'est qu'après cette
» décision, que l'exclusion du territoire pourra être
» prononcée. »

Ajoutons, pour compléter le tableau, que précédemment et par l'article 10 de l'ordonnance, le gouverneur avait été chargé de la surveillance de la presse; qu'il avait le droit de permettre ou d'interdire, à son gré, la publication de tous écrits imprimés dans le ressort de son gouvernement, et qu'il pouvait, à sa convenance, retirer et délivrer les brevets d'imprimeur et de libraire.

Et c'est un gouvernement soi-disant libéral qui n'a pas craint de donner force de loi à de pareilles infamies. Ce n'était donc pas assez d'avoir placé sous la main du gouverneur général et mis à sa disposition cet arsenal de lois pénales, qui ne laissent jamais impuni un fait de l'homme, si peu dédommageable qu'il soit pour le corps social, ou attentatoire à l'obéissance due à l'autorité ; ce n'était donc pas assez d'avoir confié le soin de rendre la justice répressive, ainsi que nous le verrons bientôt, à des magistrats amovibles, isolés, et incapables, par leur situation précaire, de résister à la volonté toute-puissante de ce haut fonctionnaire ; ce n'était même pas assez de l'avoir fait l'arbitre des destinées de la presse, afin que la plus légère critique de ses actes ne pût être produite au grand jour ; il fallait, de plus, lui permettre de tenir suspendus, comme une épée de Damoclès, la ruine et le désespoir sur la tête des individus qui auraient le malheur de déplaire, en lui donnant la faculté de les expulser sans trêve ni délais du territoire de la colonie. Et le ministre de la guerre et le chef de l'État lui-même ne reculent pas devant les dangers de la délégation de semblables pouvoirs, après avoir acquis la preuve que l'omnipotence des généraux en chef avait donné lieu aux plus lamentables excès !

Je ne puis me dispenser de faire ressortir, combien, sous un pareil régime, la situation des Européens était mauvaise et dénuée de garanties. L'organisation du pouvoir absolu sur la tête d'un grand chef militaire, ayant pour cortège obligé l'extrême dépendance des fonctionnaires civils, devait, comme tous les despotismes, produire, par degrés, l'abaissement des caractères. Si les agents subalternes de l'administration, par la crainte incessante de perdre leurs emplois, se montraient soumis jusqu'à la bassesse, à l'égard de leurs supérieurs immédiats, ils prenaient leur revanche de cette humiliante situation par l'insolence de leurs manières et l'arbitraire de leurs actes envers les simples particuliers. L'intensité du mal était encore accrue par le mauvais choix des fonctionnaires, constaté par la commission gouvernementale. Ce n'était partout qu'exactions et criants abus de pouvoir, pour tout dire en un mot, l'absolutisme déchaîné depuis le sommet jusqu'à la base. Et nul moyen pour remédier à un pareil état de choses. La conduite illégale des divers agents de l'autorité était mise à couvert par la garantie constitutionnelle. Afin de les poursuivre en justice, il fallait au préalable obtenir l'autorisation du conseil du gouvernement, où ils étaient sûrs de trouver dans les chefs de leur administration des défenseurs influents.

La situation économique ne valait guère mieux. Nous avons fait connaître que, par suite de la politique insensée du gouvernement et des exécutions sanglantes opérées pendant l'administration du duc de Rovigo, la majeure partie des tribus étaient profondément hostiles à la domination française.

Les transactions des Européens avec les indigènes étaient à peu près impossibles. De là, la nécessité de faire venir, à chers deniers, de l'extérieur, les denrées nécessaires pour la subsistance de la population dans les quelques points occupés par nos troupes. Au lieu de favoriser le commerce avec les nations voisines de l'Europe, par une entière liberté, l'administration avait commis la faute de lui imposer des entraves douanières tout au moins inopportunes. Le système protectionniste, incompatible avec l'occupation restreinte, était appliqué dans toute sa rigueur. En présence du double inconvénient de l'insécurité en dehors des murs d'enceinte des villes et de la cherté des objets de première nécessité, il était impossible de créer des établissements agricoles. Tout ce temps fut donc entièrement perdu pour la colonisation.

XXXIV

SUITE DE L'ORGANISATION DE 1834. — INSTITUTIONS MUNICIPALES.

En exposant les dispositions de l'ordonnance du 1er septembre 1834, constitutive du pouvoir absolu du gouverneur général, j'ai fait remarquer que, parmi les trois hauts fonctionnaires préposés sous ses ordres à la direction des différents services civils, l'un d'eux, l'intendant avait, d'après l'article 25, à une exception près, des attributions identiques à celles des préfets de France. Il ne faut pas, cependant, prendre trop à la lettre les termes de cet article, sous peine de se faire une idée incomplète des prérogatives de l'intendant et de plusieurs agents, ses subordonnés, tels que les sous-intendants et les commissaires civils. Car les différents administrateurs de cette catégorie, ainsi que je vais le raconter, avaient encore la charge des fonctions municipales, qui, depuis la Révolution, n'ont jamais été dévolues en France aux représentants du pouvoir central. Pour bien faire apprécier le but et la portée de l'ébauche d'institutions communales établies par la nouvelle organisation, il faut exposer d'une manière succincte les précédents en cette matière.

Peu de jours après la prise d'Alger, le maréchal de Bourmont avait institué un conseil municipal exclusivement composé d'indigènes musulmans et d'israélites, présidé par le Maure Ahmed-Bouderbah. Il ne paraît pas que les attributions de ce conseil aient été fixées d'une manière précise, du moins, je n'en trouve la trace dans aucun arrêté. Mais si l'on considère les motifs de cette institution et l'arrêté du 9 août 1830, pris par le général Tholozé, président de la commission du gouvernement, on est porté à croire que ce conseil était investi de la plénitude des attributions municipales. Il avait en effet, pour mission, de pourvoir à tous les besoins urgents de la ville d'Alger. Il n'y a pas lieu d'être surpris de cette mesure spontanée du général en chef. Nous avons montré précédemment qu'il avait le dessein manifeste d'organiser immédiatement les institutions civiles, et, en outre, ses principes bien connus lui faisaient considérer la fondation des communes, sur les larges assises de la liberté, comme la base fondamentale de toute bonne organisation politique. Personne n'ignore en effet, que, sous la Restauration, les ultra-royalistes, dont M. de Bourmont faisait partie, avaient le projet de modifier la Charte octroyée par Louis XVIII, afin de subalterniser le Parlement. Ce fut même le but des fameuses ordonnances. Mais ils n'entendaient consacrer la suprématie de la couronne qu'à la condition de lui donner pour correctif les plus grandes franchises provinciales et communales, dont ils étaient les partisans déclarés.

M. de Bourmont devait donc, malgré son incertitude absolue sur la valeur de ses membres, attacher un grand prix au maintien du Conseil municipal, et rien ne pouvait mieux établir sa pensée à cet égard que l'importance et la qualité des revenus qu'il mit à sa disposition. En effet, le produit des octrois et de la vente du sel fut affecté, par l'arrêté du 9 août 1830, aux dépenses à la charge de la ville, et le conseil municipal reçut même la mission d'en faire opérer la recette par des agents de son choix.

Cette organisation de la commune, sans doute un peu incomplète, avait fonctionné en 1830 et pendant une partie de 1831. J'en trouve la preuve dans un nouvel arrêté du général Clauzel, sous la date du 9 janvier 1831, qui prescrivait que, pour l'exercice de cette même année, le conseil municipal serait composé de neuf membres, sept musulmans et deux israélites. Mais cette organisation ne devait pas avoir une plus longue durée. Sous l'autorité absolue des grands chefs militaires, une institution libérale ne pouvait avoir la chance d'être maintenue. Les revenus à la disposition de la ville lui ayant été enlevés successivement, il fut pourvu à ses dépenses sur le budget de l'État. Un commissaire du roi, qui n'avait d'autres fonctions que celles d'officier de l'état civil, fut institué près la municipalité, et le conseil municipal indigène n'eut plus à s'occuper d'aucune espèce d'administration. Tel était l'état de choses existant au moment de l'oganisation du 1er septembre 1834.

Si l'on considère qu'à toutes les époques de compression, le pouvoir central s'est efforcé, par tous les moyens, de fausser l'institution de la commune, soit par la nomination directe des conseillers municipaux, arrachée aux suffrages de leurs concitoyens, soit par d'autres mesures propres à placer les maires sous sa dépendance, il ne sera pas difficile de déterminer, à l'avance, le caractère des nouvelles institutions municipales. Je désire, néanmoins, en donner un aperçu assez exact. Cela nous servira plus tard à constater la marche progressive de cette institution.

Des conseils municipaux furent nommés dans les villes d'Alger, Bône et Oran. Des revenus furent affectés aux dépenses de ces trois villes, qui furent érigées en communes. Mais l'autorité municipale fut attribuée tout entière à l'intendant et aux sous-intendants civils. Ils pouvaient, il est vrai, déléguer une partie de cette autorité au maire. Mais comme il n'y eut pas d'exemple de cette délégation essentiellement facultative, les maires et adjoints se virent réduits au simple rôle d'officiers de l'état civil. Jetons maintenant un coup d'œil sur l'ordonnance de cette prétendue administration municipale :

« Article 5. — L'administration municipale des villes
» d'Alger, Oran et Bône est confiée à l'intendant et
» aux sous-intendants civils, et, sous leur direction
» immédiate, à un corps municipal composé d'un maire,
» d'un adjoint français, d'un adjoint musulman, et, selon
» les localités, d'un adjoint israélite et de conseillers
» municipaux. A Mostaganem et à Bougie, les commis-
» saires civils remplissent provisoirement les fonctions
» municipales de la manière qui sera déterminée par
» le gouverneur général. »

Il faut rapprocher de cette première disposition l'article 9, et nous serons parfaitement fixés sur la composition de ces conseils.

« Article 9. — Le conseil municipal est composé de
» Français et d'indigènes, en nombre et dans une pro-
» portion déterminée, pour chaque localité, par un arrêté
» du gouverneur général. »

Il va sans dire que tous, maires, adjoints et conseillers municipaux étaient choisis et nommés par le pouvoir central. Il faut convenir que ces conseils municipaux devaient être bien indépendants ! C'est sans doute afin que le noble sentiment de l'indépendance ne pût sortir de leur mémoire, que l'article 9 prend soin de leur rappeler qu'ils sont soumis à la direction de l'intendant ou des sous-intendants, suivant les localités. Cette précaution était certainement bien inutile. Car, du moment que les conseillers municipaux délibéraient en présence des agents de l'État qui avaient provoqué leur nomination, qu'un certain nombre d'entre eux étaient des indigènes, que leur inexpérience des affaires et leurs habitudes d'obéissance passive rendaient incapables de la plus légère opposition, ils étaient certainement décidés à l'avance à donner leur assentiment à toutes les propositions de leurs chefs. Il serait fastidieux d'énumérer toutes les dispositions restrictives de la liberté communale contenues dans cette ordonnance. Je me bornerai, afin d'édifier les lecteurs, à rappeler qu'après avoir énuméré avec un soin minutieux les recettes et les dépenses municipales, l'ordonnance contient un article que je ne puis laisser passer inaperçu :

« Article 16. — Aucune perception au profit des com-
» munes, aucune dépense à leur charge, ne peuvent
» être ordonnées sans l'autorisation du gouverneur
» général. »

En présence de cette disposition fort étrange, je me demande quelle pouvait être l'utilité de conseils municipaux ainsi composés, et dont les attributions étaient nulles? Quel était le motif de cette indigne parodie, de cette institution primordiale de la commune, qui fut pour nos pères la première étape vers la liberté, sinon de déguiser une position déplorable et de persuader la concession de garanties réelles? Mais nous avons démontré que le pouvoir central n'avait eu qu'un but, organiser l'arbitraire de la haute administration. Cette législation fut, du reste de courte durée; elle fut modifiée considérablement par un arrêté de 1836, que nous ferons connaître en son lieu. Afin de compléter les explications qui m'ont paru indispensables pour donner une idée à peu près exacte de l'organisation de 1834, je vais analyser succinctement l'ordonnance du 10 août.

XXXV

ORDONNANCE DU 10 AOUT 1834. — ORGANISATION DU SERVICE JUDICIAIRE. — TRIBUNAL SUPÉRIEUR. — UNITÉ DE JUGE EN PREMIÈRE INSTANCE. — TRIBUNAUX INDIGÈNES. — CONSEILS DE GUERRE.

L'organisation judiciaire est, en général, la pierre de touche du degré de liberté dont jouissent les peuples. Elle se lie intimement aux institutions politiques, dont elle est, en quelque sorte, la sauvegarde et la consécration. C'est pour ce motif que les mœurs, les temps et surtout les révolutions la marquent d'une si vive empreinte et la modifient successivement, afin qu'elle puisse s'accommoder aux progrès accomplis. J'ai donné une preuve indirecte, si l'on veut, de l'union du système politique et de l'organisation judiciaire, lorsque, après avoir constaté que le maréchal Clauzel, dans son arrêté du 22 octobre 1830, avait reconnu et sanctionné la juridiction du cadi sur les Musulmans, celle des rabbins sur les Israélites, et celle des consuls étrangers sur leurs nationaux, j'en ai conclu que cette reconnaissance étrange de pareilles juridictions, dans un pays occupé par nos troupes, constituait un refus de tout acte de souveraineté, et impliquait, par conséquent, un projet d'abandon de l'Algérie plus ou moins prochain. Il y avait donc, à mon avis, union intime entre l'organisation judiciaire établie à cette époque et le système politique suivi par le gouvernement. Ce système n'était autre que l'abandon prémédité de la colonie. Il résulte de ces principes, qu'étant donné un système politique, il est facile de déterminer quelles seront les tendances de l'organisation judiciaire, et réciproquement. Or, nous avons démontré jusqu'à l'évidence que l'organisation administrative de 1834 avait eu pour résultat de constituer le pouvoir absolu d'un grand chef militaire. Dès lors, l'organisation judiciaire aura pour effet de soumettre toutes les juridictions à la volonté toute-puissante du chef de l'administration. De là, dépendance absolue des fonctionnaires chargés de rendre la justice, et absence de garantie pour les justiciables. L'analyse de l'ordonnance ne doit être, logiquement, que l'indication des moyens employés par ses rédacteurs pour atteindre ce but.

Quand on parcourt les divers articles relatifs à l'organisation judiciaire, disséminés dans les ordonnances de 1834, l'esprit est, tout d'abord, frappé du pouvoir excessif du fonctionnaire chargé de poursuivre devant les tribunaux la répression, les faits qualifiés crimes ou délits. Je veux parler du procureur général. Nous savons déjà qu'il fait partie du conseil du gouvernement et que les attributions des procureurs généraux des cours d'appel lui ont été dévolues. C'était déjà bien assez, c'était même beaucoup trop, dans un pays totalement dépourvu des garanties qui doivent entourer l'homme et le citoyen ; c'était surtout un grave danger, en présence du despotisme oriental qu'on s'était plu à organiser. En France même, où les officiers du parquet sont tenus en bride par une magistrature assise inamovible; où le procureur général se trouve face à face avec un magistrat d'un rang égal sinon supérieur; où il doit tenir compte de grandes positions acquises, de la représentation nationale et surtout de la puissance de la presse, le pouvoir redoutable du ministère public a bien souvent donné lieu à d'épouvantables abus. Combien de fois, en effet, n'a-t-on pas vu des fonctionnaires de cette catégorie porter, sans scrupule, la main sur les libertés publiques, et, sous prétexte d'intérêt social, donner cours, envers les simples particuliers, à leurs plus détestables passions? Aussi de fort bons esprits, impressionnés par les écarts de certains officiers du parquet, dans des temps calamiteux, en étaient venus à considérer cette institution comme fort dangereuse et à regretter amèrement que les révolutions de 1830 et 1848 eussent laissé imprudemment ce formidable instrument d'oppression à la portée des despotes à venir. Bien qu'aujourd'hui nous n'ayons plus à craindre le retour de pareils actes, il faut pourtant reconnaître qu'on a laissé à l'action publique une trop grande latitude, qu'elle doit rentrer dans des limites qu'elle n'aurait jamais dû franchir. Car je ne puis dissimuler qu'à mes yeux, *tant qu'un homme seul pourra faire arrêter un autre homme, l'oppression des faibles et des petits subsistera dans une certaine mesure et la liberté individuelle ne sera pas fondée.*

Les rédacteurs de ces ordonnances auraient bien dû comprendre que l'institution du ministère public, telle qu'elle est organisée dans la métropole, suffirait amplement au gouverneur général pour maintenir l'ordre e la tranquillité intérieure dans la colonie, alors surtou qu'il était armé du droit exorbitant d'expulser les perturbateurs. Mais, comme s'ils n'avaient eu affaire qu'à une troupe de forçats en rupture de ban, ils allaient fouler aux pieds tous les principes et subordonner à tel point les juges à l'accusateur public, que toute défense des accusés deviendrait impossible et que le premier acte de la poursuite serait un signe certain de la condamnation. Je vais en donner des preuves incontestables. Commençons d'abord par faire connaître combien était grande l'importance du procureur général dans la nouvelle organisation. L'article 35 de l'ordonnance du 1er septembre va nous en fournir les moyens :

« Il (le procureur général) prépare et soumet au gou-
» verneur général, pour qu'il en soit délibéré en conseil
» d'administration, les projets d'ordonnances, d'arrêtés
» et de règlements généraux sur les matières judi-
» ciaires; les rapports concernant les conflits; les re-

» cours en grâce ; les mesures à prendre dans les cas
» prévus par les articles 15 et 16 (ces cas sont, en pre-
» mier lieu, la suspension de certains fonctionnaires,
» puis leur expulsion de la colonie) ; les contestations
» entre les membres des tribunaux, relativement à
» leurs fonctions, rang et prérogatives ; les éléments
» du budget local, en ce qui concerne l'administration
» de la justice. Il instruit et rapporte, d'ailleurs, en
» conseil d'administration, toutes les affaires dépen-
» dantes de son service dont ce conseil est appelé à
» connaître. »

L'article suivant lui donne encore le droit exclusif de proposer au gouverneur général les nominations, avancements, mutations et révocations de tous les agents de l'ordre judiciaire.

Ainsi, le procureur général est maître absolu de la situation des autres fonctionnaires de son ordre. Il tient dans ses mains leur avancement et leur révocation. C'est, en quelque sorte, un ministre au petit pied, ou, pour mieux dire, un dictateur. Car, par son entrée au conseil, par la mission de faire des rapports sur toutes les affaires, notamment sur celles relatives à la suspension des juges, à raison de leur conduite, les fonctionnaires dont les actes étaient incriminés ne pouvaient se défendre. Les militaires membres du conseil étant insuffisants pour apprécier toutes ces questions, l'opinion du rapporteur devait toujours prévaloir. Et c'est ce haut personnage, investi d'une dictature effective sur tout le personnel judiciaire, qui ira remplir les fonctions de ministère public près des tribunaux, car l'article 13 dispose « que le procureur général exerce, auprès de tous les tribunaux, les attributions du ministère public en France, » et, pour que son action s'étende sur les tribunaux des villes éloignées, l'article ajoute : « Ses substituts exercent, sous sa direction immédiate, les mêmes attributions près du tribunal auquel ils sont attachés. »

Cet amas d'attributions incohérentes, sur la tête du même individu, outre les inconvénients signalés, constituait une double infraction aux principes fondamentaux de notre organisation judiciaire. En premier lieu, il était contraire à tous les précédents de donner pour chef hiérarchique aux membres de la magistrature assise un officier du parquet, et, enfin, il n'était pas moins insolite de soumettre les actes, notamment les réquisitions du supérieur, à l'appréciation de ses subordonnés.

Maintenant que nous savons quel est l'accusateur, tâchons de faire connaissance avec les juges.

L'ordonnance consacre et établit l'unité de juge en première instance. Ainsi, les tribunaux d'Alger, d'Oran et de Bône seront composés d'un juge unique, chargé de juger en dernier ressort les affaires civiles dont la valeur ne dépassait pas 1,000 francs, à charge d'appel celles supérieures à ce chiffre, et les affaires correctionnelles. L'appel et les affaires criminelles étaient portés devant un tribunal supérieur, à Alger, composé de trois juges et d'un président.

Ainsi, cette organisation judiciaire, comparée aux institutions qui régissent la Métropole, présentait les caractères suivants : accroissement extraordinaire des attributions et de l'influence du ministère public, dont l'action devenait toute-puissante, et, par contre, amoindrissement de la magistrature assise, au double point de vue du nombre et de la qualité. Car les juges ne jouissaient pas, comme en France, du privilège de l'inamovibilité. La question du nombre avait aussi son importance, non-seulement au point de vue des lumières, mais encore au point de vue de l'indépendance des magistrats. Dans les tribunaux composés de plusieurs juges, la responsabilité de chacun d'eux, grâce au secret des délibérations, s'efface devant celle du corps entier, et cette responsabilité collective peut, dans certaines occasions, laisser un peu de place à l'indépendance individuelle. On peut, maintenant, comprendre que, dans les affaires correctionnelles, les justiciables ne devaient guère compter sur l'indépendance du juge, et que le procureur général exerçait ses poursuites à coup sûr.

Dans les affaires criminelles, il est vrai, le tribunal supérieur, tenant lieu de cour d'assises, se composait de quatre membres, mais on avait encore pris d'excellentes précautions pour assurer l'omnipotence du procureur général et enlever toute espèce de garantie aux accusés.

Des explications très courtes sont ici indispensables. Le personnel judiciaire se composait, non compris les substituts et les suppléants, du procureur général, du président du tribunal supérieur, et de six juges du même rang. Tous les ans, le gouverneur général désignait, par un arrêté, ceux des juges qui composaient le tribunal supérieur et ceux qui devaient former les trois tribunaux de première instance, d'Alger, d'Oran et de Bône. Cette composition était défectueuse vis-à-vis des accusés, qui ne pouvaient exercer des récusations que dans les cas excessivement rares prévus par la loi, et avec les formes indiquées. Mais, si le procureur général avait quelque sujet de soupçonner l'indépendance du tribunal supérieur ou de quelqu'un de ses membres, il les faisait remplacer immédiatement par des juges plus dociles. Car nous lisons dans le deuxième alinéa de l'article 15 :

« Cette distribution du service ne fait pas obstacle à ce que le gouverneur général et le procureur général, quand ils le jugent nécessaire, changent les attributions et la résidence des juges. Ils conservent respectivement, à toute époque de l'année, le droit de modifier le roulement. »

On a besoin d'avoir le texte sous les yeux pour croire à l'existence de pareilles turpitudes.

Ce n'est pas tout encore : l'ordonnance fournit au procureur général les moyens d'empêcher l'accusé de présenter sa défense d'une manière utile. Ainsi, même en matière criminelle, le ministère public peut saisir le tribunal supérieur par simple citation. L'accusé ne connaîtra donc pas les moyens de l'accusation, les procès-verbaux s'il en existe, les témoins entendus par le juge d'instruction, et, pendant que le procureur général a eu tout le temps de fourbir ses armes, qu'il a pu, à l'aide de nombreux auxiliaires, se procurer toute sorte de renseignements, le malheureux accusé ne pourra prendre communication, que par une lecture rapide et fugitive, des charges qui pèsent contre lui. La défense était par conséquent placée dans de bien tristes conditions.

Ces détails suffisent, si je ne m'abuse, afin de démontrer que les auteurs de l'organisation de 1834, sans souci des droits et de la personne des Européens établis en Algérie, n'ont eu qu'un but, par ces pitoyables innovations, mettre dans la main du gouverneur général des agents sûrs, afin de défendre à l'occasion son monstrueux pouvoir. J'ai encore quelques explications à donner relativement à la justice criminelle. La juridiction des rabbins pour les crimes et délits de droit commun, commis par les Israélites, était supprimée, tandis que celle des cadis était maintenue dans les conditions du passé. Mais la juridiction des conseils de guerre prenait une extension considérable. D'après la législation antérieure, les conseils de guerre ne connaissaient que des attentats commis par les indigènes sur la personne et les biens des Français. L'article 37 de l'ordonnance leur donnait juridiction, sur les crimes et délits commis en dehors des limites fixées pour établir la circonscription des tribunaux civils : 1° par un indigène au préjudice d'un Français ou d'un Européen 2° par un indigène au préjudice d'un autre indigène, alors seulement que le fait à punir intéresse la souveraineté française ou la sûreté de l'armée ; 3° enfin par un Français au préjudice d'un indigène. J'ai dû citer cet article, parce qu'il contient la première division des territoires en territoire civil et territoire militaire, au point de vue de la justice répressive. Nous verrons plus tard généraliser cette division, et soumettre chacun des deux territoires à une administration distincte et séparée. L'élément militaire s'efforcera de faire maintenir cette division, afin de conserver sa prépondérance sur le territoire civil et l'administration exclusive du territoire militaire.

Je ne crois pas devoir faire remarquer que l'institution de l'unité de juge, dans les conditions de dépendance absolue des magistrats subalternes, n'offrait aucune garantie aux justiciables pour la bonne administration de la justice civile. Il saute aux yeux que des hommes de quelque valeur n'auraient point quitté la mère-patrie pour accepter une situation dont l'existence était ainsi subordonnée au caprice d'un grand chef militaire. Je dois faire connaître, à ce propos, que la juridiction des cadis en matière civile était maintenue pour toutes les affaires entre musulmans, tandis que les rabbins étaient à peu de chose près entièrement dépouillés de leurs attributions judiciaires. Ils conservaient uniquement le droit de juger les contestations entre israélites, concernant la validité ou la nullité des mariages et répudiations, selon la loi de Moïse, c'est-à-dire les seules contestations qui se lient intimement avec leurs principes religieux.

Quels étaient les motifs de cette distinction? Pourquoi conserver aux cadis la plénitude de la juridiction sur les musulmans et enlever cette même juridiction aux rabbins sur les Israélites. La capitulation d'Alger, invoquée tant de fois, sous le prétexte hypocrite de faire maintenir la juridiction musulmane, n'autorisait aucune distinction. Tous les habitants d'Alger avaient été l'objet d'une déclaration commune. Cette déclaration promettait uniquement de respecter la liberté des habitants de toutes les classes, leur religion, leur propriétés, leur commerce et leur industrie. Avait-on reconnu chez les Israélites une aptitude spéciale pour s'assimiler les mœurs et les coutumes des Européens dans l'intérêt de leur négoce ? Quoi qu'il en soit, si le gouvernement français avait le droit indiscutable de faire juger les contestations civiles et les crimes et délits commis par des Israélites à l'encontre de leurs coreligionnaires, par des magistrats français, il avait le même droit à l'égard des indigènes musulmans, et l'équité lui faisait un devoir de tenir à l'égard des uns et des autres une conduite uniforme. Je vais même plus loin, nous avions un intérêt pressant à soumettre les Arabes à nos lois et à nos juridictions civiles, comme nous n'avions pas hésité à les soumettre à nos tribunaux criminels, afin de multiplier leurs relations avec les Européens, les accoutumer insensiblement à notre empire, et les soustraire, par ce moyen, à l'influence funeste de l'aristocratie indigène, qui a été une des causes principales des obstacles apportés aux progrès de la colonisation.

XXXVI

TRISTE RÉSULTAT DE L'ORGANISATION DE 1834. — CONSÉQUENCES FATALES DE LA POLITIQUE ANTI-COLONIALE DU ROI.

Telle fut la déplorable organisation de 1834 ; elle vint donner force de loi aux plus mauvais principes de la tyrannie impériale, et, en outre, mettre en œuvre de nouveaux moyens d'oppression jusque-là inconnus. Pour soumettre l'Algérie à un régime aussi odieux, il fallait que le chef de l'État eût le cerveau troublé par la conscience d'avoir, dans un intérêt personnel ou de famille, imprimé à la politique coloniale une direction contraire aux intérêts et à l'honneur de la France ; qu'il sentît le besoin de recourir à des mesures répressives d'une rigueur extrême, pour empêcher l'ardente explosion de critiques universelles, qui n'eussent pas été sans danger. Car il allait persister dans son triste système, bien que la commission gouvernementale eut signalé tous les avantages devant résulter pour le commerce et l'industrie du développement de la colonisation. Il avait, dès le début de son règne, fait substituer à la politique nationale du maréchal de Bourmont une politique funeste, dont le dernier terme eût été l'abandon de la colonie. Mais la politique d'abandon n'avait pu tenir devant la volonté ferme et l'ascendant dominateur de Casimir Périer, qui, par l'organisation de décembre 1831, avait déclaré implicitement la souveraineté de la France sur l'intégralité de l'Algérie. Il est vrai qu'à la mort du grand ministre, le roi s'était empressé de révoquer son œuvre, mais il n'avait pu détruire les faits acquis et nier notre droit à la possession des divers points occupés par nos troupes. Recommencer la politique d'abandon était désormais impossible. Étant forcé de faire un pas en avant, il s'arrêta à la politique de l'occupation restreinte. Il est facile de comprendre combien elle a été funeste à l'Algérie, puisqu'elle était exclusive de toute tentative sérieuse de colonisation. Mais, ce qui l'est un peu moins, c'est qu'en adoptant cette politique absurde, Louis-Philippe renonçait peut-être au seul moyen de conjurer la révolution qui le précipita du trône. J'en raconterai succinctement les causes, parce qu'elles me fourniront l'occasion de faire ressortir l'insanité de la politique de l'occupation restreinte, qui exerça une si fatale influence pendant plusieurs années. Je signalerai en même temps les immenses avantages que la France doit retirer d'une exploitation généreuse et intelligente de la colonie.

Le système de compression qui avait prévalu pendant les dernières années dans les conseils du monarque et les banquets réformistes furent, il est vrai, les causes apparentes de la Révolution de 1848, mais les causes réelles ne tardèrent pas à se manifester avec un sinistre éclat : la gêne endémique du commerce et de l'industrie, la misère profonde des classes ouvrières, que le bon sens du peuple imputait avec raison à la politique égoïste et imprévoyante du pouvoir. En effet, Louis-Philippe, absorbé par ses luttes à l'intérieur avec les partisans sincères du gouvernement représentatif pour la prédominance de la prérogative royale, ne comprit pas la portée de l'évolution sociale qui devait s'opérer insensiblement dans l'espace de quelques années. Sous la Restauration, la France était exclusivement agricole, son industrie naissante était prospère. Ses produits, insuffisants pour les besoins du pays, y trouvaient un écoulement rapide et avantageux. En 1848, la situation était bien changée. A la suite de la Révolution de 1830, le commerce et l'industrie avaient pris un essor considérable. Les manufactures s'étaient multipliées à l'infini. La population avait déserté dans une notable proportion les travaux agricoles, attirée dans les grandes villes par l'attrait d'un salaire quotidien et des plaisirs inconnus dans les campagnes. De là, renchérissement des denrées alimentaires et multiplication sans mesure des produits manufacturés. En présence de ce double résultat, qui devait se produire infailliblement, une administration intelligente aurait compris que, le marché intérieur devenant insuffisant, il faudrait créer de nouveaux débouchés à notre industrie, sous peine de tomber dans une crise commerciale, dont les dangers étaient difficiles à prévoir. L'insurrection lyonnaise, de funeste mémoire, n'avait-elle pas écrit sur son drapeau : *Vivre en travaillant ou mourir en combattant.* On ne pouvait compter sur l'exportation étrangère : Cobden, l'apôtre du libre-échange, avait obtenu peu de succès dans ses prédications en faveur de la liberté commerciale, et les nations de l'Europe attardées étaient encore protectionnistes. Il n'y avait donc qu'une chose à faire : donner à la France un grand développement colonial, afin de lui permettre d'écouler le trop plein de ses manufactures. Tout conviait le gouvernement à entrer dans cette voie ; la situation commerciale et industrielle de la France, et l'exemple de l'Angleterre, qui s'était empressée, en 1814, de mettre la main sur nos plus belles colonies. Mais le chef de l'État persista dans son aveuglement. Pour caractériser, en un mot, le système en faveur, il me suffira de rappeler qu'un de ses ministres avait dit à la tribune que la France devait se borner à être une puissance continentale.

Que pouvait dès lors espérer l'Algérie ? Le système de l'occupation restreinte prévalut et l'avenir de l'industrie française fut indignement sacrifié. Mais, en expiation de ce méfait, dans un jour de crise commerciale, les ouvriers, sans travail et sans pain, descendirent en armes dans la rue, et vinrent apporter à l'émeute une force irrésistible. Louis-Philippe, comme autrefois Charles X, fut emporté par la tourmente révolutionnaire. Je me plais à faire remarquer, à ce propos, que si ces deux souverains eurent un sort commun, les circonstances qui suivirent immédiatement leur chute ont présenté un singulier contraste. Pendant que Charles X, dont la politique extérieure, digne et nationale, donna l'Algérie à la France, avait pris le chemin de l'exil avec l'appareil imposant de la royauté, ayant pour escorte sa garde qui l'accompagna jusqu'au vaisseau, Louis-Philippe, l'adversaire insensé de la colonisation, s'échappa des Tuileries par une porte dérobée, et sortit seul de Paris, comme un banqueroutier fugitif, dans un mauvais fiacre traîné par un cheval boiteux.

Aujourd'hui, la France paraît beaucoup mieux comprendre les immenses avantages qu'elle peut retirer de ses possessions africaines. Les statistiques officielles, qui constatent le chiffre toujours croissant des importations et des exportations de l'Algérie, démontrent également que l'extension du commerce français a toujours été proportionnée au développement de l'élément européen. Il est peu flatteur pour notre amour-propre national d'être obligé de reconnaître qu'il a fallu près de cinquante années pour lui donner cette conviction. Combien les Anglais étaient plus clairvoyants quand, pour conserver leur monopole commercial dans les États barbaresques, ils s'opposaient à notre établissement en Algérie, et soulevaient des difficultés diplomatiques à chaque étape de notre occupation. On ne lira pas sans intérêt le récit des craintes, exagérées peut-être, que la jalousie ombrageuse de nos voisins avait conçues à raison de nos conquêtes. Un de leurs publicistes écrivait, en 1839, dans la *Revue britannique*, quatrième série, numéro 37, page 36 :

« Le seul concurrent réel que la Grande-Bretagne
» peut avoir sur la Méditerranée, c'est la France. Elle
» a maintenant deux royaumes qui se font face, et qui
» sont à deux journées l'un de l'autre. La côte africaine
» se hérisse de forts. Que serait-ce si un des fleurons
» de l'Orient allait compléter une couronne déjà si
» riche ? La Méditerranée serait alors interdite au pa-
» villon britannique, à moins qu'il ne se résignât à y
» paraître dans des conditions d'abaissement. Si Toulon
» menace notre supériorité maritime, Marseille ne
» compromet pas moins notre prépondérance commer-
» ciale. Qu'il survienne une guerre, et voyez où nous en
» sommes. L'amirauté envoie des forces imposantes
» dans la Méditerranée. Elle fait de Malte le rendez-
» vous d'une flotte formidable. Admettons les chances
» les plus belles. Cette flotte maîtrise les escadres qui
» sortent de Toulon. Mais les paquebots, qui les arrêtera ?
» La vapeur se rit de la voile, elle est destinée à changer
» sous peu d'années tout le système naval. Que le

« gouvernement français embarque sur ses pyros-
» caphes 10,000 hommes de bonnes troupes, et l'Égypte
» est à lui. Excitées par des communications plus fré-
» quentes, les sympathies des Orientaux iront au devant
» d'une nation préférée. Et, pour ne pas tomber entre
» les mains de l'Angleterre, ces peuples se donneront
» spontanément à la France. La clef des Indes écherra
» à nos ennemis; l'Orient, qui aurait pu être, si le calme
» avait prévalu, une succession longtemps vacante, dé-
» cidera de lui-même au premier choc et s'adjugera pour
» ainsi dire. Qu'on juge alors du rôle qui resterait à
» l'Angleterre! Maîtresse de l'Égypte et de la régence
» d'Alger, la France reproduirait sur le littoral de l'A-
» frique les pompes de l'occupation romaine, et nous
» n'aurions gardé, nous autres Anglais, quelques sta-
» tions militaires ou de méchants îlots sans territoire,
» que pour assister, en victimes, au spectacle de ce
» triomphe et aux gloires de cette double colonisation.
« C'est là pourtant qu'on nous mène! Nelson, Nelson!
» qu'en penses-tu ? Les vaincus d'Aboukir et de Trafalgar
» prennent leur revanche. »

Ces craintes étaient exagérées, répétons-le ; néanmoins, il est certain que l'auteur de l'article les eût exprimées d'une façon bien plus saisissante encore, s'il avait
pu prévoir qu'un jour, Tunis, ayant été relié à l'Algérie
par une voie ferrée, une armée française pourrait aisément, après quelques journées de marche à travers la
Tripolitaine, pénétrer dans l'intérieur de l'Égypte. Mais

faisons des vœux sincères pour que la France n'ait jamais à user des ressources considérables, qu'elle trouverait incontestablement en Algérie, dans l'hypothèse d'une guerre maritime avec les Anglais.

Du reste, les esprits dans la métropole paraissent entraînés par un autre courant. L'admirable situation de l'Algérie, au centre des États barbaresques, est beaucoup mieux appréciée. On est généralement convaincu que, dans un temps prochain, elle doit devenir un intermédiaire d'échanges productifs avec l'intérieur de l'Afrique, et assurer un grand débouché à notre industrie. De cette pensée vraie est issue la conception du Trans-Saharien. Le projet gigantesque d'unir le bassin du Niger au Nord de l'Afrique, au moyen d'un railway jeté nonobstant un ciel de feu, sur les sables mouvants du Sahara, paraissait dès l'abord devoir être relégué dans le pays des chimères. Mais des études sérieuses n'ont pas tardé à dégager le côté pratique. Les hommes spéciaux sont aujourd'hui convaincus que, grâce à cette suite d'oasis qui se prolongent depuis les limites du Tell jusqu'aux frontières du Touat, le chemin de fer peut être facilement exécuté sur une longueur de 1,100 kilomètres.

Le prolongement de l'Ouest Algérien jusqu'à Raz-el-Ma, et de Raz-el-Ma jusqu'à Insalah, dans le Touat, point de départ des caravanes pour le Soudan, paraît, quand on y réfléchit, la solution la plus simple du problème. C'est par cette voie que les Ouled-Sidi-Cheik ont presque toujours fait irruption dans le Tell. D'où l'on peut conclure, en toute sûreté, que c'est la ligne la plus courte et la plus commode.

Si j'ai cru devoir donner quelques indications sommaires à ce sujet, c'est dans l'unique dessein de faire ressortir l'intérêt pressant de la France, au rapide développement de l'Algérie. Je suis heureux de reconnaître qu'enfin le pouvoir central est entré dans une meilleure voie, et que, pour la première fois peut-être, il paraît résolu à faire disparaître les entraves apportées jusqu'ici à l'expansion de l'élément européen et aux progrès de la colonisation. Mais, pour atteindre ce but, la création de voies ferrées nouvelles et d'établissements publics de toute nature est sans doute une excellente chose, mais il faut bien se garder, à l'exemple des gouvernements oppresseurs, d'envoyer de Paris une administration composée de toutes pièces, parce que la raison, jointe à l'expérience du passé, atteste que des fonctionnaires, n'ayant pas vécu pendant longtemps dans le pays, n'ont pu se faire une idée exacte des mœurs, des habitudes, des populations diverses juxtaposées sur le sol, non plus que des besoins et des ressources de la colonie, et qu'avec des intentions excellentes, ils ne peuvent composer, avec beaucoup de peine, qu'une fort médiocre administration.

Qu'on me permette, à ce propos, de citer quelques lignes d'un écrivain anglais, relatives à la colonisation de notre Algérie, écrites bien avant la conquête :

« Il n'est pas donné à la prévision de l'homme, dit

» Williams Shaler, de calculer les avantages immenses
» que retirerait le genre humain de l'établissement
» d'une colonie anglaise dans la Numidie, si cette colonie
» recevait les institutions de la métropole et une orga-
» nisation qui lui laissât le privilége d'une certaine in-
» dépendance, sans autres obligations à remplir que
» celles résultant d'une affection naturelle, du souvenir
» d'anciens bienfaits, et d'une communauté d'intérêts.
» Quand on emploie des moyens dignes de l'objet qu'on
» se propose, l'expérience a fait voir que les effets dé-
» passent toutes les espérances. Si le surplus de la
» population de la Grande-Bretagne, qui est déjà pour
» elle un fardeau insupportable, y était transféré gra-
» duellement, en suivant un système régulier, enfin si
» ses capitaux étaient employés au développement des
» ressources naturelles de ce pays, il est probable que,
» dans l'espace d'un siècle, ce nouvel empire pourrait
» devenir une seconde Angleterre. »

Ces détails, quoiqu'un peu longs, étaient indispensables pour bien faire apprécier les conséquences funestes que devaient produire l'organisation de 1834 et la politique de l'occupation restreinte qui en était le principe et la source. Cette politique devait avoir pour résultat de renoncer à poursuivre la soumission des tribus de l'intérieur et d'abandonner la souveraineté du pays à qui voudrait la prendre, comme on l'avait déjà fait avec Abd-el-Kader dans la province d'Oran, par le traité du 26 février 1834. On comprendra aisément que, pour mettre en œuvre une pareille politique, un capitaine énergique et actif comme le général Voirol, n'était plus de saison. A la place d'un gouverneur civil dont on n'avait pas voulu, il fallait un militaire cacochyme et usé : le général Drouet d'Erlon apparut.

Nous dirons, au chapitre suivant, à quelles circonstances il fut redevable de cette insigne faveur. Cependant, le ministre de la guerre avait offert au général Voirol le commandement des troupes sous les ordres du gouverneur. Il refusa, et, après la nomination de M. d'Erlon, il remit le commandement au général Rapatel.

M. Voirol vécut à Alger jusqu'au mois de décembre. Quand l'époque de son départ fut connue, les caïds des tribus soumises vinrent spontanément lui faire leurs adieux et lui offrir des armes du pays. La population européenne l'accompagna jusqu'au port, et le pria d'accepter une médaille d'or, comme gage de la reconnaissance de ses anciens administrés qui étaient heureux de lui en donner ce témoignage public.

XXXVII

LE GÉNÉRAL DROUET, COMTE D'ERLON, GOUVERNEUR GÉNÉRAL DES POSSESSIONS FRANÇAISES DU NORD DE L'AFRIQUE. — CAUSES DE SA NOMINATION.

La politique de l'occupation restreinte, cause fatale de l'approbation tacite du traité du général Desmichels avec l'émir, avait fini par prévaloir dans les conseils du gouvernement. Elle eut pour effet immédiat d'empirer considérablement notre situation en Algérie. Elle devait, en outre, après une série de revers honteux pour nos armes et de douloureux sacrifices, aboutir logiquement au déplorable traité de la Tafna, donner la mesure du patriotisme du chef de l'État et témoigner d'une manière irrécusable combien il faisait peu de cas de l'honneur et des intérêts de la France. Après l'organisation de 1834, le premier agent de cette triste politique fut le général Drouet, comte d'Erlon. Ayant été nommé gouverneur général, il se rendit à Alger vers la fin de septembre, pour prendre possession de son gouvernement. Il succédait ainsi, avec un nouveau titre et des pouvoirs beaucoup plus étendus, au général Voirol.

Avant de montrer ce personnage à l'œuvre, il me paraît convenable de raconter quelques circonstances de sa carrière, qui feront connaître, avec une entière certitude, la cause véritable de la faveur inattendue dont il venait d'être l'objet. M. Drouet entra comme simple soldat au régiment de Beaujolais, en 1787. Il avait fait toutes les guerres de la République et de l'Empire. Général en 1799, il fut nommé comte d'Erlon et grand-officier de la Légion d'honneur. En 1814, la Restauration lui avait confié le commandement de la division de Lille. En cette qualité il avait pris part, dans les premiers jours de 1815, à une conspiration militaire, dont le but et les tendances sont longtemps restés inconnus. Les principaux conjurés, Lefebvre-Dénouettes, Drouet d'Erlon et les frères Lallemand, appartenaient à l'armée active. Ayant écouté les propositions de quelques hommes politiques, notamment de l'ancien ministre de la police de l'Empire, Fouché, ils devaient marcher sur Paris avec les troupes sous leurs ordres, dans le dessein de sommer Louis XVIII de souscrire à des conditions déterminées, que l'habile promoteur de la conspiration savait inacceptables, et, en cas de refus, mettre le duc d'Orléans sur le trône. Il n'est pas utile de signaler les diverses péripéties de cette intrigue, qu ne pouvait aboutir, en raison de sa coïncidence, avec le retour de l'île d'Elbe et la chute de la première Restauration. Toutefois, il faut indiquer que, le 8 mars au matin, le général Drouet d'Erlon, prétextant les ordres du ministre de la guerre et un mouvement insurrectionnel à Paris, avait mis ses régiments en marche vers la capitale. Mais le duc de Trévise, investi du commandement supérieur des troupes cantonnées dans le département du Nord, les fit rétrograder et mit le général Drouet d'Erlon aux arrêts de rigueur dans la citadelle. Le duc d'Orléans, envoyé à Lille quelques jours plus tard, fit prévenir secrètement le comte d'Erlon qu'il arrivait avec l'ordre de le faire transférer à La Fère, pour y être jugé conformément aux lois. Le général, ayant trompé la vigilance de ses gardes, sortit de la citadelle et alla se cacher en ville, dans la maison du colonel du génie Truchard. Cette tentative insurrectionnelle fut donc promptement déjouée. Mais elle venait de poser la candidature du duc d'Orléans au trône. C'était le premier acte de la haute comédie, dont le dénouement ne devait se produire que quinze ans plus tard. Du reste, Louis-Philippe sut un gré infini au comte d'Erlon de sa conduite dans toute cette affaire. Ce prince connaissait trop bien la violence des haines de parti, pour ne pas être convaincu que le général était désormais un adversaire implacable des Bourbons, et qu'il deviendrait au besoin un de ses agents les plus dévoués. L'avenir devait démontrer la justesse de ses prévisions. En effet, trois mois après, le général comte d'Erlon était un des signataires de la protestation adressée à la Chambre des représentants, par dix-sept généraux de l'armée, contre le rétablissement éventuel de Louis XVIII sur le trône. Malgré le désastre de Waterloo, et la conviction intime que la cause de l'empereur était à jamais perdue, ils ne craignirent pas d'exprimer, en termes saisissants, l'énergique répulsion des militaires de la République et de l'Empire envers les princes de l'ancienne monarchie. Il suffira de citer la phrase suivante de ce document fameux :

« On voudrait nous imposer les Bourbons, et ces
» princes sont repoussés par l'immense majorité des
» Français, etc. »

Il est superflu d'ajouter qu'avec de pareils antécédents, le comte d'Erlon dut bientôt prendre le chemin de l'exil. Il ne rentra en France qu'en 1825, sous le règne de Charles X, et vécut dans l'obscurité jusqu'en 1830. Après la Révolution, il fut nommé pair, sans doute en récompense de son antique dévouement, et, bientôt après, mis à la tête de la 12me division militaire, dont le chef-lieu était à Nantes. Dans ce poste de confiance, la conduite du comte d'Erlon avait été si fort appréciée par le chef de l'État, que, pour le rémunérer loyalement de ses nouveaux services, il lui fit donner le gouvernement momentané de nos possessions africaines, afin d'avoir l'occasion de le nommer maréchal de France. Il est utile d'entrer, à ce sujet, dans quelques détails.

Au commencement de 1831, la Vendée s'agitait. La

duchesse de Berry était venue, dans le mois d'avril, réchauffer le zèle des partisans de son fils et les pousser à une prise d'armes. La situation troublée des départements de l'Ouest inspirait à Louis-Philippe de vives alarmes. Un mouvement insurrectionnel de quelque importance, ajouté aux complications extérieures, n'était pas sans danger pour la monarchie. La division militaire devait donc être confiée à un homme dévoué. M. Drouet d'Erlon fut choisi. Sa haine invétérée envers les Bourbons était un sûr garant qu'il exécuterait, en tous points, les ordres du roi. Mais, le gouvernement avait donné, par crainte sans doute, aux mouvements insurrectionnels des départements de l'Ouest, une importance qu'ils ne méritaient point. Les circonstances étaient changées : là, comme partout ailleurs, la révolution avait pénétré jusqu'au cœur des populations, jadis si dévouées à l'antique monarchie. Le parti royaliste était donc réduit à l'impuissance. Après quelques soulèvements partiels promptement réprimés, la duchesse de Berry, afin de ne pas tomber dans les mains des agents du pouvoir, se vit dans la nécessité de chercher un refuge à Nantes. Le gouvernement attachait une grande importance à son arrestation. Mais, depuis cinq mois, elle était parvenue à déjouer toutes les recherches de la police, lorsqu'elle fut vendue par un misérable, gagné à prix d'argent. Il n'entre pas dans mon sujet d'exposer les circonstances de cette honteuse intrigue, je n'ai qu'à faire connaître quelques détails relatifs à l'arrestation de la princesse.

Pendant les cinq mois écoulés depuis son arrivée à Nantes, la duchesse de Berry avait vécu is... e dans la maison de deux vieilles demoiselles, où elle ne recevait que fort peu de visiteurs. C'est pour ce motif que les investigations de la police étaient restées sans succès. Afin d'opérer son arrestation, l'armée n'avait donc pas à intervenir. C'était simplement affaire de police ou de gendarmerie. Néanmoins, le comte d'Erlon fit investir par des troupes nombreuses le quartier où se trouvait la maison désignée par le traître. Des soldats, la baïonnette en avant, pénétrèrent dans cette maison sans défense, et le lendemain, la duchesse se remettait dans les mains du général Dermoncourt, en présence du substitut du procureur du roi et de quelques officiers. Le comte d'Erlon, pour plaire au souverain, n'avait donc pas hésité à descendre jusqu'au rôle de gendarme.

Personne n'ignore qu'après son arrestation, la duchesse de Berry fut transférée dans la citadelle de Blaye, d'où elle ne devait sortir qu'après avoir vu son honneur mis en lambeaux et livré à la malignité publique. Le chef de l'État crut, par cet acte odieux, avoir accablé le parti légitimiste et assuré l'avenir de sa dynastie. Il était donc naturel qu'il voulût récompenser généreusement les hauts fonctionnaires qui avaient concouru à sa perpétration. Mais il tombe sous les sens qu'on ne pouvait élever M. Drouet au maréchalat pour avoir arrêté une femme. On songea à lui confier pour quelque temps le gouvernement de la colonie, bien qu'en raison de son grand âge et de son état de décrépitude précoce, il fut dans l'impossibilité absolue d'en remplir les fonctions.

Cette nomination d'un vieillard de soixante-dix ans au poste de gouverneur général, a toujours paru fort étrange. J'ai dû en faire connaître les motifs avec d'autant plus de soin, qu'elle suffirait à elle seule pour démontrer que le gouvernement était résolu à maintenir le *statu quo* en Algérie, car une entreprise de quelque importance n'aurait pu être confiée à un général impotent. En outre, les relations particulières du comte d'Erlon avec le roi, son impuissance sénile, permettent d'affirmer que tous ses actes ont été le fruit d'inspirations étrangères, et qu'avant son départ de Paris, on lui avait tracé une ligne de conduite qu'il s'efforça de suivre dans la mesure du possible. D'un autre côté, il est évident que, sous un pareil gouverneur, les généraux, ainsi que les trois hauts fonctionnaires placés à la tête des services civils, devaient jouir d'une indépendance à peu près absolue.

XXXVIII

LA NOMINATION D'UN GOUVERNEUR GÉNÉRAL ET L'ORGANISATION DE 1834 ÉTAIENT FAITES EN VIOLATION DE LA CHARTE DE 1830.

Bien que le comte d'Erlon fut envoyé en Algérie en qualité de gouverneur, et que cette nomination fut réservée par la loi constitutionnelle au pouvoir exécutif, comme ce nouveau titre et ses pouvoirs lui étaient conférés en vertu des ordonnances organiques des 22 juillet et 1er septembre 1834, cette nomination, ainsi que ces ordonnances, constituaient une violation de la charte.

Il est vraiment extraordinaire que pas un membre de la commission gouvernementale, pas un député, pas un pair, n'aient eu le courage de protester contre le flagrant excès de pouvoir commis à cette occasion par le chef de l'État, de concert avec le ministre de la guerre. Où donc le roi avait-il puisé le droit de s'arroger le pouvoir constituant vis-à-vis de l'Algérie ?

Voici quelles étaient ses attributions, aux termes de la charte, article 13 :

« Le roi est le chef suprême de l'État. Il commande
» les forces de terre et de mer, déclare la guerre, fait
» les traités de paix, d'alliance et de commerce, nomme
» à tous les emplois de l'administration publique, et
» fait les règlements et ordonnances nécessaires pour
» l'exécution des lois, etc., etc. »

Ce sont là les seules attributions exclusives qui lui soient conférées par la charte. Il en résulte que les ordonnances pour constituer la haute administration algérienne, n'étant pas faites pour l'exécution d'une loi, sont arbitraires et illégales. Cette conclusion s'appuie non-seulement sur l'article 13, mais elle a encore une nouvelle base dans l'article 74, qui dispose que les colonies sont régies par des lois particulières. Ce qui mérite surtout d'être remarqué, c'est que cet article venait établir un régime nouveau, car antérieurement, sous l'empire de la charte octroyée de 1814, elles étaient soumises au régime des ordonnances. En effet, l'article 73 de cette dernière charte porte : Les colonies seront régies par des lois et des *règlements particuliers*. Il n'est pas douteux qu'en supprimant les mots *règlements particuliers*, dans l'article 64, le législateur de 1830 avait entendu inaugurer le régime de la loi. Et comme la conquête de l'Algérie est antérieure au vote et à la promulgation de cette charte, il est indiscutable que, si le pouvoir constituant avait eu le dessein de la placer dans une situation exceptionnelle, cette exception au droit commun eût été l'objet d'une disposition spéciale.

Il résulte de ce qui précède que l'organisation de 1834, ainsi que les modifications successives apportées par ordonnance à cette organisation jusqu'en 1848, constituent autant d'usurpations de pouvoir. Si la Chambre des députés n'eût pas été misérablement inféodée au système, elle eût tout d'abord exprimé un blâme sévère contre le ministre de la guerre, à l'aide d'un ordre du jour énergiquement motivé. En cas de résistance, elle avait le devoir de le décréter d'accusation, ainsi que l'article 47 lui en donnait le droit, et de le traduire devant la Chambre des pairs, pour violation de la charte.

Mais il y avait peu à compter sur un acte d'indépendance des Chambres de cette époque, composées en grande partie de fonctionnaires. J'ai déjà signalé, avec indignation, que la Chambre des députés était restée impassible devant le récit des horreurs constatées par le procès-verbal de la commission gouvernementale. Il ne faut pas s'étonner, par conséquent, qu'elle ait laissé passer sans protestation les divers excès de pouvoir commis par le chef de l'État. Néanmoins, la commission du budget, s'étant préoccupée à juste titre de l'augmentation progressive des dépenses occasionnées par l'occupation de l'Algérie, demanda au ministère d'en réduire le chiffre dans une notable proportion. Cette demande intempestive présentait un double inconvénient. Elle amnistiait, dans une certaine mesure, la conduite illégale du chef de l'État et lui fournissait des motifs plausibles pour persister dans ses tendances anti-nationales. La commission aurait dû comprendre que tant de sacrifices opérés en pure perte étaient une preuve accablante contre les vices du système suivi depuis la conquête ; qu'il n'est donné qu'à la bonne politique de faire de bonnes finances. Dès lors, si elle eût été à la hauteur de son mandat, le vote du budget plaçant la souveraineté effective dans les mains de la Chambre, elle aurait demandé compte au pouvoir exécutif des procédés de ses divers agents.

La Chambre n'eût pas tardé à apprendre qu'indépendamment des spoliations et des crimes commis à l'égard des indigènes, l'arbitraire le plus insensé et les mesures les plus illégales étaient les causes uniques du mal dont elle avait cru devoir se plaindre. Que, sur les cinq points occupés par nos troupes, dans quatre, les militaires et les employés français étaient les seuls consommateurs.

Dans ces conditions, l'établissement des droits de douane et des octrois de terre et de mer, joint au désordre de l'administration militaire et aux marchés scandaleux qui en étaient la conséquence, devait produire un renchérissement des denrées alimentaires, et faire payer à l'État trois ou quatre fois au-dessus de leur valeur les objets nécessaires à la consommation de l'armée. La Chambre était, par conséquent, fort mal venue à se plaindre d'un état de choses qui avait pour premier principe une audacieuse violation de la loi constitutionnelle, dont elle s'était rendue complice par sa servilité et sa coupable défaillance.

Quoi qu'il en soit, le vœu platonique pour la réduction des dépenses algériennes, émis par les membres de la commission du budget, entrait beaucoup trop dans les vues du gouvernement pour ne pas être pris en sérieuse considération.

Le ministère, sans nul souci de la situation difficile créée par le traité Desmichels, se hâta de céder à l'Espagne la légion étrangère, forte de cinq mille hommes, et dont la majeure partie se trouvait dans la province d'Oran.

XXXIX

POLITIQUE DU COMTE D'ERLON. — SES PREMIERS ACTES. — CONDUITE IMPRUDENTE DE L'AGHA MAREY. — FAIBLESSE DU GOUVERNEUR.

Après ces explications préliminaires, il est facile de caractériser le mandat donné par le gouvernement au comte d'Erlon, et d'indiquer le mobile de ses actes. Le gouverneur, dès son arrivée de Paris, le 26 septembre, commença par déclarer qu'il avait le dessein de substituer vis-à-vis des tribus insoumises la politique des négociations à l'emploi de la force. Cette politique aurait sans doute produit d'heureux résultats, après l'immortelle campagne de 1830. Les Arabes, ainsi que le prouvait la démarche de Ben-Zamoun, seraient venus à nous de toutes parts, sous la double impression du sentiment de notre supériorité et du prestige de nos armes. Mais leurs dispositions n'étaient plus les mêmes. Les faits signalés précédemment, et surtout l'administration néfaste du duc de Rovigo, avaient rendu la majeure partie des indigènes ennemis acharnés de notre domination. On ne pouvait essayer, dans ces circonstances, une politique de ménagement et de paix, sans s'exposer à voir ce changement considéré comme un signe de faiblesse, qui devait accroître considérablement le nombre de nos adversaires et nous susciter de très grands embarras.

Les deux premiers actes de l'administration du comte d'Erlon présentent une similitude singulière avec deux faits importants qui avaient signalé le commandement du général Clauzel. Nous avons dit que ce général, après avoir écrit au ministre de la guerre que l'armée pouvait être réduite des deux tiers, sans danger pour les affaires d'Afrique, avait songé à combler en partie le vide occasionné par le départ des troupes françaises, par la formation de corps indigènes, et que M. le commandant Marey avait été chargé d'organiser le corps de cavalerie. Le comte d'Erlon, à son arrivée à Alger, se trouvait dans une situation identique. Ayant appris, avant son départ, que le gouvernement était en pourparlers pour céder la légion étrangère à l'Espagne, il résolut, à l'exemple du général Clauzel, de créer, sous le nom de spahis, un corps de cavalerie auxiliaire, et, comme son prédécesseur médiat, il en donna le commandement à M. Marey, qui venait d'être nommé lieutenant-colonel.

Le second acte de M. d'Erlon fut la suppression du bureau arabe et le rétablissement des fonctions d'agha.

Le général Clauzel avait également rétabli la place d'agha, supprimée antérieurement. Mais je désire surtout faire remarquer que les motifs qui avaient fait agir ces deux généraux sont absolument les mêmes, quant au fond, bien que dissemblables dans la forme. Le général Clauzel avait motivé sa décision sur la nécessité de donner un chef aux Arabes des tribus, et de lui conserver une dénomination consacrée dans les mœurs des indigènes. M. Mendiri, officier supérieur de gendarmerie et grand prévôt de l'armée, avait été nommé agha.

Voici maintenant les motifs du comte d'Erlon :

« Voulant imprimer un mouvement plus actif et plus
» conforme aux rapports et aux relations qui existent
» déjà, ou pourront s'établir par la suite, avec les tribus
» de l'intérieur, leur prouver que nous nous occupons de
» leurs intérêts, que nous désirons vivre en paix avec
» elles, et faire régner parmi elles l'ordre et la tran-
» quillité :

« Article premier. — Un officier supérieur, ayant le
» titre d'agha des Arabes, qui est le plus propre à carac-
» tériser aux yeux des indigènes la nature de ses fonc-
» tions, sera chargé des rapports avec les tribus de l'in-
» térieur, et de la police du territoire. »

Le lieutenant-colonel Marey fut nommé le même jour agha des Arabes.

Le comte d'Erlon était-il, en cette double circonstance,

le plagiaire du général Clauzel, ou simplement l'exécuteur des ordres de Paris? Cela importe peu, mais, dans les deux hypothèses, il donnait la mesure de son ignorance excessive des affaires algériennes, car il était établi, d'une façon incontestable, qu'un officier français ne pouvait remplir les fonctions d'agha, avec la même utilité pour nous, qu'un grand chef arabe. C'est par cette considération que le général Berthezène avait confié cette charge au marabout Mahieddin-Embarok, de Coléah. La tranquillité et le calme rétablis parmi les tribus voisines avaient démontré que M. Berthezène avait eu raison. Mais le nouveau gouverneur ne devait pas tenir compte des leçons de l'expérience. Il nomma M. le lieutenant-colonel Marey dans le but de prouver aux tribus, pour me servir de ses expressions, que nous désirions vivre en paix avec elles. Malheureusement, l'officier agha ne fut qu'une cause de troubles. Sa conduite injuste et violente vis-à-vis des Hadjoutes nous valut d'irréconciliables ennemis.

Un camp français venait d'être installé à Boufarik, afin de surveiller le marché. Nos rapports avec les Arabes n'auraient probablement donné lieu à aucun acte d'hostilité, si M. l'agha Marey n'avait formé le projet de se venger de quelques plaisanteries de deux ou trois chefs hadjoutes, au sujet de sa nomination qui avait froissé l'aristocratie arabe. Le 5 janvier 1835, une colonne, composée de quatre bataillons d'infanterie, de zouaves, de chasseurs d'Afrique et de spahis, sortit d'Alger et fut conduite un peu en avant de Douéra.

Quel pouvait être le but de cette exhibition intempestive des forces françaises? Le pays jouissait d'une parfaite tranquillité, fruit de la politique intelligente et ferme du général Voirol. Quels motifs pressants avaient amené M. d'Erlon à se départir de sa règle de conduite, et à permettre à ses agents de substituer en cette circonstance, à sa politique de ménagements et de paix, un criminel abus de la force? Les faits qui suivent, permettent d'affirmer, que ce triste gouverneur, qui, pendant son séjour en Afrique, ne cessa d'être le jouet de trois ou quatre brouillons subalternes, avait été indignement abusé par l'agha Marey. En effet, ce dernier, s'étant rendu le même jour au marché de Boufarik, fit arrêter sans raison, ni prétexte, deux indigènes considérables parmi les Hadjoutes, dont l'un, principalement, avait été rattaché à notre cause par les procédés généreux du général Voirol, et s'était montré, depuis ce moment, dévoué et fidèle. Cet indigne guet-apens, perpétré en pleine paix, souleva tous les esprits. Les Hadjoutes s'étant retirés en lieu de sûreté, renoncèrent à notre alliance. Ce n'est pas tout encore: comme si l'on avait eu le dessein prémédité de soulever toutes les tribus contre notre domination, le général Rapatel se mit à battre le pays, brûla un village des Mouzaïas qui ne nous avaient donné aucun sujet de plainte. Ces actes de brigandage ne tardèrent pas à soulever toutes les tribus voisines. La colonne eut à soutenir, dans les gorges du petit Atlas, un engagement très-chaud, où M. Marey fut blessé. Il fallut songer à la retraite. Nos troupes rentrèrent le 9 à Boufarik, poursuivies par les Hadjoutes et les Mouzaïas réunis. Depuis cette fatale équipée, les Hadjoutes furent constamment en guerre avec nous, et nous firent essuyer des pertes considérables. Un mois après, 150 de leurs cavaliers vinrent balayer la route de Delybrahim, et, après avoir massacré des voyageurs et des soldats isolés, se retirèrent chargés de butin. Cet évènement, que la police de l'agha Marey n'avait su prévoir, et qu'il eût été bien facile de prévenir, joint à un ordre du jour inconsidéré du gouverneur qui exagérait encore le mal, jeta la terreur jusqu'aux portes d'Alger. Les colons abandonnèrent les cultures du Sahel, et les tribus de la plaine, déjà refroidies par nos criminels procédés, frappées de notre impuissance, se soulevèrent à leur tour, pour faire cause commune avec nos ennemis.

Un dernier fait achèvera de démontrer à quel point le comte d'Erlon était déchu.

Dans le courant du mois de janvier, un navire sarde avait échoué non loin du cap Bengut. L'équipage, étant parvenu à gagner la terre, fût retenu prisonnier par la tribu des Issers qui exigeait, pour le mettre en liberté, une forte rançon. Tout commandait au général de réprimer cette sauvage violation du droit des gens par un acte de vigueur. Les naufragés appartenaient à une nation amie, et nous avions tout récemment proclamé notre souveraineté sur le littoral, puisque, pour complaire aux Anglais, nous nous étions rendus maîtres de Bougie, afin de venger une insulte faite au pavillon britannique. En outre, le gouverneur avait, très certainement, les moyens de réduire la tribu. Un millier d'hommes, commandés par un officier habile et audacieux, auraient suffi pour ce coup de main. Il aima mieux traiter avec les Issers et délivrer l'équipage sarde à prix d'or. Il poussa même la faiblesse jusqu'à envoyer un officier d'état-major leur porter la somme remise à cet effet par le consul de Sardaigne.

Il n'en fallait pas davantage pour tuer moralement notre autorité aux yeux des indigènes. A partir de ce moment, nous n'eûmes parmi eux que des ennemis, et leur audace s'accrut même à tel point, que, vers la fin de mars, les Hadjoutes ne craignirent pas d'attaquer le camp de Boufarik et d'enlever, sous les canons, les bestiaux destinés à l'alimentation des troupes. Lorsque le général Rapatel essaya de les poursuivre, le troupeau avait disparu.

Notre influence était donc entièrement perdue sur les indigènes dans la province d'Alger. Nous n'avions partout que des ennemis. Cette situation fâcheuse était due à l'incapacité et à la faiblesse du gouverneur, et je puis ajouter, à l'absence absolue de direction. Sur les autres points occupés par nos troupes, les mêmes causes ne pouvaient produire de meilleurs résultats.

XL

ÉVÈNEMENTS DE BOUGIE

Dans la province de l'Est, la ville de Bougie avait été l'objet d'attaques incessantes, mais son commandant supérieur était un officier habile et intrépide, et, sans la malheureuse intervention du gouverneur, qui, en cette circonstance, foula aux pieds toutes les règles du commandement militaire, il est certain que le brave colonel Duvivier eût amené les tribus voisines à composition.

Les faits valent la peine d'être racontés.

Le 9 octobre 1834, une nuée de Kabyles étaient venus attaquer le poste du mont Gourayah, au-dessus de Bougie. Cette attaque fut vivement repoussée. Le 5 décembre suivant, l'ennemi reparut avec des forces nombreuses dans la plaine, et, sur les hauteurs du moulin de Demous, le colonel Duvivier, lui ayant fait éprouver de grandes pertes, dirigea, trois jours après, en personne, une reconnaissance dans la vallée de l'oued Bou-Messaoud. Bien que sa petite troupe eut été assaillie par une masse de Kabyles qui se battirent en désespérés, le colonel parvint à les culbuter et opéra sa retraite dans un ordre admirable. Cette audacieuse entreprise, couronnée d'un plein succès, fit enfin comprendre à nos éternels adversaires qu'ils n'étaient pas à l'abri de nos coups.

Ould-Ourebah, cheik des Ouled-Abd-el-Djebar, qui habitent cette vallée, fit alors semblant de demander la paix. Mais le rusé Kabyle savait parfaitement qu'il n'avait rien à espérer du colonel Duvivier qui était aussi prudent que courageux. Il songea à se mettre en relations secrètes, espérant en tirer un meilleur parti, avec un fonctionnaire de l'ordre civil, nommé Lowasy, commissaire du roi *in partibus* près la municipalité de Bougie.

M. Lowasy donna dans le piège. Flatté dans son amour-propre par la démarche du cheik, et espérant peut-être devenir un personnage, il écrivit à M. Lepasquier, intendant civil à Alger, son supérieur immédiat, qu'il tenait entre ses mains la pacification du territoire de Bougie, et que, si ce résultat n'était pas obtenu, il ne faudrait l'attribuer qu'à la haine inspirée aux Kabyles par le colonel Duvivier. Le gouverneur général ayant reçu communication de cette dépêche, envoya immédiatement à M. Lowasy l'autorisation écrite de traiter avec Ould-Ourebah. Certes, il fallait que le comte d'Erlon eût l'esprit singulièrement obscurci par le désir immodéré de faire une paix quelconque avec les indigènes, pour ne pas comprendre combien cette autorisation était insolite et contraire à toutes les règles, disons mieux, insensée et coupable. Était-il possible de considérer comme sincère une démarche faite par un ennemi auprès d'un fonctionnaire civil, sans aucune qualité pour la recevoir, alors surtout qu'elle avait été cachée avec le plus grand soin au chef militaire appelé à donner son avis sur la suite qu'il était convenable de lui donner? En outre n'eût-il pas fallu s'enquérir au préalable si M. Lowasy était assez prudent et s'il avait l'aptitude nécessaire pour mener à bonne fin une négociation de cette importance? Quoi qu'il en soit, le 27 mars, d'un point élevé d'où il examinait la plaine, M. Duvivier vit un bateau, portant pavillon français, aborder au loin la côte ennemie, et entrer en communication avec des Kabyles armés et nombreux. C'était M. Lowasy qui se rendait auprès du cheik Ourebah. Leur conférence avait à peine duré quelques instants, que, plusieurs coups de fusil ayant été tirés par les montagnards, M. Lowasy perdit la tête, regagna son canot et fit force de rames vers Bougie, bien qu'Ourebah le rappelât à grands cris.

Le colonel Duvivier n'était pas d'humeur à le laisser débarquer incognito. Il fit donner ordre à une chaloupe de la marine d'arrêter le canot, et de déposer les personnes qui le montaient à bord du stationnaire.

Les lois militaires punissent de mort quiconque, dans une place bloquée, franchit les avant-postes ou entretient des correspondances avec l'ennemi, sans la permission du commandant supérieur. Elles assimilent ce fait à la trahison. M. Lowasy avait beau être porteur d'une autorisation de traiter de la paix, qu'il n'en devait pas moins obtenir l'autorisation du colonel Duvivier, afin de communiquer avec les Kabyles, et si cet officier supérieur avait voulu exercer son droit jusqu'à ses dernières limites, il pouvait traduire M. Lowasy devant une commission militaire, le faire juger, condamner et exécuter dans les vingt-quatre heures. Mais ce parlementaire de circonstance, qui venait de donner des preuves que le courage n'était pas sa vertu dominante, se hâta d'exhiber les instructions du comte d'Erlon. Il fut relâché immédiatement et embarqué de force pour Alger, où il alla raconter au gouverneur sa mésaventure. Il ne manqua pas de l'attribuer, comme on le pense bien, au commandant supérieur.

Cependant, le colonel Duvivier avait adressé au gouverneur un rapport contenant le récit exact des faits que je viens de raconter. Il pensa, non sans raison, que la dignité du commandement, qu'il ne devait point laisser amoindrir dans ses mains, lui faisait un devoir de réclamer une réparation convenable. Il déclara, avec une noble fermeté, que, s'il ne l'obtenait point, il ne resterait pas une heure de plus à Bougie. Mais, à Alger, les griefs formulés par le colonel ne furent même pas examinés. Le gouverneur, entièrement dominé par l'intendant civil, M. Lepasquier, n'écouta que les déclamations violentes de M. Lowasy, qui avait pourtant joué un assez triste rôle dans toute cette affaire. Les brillants services de M. Duvivier, son attitude si digne, furent entièrement méconnus. Le colonel du génie Lemercier fut envoyé à Bougie en qualité de commandant supérieur.

Cette conduite inconsidérée du gouverneur produisit un bien mauvais effet sur l'armée, et notamment sur les troupes de Bougie, qui avaient pu apprécier la valeur militaire du colonel Duvivier et la loyauté de son caractère. A son départ, la garnison se porta tout entière sur son passage pour lui faire ses adieux. La spontanéité de cette démarche attestait combien tous les cœurs étaient froissés. Les officiers se rendirent à bord du navire afin de lui offrir une épée d'honneur, pour laquelle ils s'étaient cotisés. Il la refusa. Le colonel Lemercier, il faut lui rendre cette justice, insista vivement pour lui faire accepter ce gage d'estime. Le gouverneur général, qui en fut instruit, crut devoir interdire la souscription. Le témoignage public donné au colonel Duvivier était une protestation significative contre la criante injustice dont le commandant supérieur de Bougie avait été l'objet.

A l'arrivée du colonel Lemercier, les négociations ayant été reprises avec Ourebah par ordre du gouverneur, on se rendit en bateau sur le rivage ennemi, sans troupes, au milieu des Kabyles sous les armes.

On déposa au pied du cheik des cadeaux et de l'argent. Sur sa déclaration qu'il ne traiterait que lorsque l'ancien commandant de Bougie serait renvoyé, il fut répondu à cette exigence ignominieuse d'un barbare, que c'était déjà chose faite. Enfin, sur ce petit coin d'une plage insoumise, grâce à notre détestable politique, le représentant de la France couvrit de boue le drapeau national, et, en échange de tant de honte, il obtint un chiffon de papier par lequel Ourebah daignait nous octroyer la permission de rester dans la ville de Bougie, dont il était impuissant pour nous chasser, et sur laquelle, en outre, il n'avait jamais eu aucun droit.

Peu de jours après, les Mzala vinrent nous attaquer. Le colonel Lemercier, qui avait été la première dupe de la fourberie numide, étant sorti dans la plaine pour les repousser, disait à ses soldats: Notre allié Ourebah va venir couper la retraite aux ennemis. Plusieurs heures se passèrent dans l'attente. On vit enfin arriver des Kabyles à pied et à cheval: c'était bien Ourebah qui s'avançait, mais pour tirer sur nous. Il fallut battre en retraite. De nouvelles sommes d'argent payèrent les explications que ce cheik voulut bien donner. Quand il comprit que nous étions à bout de concessions, il déclara qu'il s'était moqué de nous. La mystification était complète. Telles furent les conséquences du retrait du commandement du colonel Duvivier.

Un dernier fait achèvera de démontrer combien la nullité de M. d'Erlon et sa prétendue politique de paix avaient ruiné notre influence sur les indigènes. Il établira en outre jusqu'à quel point il était le jouet de son entourage. Le gouverneur avait imaginé, à l'instigation de l'agha Marey, de placer à Bildah l'ex-bey de Tittery, Ben-Omar, qui continuait à toucher sa pension de 6,000 francs, et dont on ne savait que faire.

M. Marey s'était chargé de l'y conduire, affirmant que l'affaire ne présentait aucune difficulté. Il partit néanmoins d'Alger, avec une forte colonne, et se présenta devant Blidah qui lui ferma ses portes.

Ne pouvant vaincre cette résistance imprévue, M. l'agha Marey et Ben-Omar durent revenir sur leurs pas. Ce fut au moment de cet échec que M. d'Erlon, qui ne savait rien voir par ses yeux, et avait accepté comme un fait accompli l'affirmation de l'agha, écrivit au ministre de la guerre que Ben-Omar avait été très bien reçu à Blidah, et que dans peu de temps Médéah se rangerait sous notre domination.

XLI

CRÉATION DU BULLETIN OFFICIEL. — MODIFICATION AU RÉGIME COMMERCIAL. — CAUSE DE LA RUPTURE AVEC ABD-EL-KADER.

Si, au point de vue militaire, M. d'Erlon avait perdu toute initiative, et faisait exécuter aveuglément toutes les décisions d'autrui, on doit supposer que, relativement aux affaires civiles, il avait laissé aux trois grands fonctionnaires placés sous ses ordres une indépendance absolue ; qu'il ne fut en quelque sorte qu'une machine mise à leur disposition pour signer des arrêtés.

Les trois directeurs des services civils firent prendre au gouverneur un certain nombre d'arrêtés dont la plupart furent promptement abrogés et n'ont aujourd'hui aucune importance. Il est dès lors inutile de les faire connaître, du moins en ce moment. Mais deux d'entre eux ont une importance réelle et méritent d'être signalés. Le premier, des 20 octobre et 6 novembre 1834, est relatif à la création du *Bulletin officiel ;* le second porte la date du 27 novembre de la même année. Il vint modifier considérablement le régime commercial de l'Algérie. Il fut la cause première de nos démêlés avec Abd-el-Kader, et fit en outre retirer au général Desmichels le commandement de la division d'Oran. Nous donnerons bientôt, à ce sujet, tous les détails convenables. Nous allons tout d'abord nous expliquer sur la création du *Bulletin officiel.*

Le but apparent de cette création est suffisamment indiqué par le préliminaire et le premier article de l'arrêté :

« Voulant déterminer le mode de publication des
» actes émanés de nous ou des différents chefs de
» service qui concourent à l'administration du pays, et
» fixer, d'une manière invariable l'époque à partir de
» laquelle ces actes deviendront obligatoires pour
» chacun dans chaque localité :

» Article premier. — Les actes sus-mentionnés seront
» publiés dans un recueil spécial, intitulé : *Bulletin*
» *officiel des actes du gouvernement.* Chaque numéro
» de ce bulletin portera l'empreinte du sceau du gou-
» vernement, et il en sera transmis un exemplaire à
» chacun des fonctionnaires publics dont la nomen-
» clature sera par nous déterminée. »

Il ressort de ces textes que le seul objet de l'arrêté était la publication des divers actes de certains agents de l'administration algérienne. Mais si on rapproche de cet arrêté la disposition de l'article 18 de l'ordonnance du 1er décembre 1834, on sera convaincu que cette création du *Bulletin officiel* allait permettre au gouverneur général d'exercer l'attribution inconstitutionnelle qui lui était conférée en ces termes : *Il promulgue les lois et publie les ordonnances, arrêtés et règlements.*

Si les termes *promulguer les lois* n'existent pas dans l'arrêté, c'est que le rédacteur n'ignorait point que la prérogative de promulguer les lois était, aux termes de la charte de 1830, un attribut réservé au chef du pouvoir exécutif, qui ne pouvait ni le déléguer ni le transmettre ; car l'article 18 dispose : *le roi seul sanctionne et promulgue les lois.* Il aurait craint, sans nul doute, de consacrer, dans un acte officiel, une nouvelle violation de cette charte. Mais on atteignait indirectement le but par la publication dans le *Bulletin officiel* d'arrêtés prescrivant aux fonctionnaires d'exécuter les lois que le gouvernement général voulait rendre obligatoires.

Ce mode spécial de promulgation des lois pour l'Algérie, résultat incontestable des combinaisons de l'ordonnance de 1834, et des articles de l'arrêté, était tout à la fois inutile et dangereux. Je puis même ajouter qu'il a singulièrement contribué à l'oppression des Européens. Il était inutile, car il ne pouvait empêcher le pouvoir central de promulguer en Algérie les lois de la métropole en se conformant aux dispositions du code civil. En outre, il n'a jamais empêché le pouvoir législatif de décider que certaines lois seraient exécutoires en Algérie, indépendamment de ce mode de promulgation spéciale. Je lis, en effet, dans une loi des 25 février et 5 avril 1851 :

« Vu la loi du 11 janvier 1851 ;
» Vu l'article 1er du code civil et l'ordonnance du
» 27 novembre 1816, qui déterminent les délais légaux
» de promulgation :
» Article premier. — Les lois et décrets rendus en
» matière de douanes seront applicables en Algérie à
» compter du jour où ils seront réputés connus à Alger,
» d'après les règles établies par l'article 1er du code
» civil.
» La distance légale de Paris à Alger est fixée à
» 160 myriamètres. »

Enfin, les cours et tribunaux ont, dans maintes circonstances, fait l'application de lois de la métropole qui n'avaient jamais été promulguées en Algérie par le gouverneur général. J'en trouve la preuve dans un document officiel qu'il peut être bon de signaler.

Le 25 juin 1853, le ministre de la guerre adressait à l'empereur un rapport dont j'extrais ce qui suit :

« Sire, une loi éminemment morale, celle du 21 mai
» 1836, a prohibé les loteries de toute espèce. Cette loi
» n'ayant pas été promulguée en Algérie, des spécula-
» teurs en ont conclu qu'elle n'y était pas obligatoire,
» et plusieurs tentatives ont été faites pour la mise en

« loterie de propriétés immobilières. Un de ces essais
« a donné lieu à des poursuites judiciaires suivies de
« condamnation, par l'application de la loi métropoli-
« taine, en première instance et en appel. »

Sur ce rapport, un décret fut rendu qui ordonnait la promulgation de la loi.

Le mode de promulgation par l'insertion au *Bulletin officiel* était dangereux. En effet, nous avons indiqué que l'article de l'ordonnance du 1er septembre 1834, placé sous la rubrique *Attributions du gouverneur général*, était conçu en ces termes : *Il promulgue les lois*, etc. Mais quelles sont les lois visées par l'article ? Est-ce les lois particulières qui, d'après la charte de 1830, devaient régir l'Algérie et qui ont été si malheureusement remplacées par des ordonnances ? ou bien sera-t-il permis au gouverneur, par les termes vagues et indéterminés *il promulgue les lois*, d'aller fouiller dans le vaste arsenal de la législation française les lois les plus restrictives de la liberté des individus et de les rendre exécutoires au moyen de cette promulgation spéciale ? Hélas ! c'est dans ce dernier sens que cette innovation a toujours été entendue. On a même été plus loin encore, ainsi que je l'ai raconté à propos de la loi sur les loteries : les tribunaux algériens ont appliqué, parfois, des lois pénales de la métropole, indépendamment de toute promulgation.

Il était indispensable d'indiquer les différentes sources de la législation algérienne. J'aurai, plus tard, l'occasion d'en faire connaître les développements successifs. Mais il est déjà facile de comprendre qu'une législation, fondée, dès son principe, sur la violation du pacte constitutionnel, a dû être conçue dans un intérêt exclusif de l'honneur et de la prospérité de la France. Pour démontrer combien cette législation est défectueuse, je me bornerai, pour le moment, à citer quelques mots d'un mémorable rapport du 7 décembre 1848, adressé par le général de Lamoricière au président du conseil chargé du pouvoir exécutif, pour en demander la révision :

« La législation française qui régit l'Algérie, indé-
» pendamment des lois qui y sont appliquées, n'a pas
» moins de neuf volumes du *Bulletin officiel*. Les inté-
» rêts qui ont été réglés l'ont été si souvent, à des
» points de vue si différents, et par des autorités si
» diverses, suivant la mobilité des choses et des hom-
» mes, qu'il en résulte, pour les administrateurs comme
» pour les magistrats, des embarras et des difficultés
» d'application qui donnent lieu très fréquemment à
» des réclamations plus ou moins fondées. Un tel état
» de choses appelle une réformation et demande un
» terme. »

Il est fâcheux, pour la République de 1870, d'être obligé de reconnaître que, bien que les nombreuses décisions des administrateurs du second Empire soient venues augmenter considérablement le nombre des volumes du *Bulletin officiel*, et accroître par cela même les embarras et les difficultés, qu'on n'ait pas encore songé à en opérer la révision qui paraissait déjà si urgente, en 1848, au général de Lamoricière.

Arrivons, maintenant, à l'arrêté du 27 novembre, relatif au régime commercial de l'Algérie. Cet arrêté est tellement en opposition avec la politique suivie par le général Drouet d'Erlon vis-à-vis des indigènes, qu'il est permis de croire qu'il n'en comprit, en le signant, ni la signification, ni la portée. En effet, l'arrêté proclame implicitement la souveraineté de la France sur la totalité du territoire soumis, avant la conquête, à l'autorité du dey et de ses lieutenants, soit que ce territoire fût ou non occupé par les troupes françaises. Il consacre, en outre, ce principe fondé sur la législation de la métropole, que l'importation et l'exportation de toutes marchandises, soit françaises, soit étrangères, ne pouvaient avoir lieu que par les ports occupés par les autorités françaises, et punit de la confiscation et de 3,000 francs d'amende toute contravention à cette disposition.

Cet arrêté, comme il est facile de s'en convaincre, était en opposition flagrante avec la première partie de la convention du 26 février 1834, qui assurait à Abd-el-Kader le monopole du commerce d'Arzew et la souveraineté sur cette localité. Abd-el-Kader adressa, à ce sujet, de vives réclamations au gouvernement général, et lui fit parvenir, par l'intermédiaire d'un Juif nommé Ben-Durand, une copie entière du traité, dont le général Desmichels, craignant un désaveu, avait dissimulé prudemment toute la partie la plus avantageuse à l'émir. M. Desmichels, mis en demeure de s'expliquer sur les prétentions formulées par Abd-el-Kader, s'étant vu dans la nécessité d'en reconnaître la justesse, et ne trouvant aucune excuse pour pallier sa conduite, le gouverneur demanda sur-le-champ, au ministre de la guerre, la révocation de ce triste personnage. Le commandement de la division d'Oran fut alors confié au général Trezel, chef de l'état-major général.

La révocation du général Desmichels, quoique bien méritée et juste au fond, était beaucoup trop tardive pour faire disparaître les difficultés de la situation. Il est évident que la convention du 26 février et l'arrêté du gouverneur ne pouvaient subsister simultanément. Le comte d'Erlon serait peut-être revenu sur ses pas, si le directeur des finances, M. Blondel, n'eût énergiquement soutenu son œuvre. Il ne cessait de répéter qu'un pas rétrograde serait de nature à faire perdre tout prestige au commandement, et que le commerce de France pousserait de vives plaintes.

De son côté, l'émir ne voulait point renoncer à l'occupation du port d'Arzew qui lui offrait des avantages incontestables et lui permettait notamment de faire venir des munitions de guerre de l'étranger. Dans ces circonstances, un gouverneur général à la hauteur de sa mission eût immédiatement pris son parti. Il aurait déclaré à l'émir que le traité conclu avec le général Desmichels était radicalement nul et devait être considéré comme non existant; qu'un général subalterne, sans mandat spécial et agissant à l'insu de ses supérieurs, n'avait pu engager la France. Abd-el-Kader aurait été, d'ailleurs, assez mal venu à se plaindre. Il savait mieux que personne à quoi s'en tenir sur la valeur morale du traité conclu avec le général Desmichels. Il avait, en outre, suivi de trop près les affaires algériennes, depuis la conquête, pour ignorer que le traité avait besoin de ratification. Il avait vu, en effet, les traités conclus avec le bey de Tunis, bien que passés avec le général en chef, et partiellement exécutés, déclarés nuls pour n'avoir pas été ratifiés par le gouvernement de la métropole. Mais, au lieu d'agir franchement et d'en imposer à l'émir, par une conduite ferme et digne, le comte d'Erlon eut de nouveau recours à son système de ménagements, dont nous avons signalé le piètre résultat à l'occasion des affaires de Bougie. Il crut devoir envoyer un officier à Abd-el-Kader, pour lui remettre des présents, et lui annoncer l'envoi prochain d'une grande quantité de poudre. Il est constant, qu'en exécution de cette promesse, un bâtiment, chargé de poudre et de fusils, destiné à l'émir, était parti d'Alger pour aller porter cette cargaison à l'embouchure de la Tafna. Ainsi, nous fournissions nous-mêmes des armes à notre ennemi. Mais le général Trezel fit saisir le bâtiment par le stationnaire de Mers-el-Kebir et arrêta, par ce moyen, ce monstrueux envoi. Le gouverneur, craignant l'effet produit par cet acte, qui ressemblait singulièrement à une infâme trahison, fit nier par son journal officiel l'envoi de ces armes et de cette poudre.

Mais le fait est prouvé autant qu'il puisse l'être. Ce fut le capitaine Boll, commandant l'aviso de l'État le *Loiret*, qui saisit le bâtiment. Les anciens Oranais l'ont su et pourraient, au besoin, en rendre témoignage. Du reste, les preuves écrites et officielles existent. M. d'Erlon voulait même aller beaucoup plus loin dans cette voie. Il ne fallut rien moins que l'opposition énergique du général Trezel pour l'empêcher de livrer à l'émir plusieurs pièces d'artillerie qu'il avait demandées, sous le prétexte de faire le siège du Méchouar de Tlemcen.

XLII

POLITIQUE DU GÉNÉRAL TREZEL. — REPRISE DES HOSTILITÉS. — DÉSASTRE DE LA MACTA — RESPONSABILITÉ DE CES DIVERS ACTES.

Le général Trezel, qui allait bientôt attirer sur nos armes un de ces échecs que l'honneur du drapeau ne permet pas de laisser sans revanche, était venu en Algérie, après l'organisation de 1831, en qualité de chef d'état-major du duc de Rovigo. C'était un homme intelligent, fort capable de bien apprécier notre situation, par l'expérience que plusieurs années de séjour en Afrique lui avaient donnée des affaires algériennes. Il avait compris, tout d'abord, combien avait été absurde et coupable la conduite du général Desmichels, dont les derniers actes n'avaient tendu qu'à consolider la puissance d'Abd-el-Kader, qu'il nous importait de détruire au plus tôt. Il s'était dès lors opposé, par tous les moyens en son pouvoir, à la remise de munitions et d'engins de guerre à l'émir. En outre, il avait encouragé ouvertement les dissidences qui s'étaient produites dans la province contre son pouvoir. Il avait même profité d'un voyage du gouverneur général à Oran, pour tâcher de lui ouvrir les yeux sur les menées d'Abd-el-Kader. Il lui avait représenté que le traité de 1834 avait été violé par notre ennemi, qui, loin de s'arrêter au bas Chélif, limite de ses possessions, était entré à Millianah, où il avait nommé pour caïd El-Hadj-Mahieddin, l'ex-agha du général Berthezène ; qu'il fallait au plus tôt arrêter ses entreprises, sous peine de voir étendre l'autorité de l'émir jusqu'aux portes d'Alger. Il proposait, en conséquence, de rattacher à notre cause les Douairs et les Smélas, qui refusaient encore de reconnaître son autorité. M. d'Erlon rejeta ce projet, dont l'exécution lui parut une rupture du traité qu'il avait encore l'espérance de maintenir. Abd-el-Kader, averti par ses émissaires, envoya aussitôt à ces tribus l'ordre de s'éloigner d'Oran, et chargea l'agha El-Mazary d'employer, au besoin, la force pour les y contraindre.

Malgré le refus formel du gouverneur de s'associer à ses vues, le général Trezel résolut de poursuivre le cours de ses desseins qu'il croyait éminemment propres à sauvegarder les intérêts de la France. Les Douairs et les Smélas lui ayant demandé du secours, il vint camper, le 14 juin, à Misserghin, pour les protéger. Un petit nombre de dissidents se rangèrent sous l'autorité d'El-Mazary, mais la grande masse se porta à la position du Figuier, à une quinzaine de kilomètres sud d'Oran.

Le général Trezel fit signer, à leurs principaux chefs, un acte de soumission à la France, et adressa une dépêche au gouverneur, pour lui annoncer cette mesure qu'il avait cru devoir prendre sous sa propre responsabilité. Il écrivit en même temps à Abd-el-Kader, afin de le prévenir de sa résolution irrévocable de considérer comme une rupture tout acte d'hostilité de sa part contre les Douairs et les Smélas. L'émir répondit que sa religion ne lui permettait pas de laisser des musulmans, ses sujets, sous l'autorité des infidèles; qu'il les poursuivrait à outrance, jusque dans les murs d'Oran, s'ils y trouvaient un asile. Il demandait en même temps l'échange des agents consulaires d'Oran et de Mascara. C'était une déclaration de guerre.

Malheureusement, le général Trezel, qui avait très bien apprécié notre situation dans la province, et dont les actes politiques étaient dignes des plus grands éloges, n'avait aucune des qualités de l'homme de guerre. Il aurait dû chercher à mettre à profit l'expérience des Douairs et Smélas dans les luttes africaines, et s'en servir pour éclairer la marche de la colonne, que le simple bon sens commandait de ne pas diviser, en présence d'un ennemi dont la supériorité numérique était considérable. Il aurait dû enfin faire régner dans sa petite troupe une discipline sévère, seul moyen de maintenir le moral du soldat.

Le général commença par faire construire un camp retranché sur le ruisseau du Tlélat, à une petite étape d'Oran. Abd-el-Kader, de son côté, venait d'arriver avec ses contingents sur les bords du Sig. Le 22, un convoi qui se rendait d'Oran au Tlélat fut enlevé. On se demande s'il était bien utile d'avoir un camp retranché à une si petite distance et si les troupes ne pouvaient emporter des vivres nécessaires pour une expédition de trois ou quatre jours, sauf à rentrer à Oran quand ils seraient épuisés. Le 25, deux cents cavaliers sabrèrent nos fourrageurs. Le 26, le général Trezel, sous prétexte qu'il n'avait plus que quatre jours de vivres, marcha à l'ennemi avec 2,500 hommes de la légion étrangère, du 2ᵐᵉ chasseurs d'Afrique, du 56ᵐᵉ et du 1ᵉʳ bataillon d'infanterie légère, six pièces d'artillerie et un convoi de vingt voitures.

A sept heures du matin, la colonne s'engagea dans la forêt de Muley-Ismaël, dont le sol est entrecoupé de ravins. A huit heures, l'avant-garde rencontra les Arabes, fut chargée et se retira avec de grandes pertes. Première faute : si la colonne avait été suffisamment éclairée, l'action n'aurait eu lieu qu'en présence du général en chef, et toute la colonne y aurait pris part. Le colonel Oudinot, du 2ᵐᵉ chasseurs, fut tué dans ce premier engagement. La cavalerie, privée de son commandant, tourna bride, et le désordre gagna la légion étrangère. Le convoi allait tomber au pouvoir des ennemis, lorsque le général lança contre eux une compagnie du bataillon d'Afrique qui rétablit le combat. Alors les troupes, ramenées sur le champ de bataille, reprirent l'offensive et parvinrent à refouler les Arabes. Nous avions perdu 52 hommes. Il fallut sacrifier une partie des tentes et des approvisionnements, pour mettre 180 blessés sur les voitures.

L'armée fit halte à midi, dans la plaine du Sig, et là, des désordres qui démontraient l'indiscipline de certains corps, eurent lieu. Des soldats enfoncèrent les tonneaux des cantiniers, un grand nombre s'enivrèrent, et l'on dut les entasser sur les fourgons, pêle-mêle avec les blessés. La colonne, parvenue le soir sur les bords du Sig, se forma en carré. Le camp de l'émir était à deux lieues du nôtre. C'est là qu'eut lieu, à la nuit, l'échange des agents consulaires d'Oran et de Mascara. Le consul de l'émir fut chargé de lui remettre une lettre qui lui enjoignait de renoncer à ses prétentions sur les Douairs, les Smélas, les Gharabas, les Koulouglis de Tlemcen, et d'abandonner ses projets d'invasion sur la rive droite du Chélif. A ces conditions, la paix aurait été rétablie. L'émir répondit par un refus.

On raconte ensuite que le général Trezel, affaibli par ses pertes, et redoutant le manque de vivres, passa le Sig le 28, au point du jour et commença sa retraite sur Arzew. Il est impossible d'accepter de pareils motifs, pour justifier une résolution aussi insensée. Les pertes éprouvées par la colonne étaient relativement peu considérables. Elles ne s'élevaient qu'à 52 hommes tués et à 180 blessés, dont la plupart pouvaient encore se défendre. La crainte d'un prétendu manque de vivres n'est pas beaucoup plus admissible, car les troupes étaient à une cinquantaine de kilomètres d'Oran, où, avec un peu de bonne volonté, elles pouvaient arriver à la fin du jour ou au plus tard dans la nuit. Il eût été au moins fort singulier que, dans une pareille hypothèse, au lieu de faire suivre à la colonne la ligne droite, la plus courte et la moins dangereuse, le général lui eût fait décrire un arc de cercle, de façon à augmenter la distance à parcourir, et éloigner de deux jours sa rentrée à Oran. Il faut donc chercher ailleurs les causes de cette résolution. Il y avait de si grands motifs pour suivre la route directe du Sig à Oran, qu'on est bien obligé d'admettre que, soit le grand nombre d'ennemis à combattre, soit les différentes péripéties du combat de Muley-Ismaël, où la colonne entière avait été sur le point d'être saisie d'une terreur panique, soit enfin l'indiscipline d'une partie des troupes, avait exercé une triste influence sur l'esprit du général, qui ne possédait plus cette énergie froide et impassible qui distingue le véritable capitaine au moment du danger. En effet, la route directe du Sig à Oran était non-seulement mieux connue, mais le parcours en était plus facile pour une colonne, pesamment armée, suivie d'un convoi et des fourgons de l'artillerie. En outre, elle présentait l'inappréciable avantage d'offrir pour refuge, presque à moitié chemin, le camp retranché du Tlélat, où le général pouvait faire reposer ses troupes avec toute sécurité et de là, s'il en était besoin, faire appel aux cavaliers des Douairs et des Smélas, qui, en raison de leur voisinage, seraient accourus avec empressement. Il était donc facile de prévoir que, dans de pareilles conditions, le moindre incident fâcheux serait suivi d'un désastre.

Voici quelle était la disposition de la colonne. Le bataillon d'Afrique marchait en avant-garde. Le convoi, flanqué par la légion étrangère et la cavalerie, suivait sur trois files. Le 66me et deux escadrons du 2me chasseurs formaient l'arrière-garde. Abd-el-Kader, voyant la colonne s'ébranler dans la plaine de Cirat, commença l'attaque avec 10,000 cavaliers qui l'enveloppèrent. Le premier choc fut très-bien soutenu. Malgré une fusillade continuelle, nos troupes ne purent être entamées jusqu'à midi. Malheureusement, le général, craignant de trouver pour ses voitures de trop grandes difficultés de terrain sur la route d'Arzew, s'était décidé, malgré les instances des guides, à tourner les collines des Hamian et à déboucher sur le golfe par la gorge de l'Habra, au point où cette rivière sortant du marais prend le nom de Macta. Mais Abd-el-Kader, s'apercevant de son dessein, envoya un gros de cavaliers avec des fantassins en coupe, pour occuper le défilé. A peine la colonne y fut-elle engagée, ayant à sa gauche les hauteurs et le marais à sa droite, que les Arabes, descendant des mamelons, fondirent sur le convoi. Les voitures ne pouvant marcher qu'une à une, l'arrière-garde fut coupée ; elle se jeta sur la droite pour regagner la tête de colonne. Une vigoureuse charge de cavalerie dégagea un moment le convoi, en refoulant les Arabes sur les pentes des collines de gauche. Mais les voitures, cherchant à éviter le feu roulant qui partait de ce côté, s'embourbèrent dans le marais, où elles furent assaillies par une masse de cavaliers arabes. Les conducteurs coupèrent lâchement les traits et s'enfuirent avec les chevaux, laissant nos blessés au pouvoir de l'ennemi. Une seule voiture, chargée de vingt blessés, fut sauvée par l'énergie d'un maréchal-des-logis, nommé Fournier, qui, le pistolet au poing, força les conducteurs à faire leur devoir et à serrer sur la colonne. Les équipages de l'artillerie ayant suivi courageusement la route, échappèrent au désastre.

Tous les corps furent bientôt confondus et la terreur portée à son comble. Par bonheur, les Arabes, occupés à piller les voitures et à égorger les blessés, ralentirent leurs attaques. Cela donna à quelques fuyards le temps de se rallier sur un mamelon où l'on conduisit une pièce d'artillerie qui se mit à tirer à mitraille. Les hommes réunis sur ce point se formèrent en carré et dirigèrent également sur les ennemis un feu irrégulier mais continu. Ils chantaient la *Marseillaise*, qui, dans cette triste situation, ressemblait plutôt à un chant de mort qu'à un chant de triomphe. La masse des soldats entièrement démoralisés, et ce qui restait de voitures, s'entassèrent en arrière du mamelon dans un bas-fond qui paraissait sans issue, car, en cet endroit, la route d'Arzew, à peine tracée, tourne brusquement vers l'Ouest. Un certain nombre de soldats voyant la Macta à leur droite et au-delà quelque chose qui ressemblait à un chemin, se précipitèrent dans la rivière et se noyèrent. D'autres, et même quelques officiers, criaient qu'il fallait gagner Mostaganem. La voix du général en chef se perdait dans le bruit. Il y eut absence absolue de commandement. Ce ne fut qu'au bout de trois quarts d'heure que cette masse confuse, après s'être longtemps agitée sur elle-même, trouva enfin la route d'Arzew. Mais, les soldats restés sur le mamelon n'entendent pas ou n'écoutent plus les ordres qu'on leur donne. Ils ne comprennent point qu'ils doivent suivre la retraite. Ce n'est partout que paroles décousues et bizarres qui prouvent que la force qui les fait encore combattre est moins du courage qu'une espèce d'exaltation fébrile. L'un fait ses adieux au soleil qui éclaire cette scène de désordre. L'autre embrasse son camarade. Enfin, les compagnies du 66ᵐᵉ, qui n'étaient pas complètement démoralisées, finissent par se mettre en mouvement. Les autres soldats les suivent avec tant de précipitation, que la pièce de canon est un instant abandonnée. Elle fut dégagée cependant, et les derniers hommes qui étaient restés sur le mamelon se réunirent enfin à ceux qui étaient déjà sur la route d'Arzew. Mais alors la colonne ne présenta plus qu'une masse confuse de fuyards. L'arrière-garde n'était composée que d'une cinquantaine de soldats de divers corps, qui, sans ordre et presque sans chef, se mirent à tirailler bravement, et d'un peloton de cavaliers commandé par le capitaine Bernard, du 2ᵐᵉ chasseurs. Quelques pièces d'artillerie, dirigées par le capitaine Alloud et le lieutenant Pastoret, soutenaient ces tirailleurs en faisant feu par dessus leurs têtes. Mais leur nombre ayant été réduit à vingt, les Arabes allaient entamer le gros des fuyards, lorsque le capitaine Bernard les chargea avec tant de bravoure et de bonheur, qu'il les força de reculer.

M. Maussion, chef d'escadron d'état-major, aide-de-camp du général Trezel, eut trois chevaux tués sous lui. Mais, dès ce moment, la retraite se fit avec beaucoup plus d'ordre. Bientôt on parvint sur le rivage de la mer, et la vue d'Arzew releva le courage des soldats. Les Arabes, fatigués de cette longue lutte, et surchargés de butin, ralentirent successivement leurs attaques qui cessèrent tout à fait à six heures du soir. A huit heures, le corps d'armée arriva à Arzew après seize heures de marche et quatorze heures de combat. Deux jours après, les fantassins et l'artillerie furent transportés à Oran par la voie de mer, tandis que les escadrons du deuxième chasseurs rentraient par terre. Ils furent protégés dans leur marche par 300 cavaliers des Douairs et Smélas que le commandant de Lamoricière, arrivé le soir même de la catastrophe, avait réunis en toute hâte et conduits lui-même à la rencontre de nos soldats.

Ce lamentable échec nous avait coûté 352 morts, 380 blessés et 17 prisonniers, plus du quart de notre effectif, et la perte de presque tout le matériel. Il fut d'autant plus sensible, que nous n'avions eu affaire qu'à des bandes indisciplinées et sans consistance, qu'une seule compagnie du bataillon d'Afrique avait pu tenir à distance au combat de Muley-Ismaël, et que le capitaine Bernard avait si heureusement refoulées avec une charge d'un peloton de chasseurs. Je dirai bientôt qu'elles en furent les conséquences. Mais je dois, au préalable, faire connaître l'attitude du gouverneur général à la nouvelle de ce grave évènement.

Après avoir reçu la dépêche du général Trezel, qui lui faisait part du traité conclu avec les Douairs et les Smélas, le comte d'Erlon s'était empressé de faire partir pour Oran le chef de bataillon de Lamoricière, en compagnie du Juif Ben-Durand, dont les relations avec Abd-el-Kader étaient notoires. Il semblait toujours disposé à suivre la voie des négociations. Le commandant de Lamoricière devait s'efforcer, par tous les moyens, de prévenir une rupture avec l'émir. Mais il était arrivé trop tard pour remplir son mandat. Le jeune officier était sans doute loin de prévoir que ce même Abd-el-Kader, dont il venait de constater le premier triomphe, après une série de combats sanglants, désastreux pour les populations indigènes, se verrait plus tard réduit, par un jeu singulier de la fortune, à se constituer prisonnier dans ses mains ; qu'il irait expier sur la terre étrangère la faute d'avoir voulu reconstituer une nationalité à jamais éteinte. Cette élévation soudaine, et la chute inévitable dont il fut le témoin, auraient dû faire comprendre à M. de Lamoricière qu'il n'est pas donné à l'homme d'arrêter la marche de la civilisation. Il se fût bien gardé dès lors, au déclin de sa carrière, de se faire le champion de la papauté, afin de soutenir son pouvoir temporel, désormais incompatible avec les progrès accomplis.

Du reste, Abd-el-Kader savait fort bien que ce succès inespéré n'était dû qu'au hasard ; qu'il était pour le moment incapable de lutter, avec ses Arabes, contre des troupes européennes. Il désirait vivement rétablir la paix, tout en conservant les avantages que devait lui assurer notre défaite. Pour atteindre ce double résultat, il écrivit au gouverneur général, la lettre suivante :

« Je croyais pouvoir compter sur la parole et l'alliance,
» mais votre serviteur Trezel, gouverneur à Oran, a agi
» contrairement et dépassé les limites, et moi je n'y ai
» pas fait attention, parce que j'étais dans l'attente de
» *votre réponse*. Son premier camp était à Misserghin,
» pour protéger les Douairs et les Smélas, mes sujets
» révoltés, et moi je n'ai pas fait cas de cela, à cause de
» vous. Après il s'est avancé au Figuier et ensuite au
» Tlélat, où il a commencé à commettre des dégâts
» dans les récoltes de mes fidèles sujets les Gharabas,
» et quand il a eu mangé leurs récoltes, je me suis mis
» en marche avec mes troupes et les cavaliers qui sont
» sous ma dépendance. Nous avons campé sur le ruis-
» seau du Sig, pour attendre de *vos nouvelles*. Aussitôt
» qu'il a appris notre arrivée sur le Sig, il s'est mis en
» route, dans l'intention de nous faire du mal. Et lorsque
» nous sûmes qu'il venait sur notre camp, nous nous
» sommes portés à sa rencontre, pour lui faire la
» guerre, et alors est arrivé ce que vous avez appris.
» Vous n'ignorez pas la fidélité de ma parole, je ne fais
» aucun pas pour troubler la paix. Informez-vous de ce
» qui s'est passé, vous trouverez que je ne dis que la
» vérité. »

Cette dépêche, qui portait l'empreinte d'une hypocrite modération, rejetait tous les torts de la rupture de la paix sur le général Trezel et dissimulait avec soin les entreprises de l'émir sur la province de Titteri, notamment la nomination de Mahieddin, caïd à Milianah, contrairement à la lettre du traité Desmichels. Elle ne pouvait faire illusion qu'aux personnes peu au courant des affaires algériennes, ou qui, par système, étaient résolues à fermer les yeux sur les manœuvres de ce marabout, naguère si obscur, et dont notre détestable politique avait fait, depuis un peu plus d'un an, un souverain.

Néanmoins, cette lettre produisit un grand effet sur le gouverneur général, qui voulait renouer, à quelque prix que ce fût, des relations pacifiques avec Abd-el-Kader. On comprend dès lors que la présence à Oran du général Trezel était un obstacle pour l'exécution de ce dessein. Il lui ôta son commandement, pour le confier au général d'Arlange. Mais l'affaire ayant été soumise au conseil du gouvernement, plusieurs membres, entre autres le général Rapatel, protestèrent avec la plus grande énergie contre toute tentative de paix avec l'émir. M. d'Erlon n'osa passer outre, il résolut d'attendre des instructions de Paris.

Cependant, le désastre de la Macta avait eu le plus douloureux retentissement en France. Le ministère, pour calmer l'opinion publique, crut devoir rappeler M. d'Erlon et lui donner pour successeur le maréchal Clauzel. Hâtons-nous de dire, à ce propos, que l'opinion publique était singulièrement dévoyée. Il était fort injuste de rendre responsable du mauvais état des affaires algériennes un pauvre vieillard, dont le grand âge avait glacé le cœur et affaibli l'intelligence. La responsabilité de la triste situation de la colonie devait remonter plus haut et atteindre le chef de l'État, dont la politique personnelle et anti-nationale avait tantôt, depuis cinq ans, inspiré toutes les fausses démarches des différents chefs de l'armée, et abouti par degrés à la ruine de notre influence, dont notre dernier échec n'était que le triste résultat. Est-il possible aujourd'hui de révoquer en doute l'existence de cette politique et de nier l'intervention néfaste du roi, dans les affaires algériennes, depuis les premiers jours de son avènement au trône? Il est vrai que, dès le début, son action ne s'est manifestée que d'une manière indirecte, par l'intermédiaire des généraux, instruments serviles de ses volontés. Mais il ne faut pas oublier que les circonstances lui imposaient cette réserve. En effet, la Révolution de 1830 n'était que la réponse du peuple à l'abus de pouvoir commis par Charles X au moyen des fameuses ordonnances. Il est donc facile de comprendre que, par une réaction bien naturelle, imposée par la logique des évènements, les auteurs de la charte révisée aient restreint le droit de faire des ordonnances, conféré au chef du pouvoir exécutif, dans ses limites les plus étroites. C'est là l'origine du principe fondamental de cette charte, *que le roi ne peut faire des ordonnances que pour l'exécution des lois.* Dès le lendemain de la Révolution, et au mépris d'un serment solennellement prêté, Louis-Philippe ne pouvait songer à violer la constitution. Il n'eût d'ailleurs trouvé aucun ministre qui eût consenti à donner son contre-seing à un pareil acte. Dès lors, on s'explique très-bien que les premières ébauches d'organisation de la colonie n'aient eu lieu que par des arrêtés pris, sous son inspiration, par les premiers généraux en chef. Il est vrai que, sous le ministère Périer, nous avons vu apparaître une première ordonnance, mais elle n'avait eu d'autre but que de prononcer la séparation des pouvoirs civil et militaire, conformément aux principes en vigueur dans la métropole; ce qui permettait, jusqu'à un certain point, de prétendre qu'elle était faite pour l'exécution des lois.

Mais, en 1834, la scène change tout à coup. La monarchie de Juillet ne sentait plus trembler le sol sous ses pas. La question belge, dénouée par la prise d'Anvers; la paix avec l'Europe désormais assurée par une politique de ménagements et le sacrifice honteux des plus chers intérêts de la France; à l'intérieur, le parti républicain réduit à l'impuissance par la répression atroce du cloître Saint-Merry et de la rue Transnonain; les légitimistes vaincus et accablés par le scandale de la citadelle de Blaye; la majorité dans les Chambres, inféodée à sa politique par une dégoûtante corruption, Louis-Philippe n'hésitera plus, il va s'arroger le pouvoir constituant au mépris de la charte et gouverner l'Algérie au moyen d'ordonnances organiques, bien que cette charte ont formellement décidé qu'elle devait être régie par des lois.

Si, lorsqu'en décembre 1851, Louis-Bonaparte, avec le concours de quelques malfaiteurs investis de fonctions publiques, a porté une main impie sur la constitution de 1848, qui décidait, comme la charte, que l'Algérie devait être régie par des lois, les honnêtes gens de tous les partis ont considéré cet acte comme profondément criminel, je ne sais quels motifs on pourrait invoquer pour déclarer innocents cette longue série d'attentats commis par Louis-Philippe contre la charte de 1830. Que la violation de la foi jurée soit l'œuvre de la force ou de la corruption, je n'y vois guère de différence ; la conduite de ces deux monarques me paraît mériter une semblable réprobation.

ERRATA

Page 59, à la dernière ligne, au lieu de *7 juin*, lisez *7 juillet*.
Page 145, ligne 26, au lieu de *crainte*, lisez *contrainte*.
Page 199, à la 16ᵐᵉ ligne, au lieu de la particule *de*, lisez *des*.
Page 306, à la 1ʳᵉ ligne, au lieu de *Hehems*, lisez *Hachems*.
Page 375, à la ligne 11, au lieu du mot *union*, lisez *réunion*.
Page 400, à la dernière ligne, au lieu des mots *les faits*, lisez *des faits*.
Page 424, ligne 23, au lieu de *loyalement*, lisez *royalement*.

TABLE DES MATIÈRES

CONTENUES

DANS LE 1er VOLUME

Préliminaires

Pages

Rupture diplomatique de la France avec la régence d'Alger. — Politique digne et nationale du gouvernement de Charles X, dans le conflit franco-algérien. — Origines et causes de ce conflit. — Une vente de grains non payés, faite au Directoire par deux Israélites algériens, sert de prétexte au dey Mustapha, un des prédécesseurs d'Hussein, pour rompre le traité du 19 septembre 1628, intervenu entre la France et la régence d'Alger. — Le Consulat, qui avait succédé au Directoire, ne pouvant réprimer cet attentat, entre dans la voie des négociations. — Un nouveau traité fut conclu le 17 décembre 1801. — Le traité de 1801, comme le précédent, est encore violé par le dey Mustapha, qui concède, en 1807, aux Anglais, les avantages commerciaux stipulés en notre faveur. . . . . 1 à 7

	Pages
A la chute de l'Empire, les négociations reprises par la Restauration. Le dey Ali, successeur de Mustapha, consent à rétablir, dans son intégrité, le traité de 1801. — Liquidation de la créance des deux Israélites algériens, Bakri et Busnach. — Le chiffre de cette créance fixé par une transaction du 28 octobre 1819, à sept millions. — De nombreuses oppositions faites au Trésor pour empêcher le paiement direct à Bakri et Busnach, devaient être jugées par les tribunaux français. — Le dey Hussein ayant adhéré à cette convention, en avril 1820, ses récriminations envers le gouvernement français, qui avait loyalement exécuté cette convention, étaient injustes, et le coup d'éventail donné le 30 avril 1827 au consul de France était une insulte gratuite faite au Gouvernement français, qui dut en demander réparation............	7 à 10
Mesures coërcitives prises contre le Dey. — La ville et le port d'Alger sont déclarés en état de blocus. — Pendant le blocus, le Dey avait singulièrement aggravé ses torts. — Il avait annulé de son chef, à l'instar de ses prédécesseurs, le traité de 1801, et fait tirer des coups de canon sur le vaisseau parlementaire *la Provence*, qu'il avait voulu retenir comme gage de sa prétendue créance. — Cette dernière insulte au pavillon de la France, détermine le gouvernement à agir, malgré les critiques injustes et violentes de l'opposition libérale et la décision des amiraux réunis en conseil, qui déclarent une expédition contre Alger, tout à fait impraticable. . . .	10 à 14

Tentatives de l'extérieur pour empêcher l'expédition. — Mehemet-Ali, vice-roi d'Égypte, envoie un de ses confidents au Dey, pour l'engager à donner à la France satisfaction pour ses différents griefs. — L'envoyé ayant échoué dans sa mission, Mehemet-Ali s'adresse à la France ; il propose de déclarer la

Pages

guerre au Dey, de faire marcher par terre une armée sur Alger, et de détruire la piraterie barbaresque. — M. de Bourmont, ministre de la guerre, démontre l'inanité de ce projet, qui est rejeté . . . 14 à 18

Opposition de l'Angleterre à toute expédition de quelque importance contre le Dey. — Demandes d'explications. — Protestation contre tout accroissement éventuel du territoire de la France. — Réponse du gouvernement français . . . . 18 à 21

Dernière délibération des ministres. — Malgré les oppositions diverses soulevées par le projet de l'expédition, MM. de Bourmont et d'Haussez entraînent le conseil. — L'expédition est résolue. — Propositions présentées au roi le 7 février. - M. de Bourmont est nommé commandant en chef de l'armée, l'amiral Duperré de la flotte. — Attitude différente des deux chefs . . . . 21 à 33

Préparatifs de l'expédition.— Organisation de la flotte et des moyens de transport. - Composition de l'armée de terre. — Débarquement à Torre-Chica, le 14 juin. — Nombre approximatif des troupes turques. — Combats de Staouéli et de Sidi-Khaled. — Bombardement et prise du fort l'Empereur. — Résignation stoïque du Dey, son caractère. — Capitulation d'Alger. . . . . 33 à 69

Le maréchal comte de Bourmont. — Ses impressions sur le résultat de la conquête. — Appréciation de sa conduite comme ministre, général en chef et négociateur. 69 à 77

Causes de l'avènement des Turcs et de la chute de leur domination. — Organisation militaire de la Régence par Kheir-Eddin-Barberousse . . . . . . 77 à 88

Résultat de l'expédition d'Alger. . . . . 88 à 91

Histoire de l'Algérie

ADMINISTRATION DE M. DE BOURMONT

                                                            Pages

Arrêté du 6 juillet. — Nomination d'une commission de gouvernement. — Première ébauche d'institutions civiles. — Incapacité et incurie des membres de cette commission. — Soustractions commises au préjudice de l'État . . . . 91 à 107

La commission du gouvernement remplace l'organisation de la ville d'Alger par un conseil municipal indigène. — Conséquences fâcheuses de cette substitution . . . . 107 à 112

Actes divers de l'administration de M. de Bourmont. — Son excursion à Blidah avec douze cents hommes. Révolution de Juillet. — Son refus de servir le nouveau gouvernement. Il est remplacé par le général Clauzel. . . . . 112 à 118

Vues de la Restauration sur la nouvelle conquête. — Critiques injustes du parti libéral. . . . . 118 à 122

PREMIER COMMANDEMENT DU MARÉCHAL CLAUZEL

Influence des changements survenus en France, sur la politique coloniale. — Tendances secrètes du nouveau roi. — Ses engagements présumés vis-à-vis de l'Angleterre. — Premiers actes du général Clauzel. — Situation de l'Algérie à son arrivée. —

Il propose au ministre la réduction des deux tiers de l'armée. — Confiscations arbitraires et illégales. — Il annule l'organisation ébauchée par M. de Bourmont et établit un ordre de choses qui impliquait l'abandon prochain de la colonie.......... 122 à 158

Cette politique déplorable ayant compromis la sécurité, il fallut songer à la rétablir. — Campagne de l'Atlas. — Préliminaires de l'expédition. — Occupation momentanée de Médéah. — Cruautés inouïes à Blidah. — Rentrée des troupes............ 159 à 177

Difficultés avec le bey de Constantine et l'empereur du Maroc. — Cession des provinces de Constantine et d'Oran au bey de Tunis. — Causes de ces traités. — Influence étrange du mameluk tunisien Iousouf sur le général Clauzel................ 178 à 192

Le général Clauzel n'avait pas prévu la portée de ces traités. — Le gouvernement dut le désavouer. — Refus de ratification. — Récriminations du général Clauzel. — Sa rentrée en France.......... 193 à 198

COMMANDEMENT DU GÉNÉRAL BERTHEZÈNE

Antécédents et caractères de ce général. — Pages . . 198 à 200

Déplorable situation des affaires à son avènement. — Fausses mesures économiques de l'administration française. — État des esprits. — Hostilités des indigènes. — Conduite du général en chef........ 201 à 220

Situation extérieure. — Nombre de troupes laissées au général en chef pour maintenir la tranquillité. Ses expéditions. — Combats divers......... 220 à 239

Sous l'administration du général Berthezène, le général Boyer, surnommé Pierre le Cruel, commandant à Oran. — Ses procédés administratifs. - L'exécu-

	Pages
tion, sans jugement, d'un négociant marocain, nommé Valenciano amène la retraite du général Berthezène et l'organisation de septembre 1831 . .	239 à 241
La retraite du général en chef attribuée à tort au mauvais résultat de l'expédition de Bône, dirigée par le commandant Houder, avec le titre de consul de France à Bône. — Détails sur cette expédition .	241 à 250
Organisation des 1" et 5 septembre 1831, due à Casimir Périer. — Caractère de ce ministre. — Séparation des pouvoirs civil et militaire. — Le pouvoir civil confié à un intendant. — Limites des attributions de ce fonctionnaire	251 à 262

COMMANDEMENT DU DUC DE ROVIGO

Le duc de Rovigo, commandant en chef le corps d'occupation d'Afrique. — M. le baron Pichon, intendant civil. — Conflit entre ces deux fonctionnaires, au sujet d'une contribution forcée de 4,500 quintaux de laine, et des mesures qui en furent la suite . . .	262 à 274
Prise de Bône. — Le capitaine d'Armandy et Iousouf. — Arrivée du général Monk-d'Uzer avec trois mille hommes. — Politique habile de ce général. —	274 à 282
Vues du ministère Périer à la suite de la prise de Bône. — Organisation du baron Pichon.	282 à 287
Ambassade du désert. — Les prétendus ambassadeurs sont pillés à leur retour. — Massacre de la tribu de la tribu des El-Ouffia, par ordre du duc de Rovigo. — Assassinat juridique du caïd Rabia	287 à 296
Résultat de ces crimes. — Insurrection générale des Arabes. — Expéditions des généraux Faudoas et Brossard. — Deux caïds exécutés au mépris d'un sauf-conduit.	296 à 300

Exil en France de plusieurs Maures. — Hamdan-
ben-Kodjia obtient d'aller à Constantine, sous prétexte de traiter avec Hadj-Hamet. — Lettre de
Iousouf relative à cette mission. . . . . 301 à 305

Évènements de la province d'Oran. — Abd-el-Kader,
son origine, sa vie. — Il est proclamé émir à Mascara. — Tentatives des Arabes, contre la ville
d'Oran . . . . 305 à 311

Encore le général Boyer. — Ordre du jour fameux du
duc de Rovigo. — Rappel de ces deux généraux. —
Glorieux trophées de l'administration militaire
sous leur commandement. . . . . 311 à 313

COMMANDEMENT DU GÉNÉRAL VOIROL

M. Genty de Bussy, intendant civil. - Situation de
l'Algérie à l'arrivée du nouveau commandant. —
Création d'un bureau arabe. — Vices de cette institution. . . . . 314 à 320

Caractères de l'administration de M. Genty de Bussy.
— Arrêtés des 16 août et 8 octobre 1832 . . . . . . 321 à 324

Administration sage et honnête du général Voirol.
Expédition et prise de Bougie. . . . . 325 à 330

Le général Monk-d'Uzer à Bône. — Effets de la conduite prudente du général Voirol. . . . . 330 à 331

Le général Desmichels à Oran. — Politique insensée
et coupable de ce général. — Traité du 26 février
1834 avec Abd-el-Kader. — Suites de ce traité. —
Mustapha-ben-Ismaël. . . . . 335 à 350

Intrigues d'Abd-el-Kader. — Il organise son pouvoir. 351 à 355

Pages

Le commandant Duvivier à Bougie. — Dissidences
du général Voirol avec M. Genty de Bussy. — Rappel
en France de ce dernier............... 355 à 362

Commission gouvernementale nommée pendant le
commandement du général Voirol. — Rapport de
cette Commission. — Organisation des 22 juillet
et 10 août 1834................... 362 à 374

Ordonnance du 22 juillet 1834. — Nomination d'un
gouverneur général. — Organisation d'une nouvelle administration supérieure, dans le but de
constituer le despotisme le plus absolu, au bénéfice
d'un grand chef militaire.............. 378 à 383

Ordonnances des 1er septembre et 10 août 1834.... 383 à 410

Triste résultat de l'organisation de 1834. — Conséquences fatales de la politique anti-colonisatrice
du roi........................ 411 à 419

Le général Voirol refuse un commandement en sous-
ordre dans la nouvelle organisation. — Son départ
pour France.................... 419 à 421

GOUVERNEMENT DU COMTE D'ERLON

Le général comte d'Erlon est nommé gouverneur
des possessions françaises du Nord de l'Afrique. —
Causes de sa nomination.............. 421 à 427

La nomination d'un gouverneur général et l'organisation de 1834 opérées par ordonnance constituaient
une violation de la charte de 1830.......... 429 à 432

Politique du comte d'Erlon. — Ses premiers actes. —
Conduite imprudente de l'agha Marcy. — Faiblesse
du gouverneur................... 433 à 439

TABLE DES MATIÈRES

                   Pages

Évènements de Bougie. . . . . 410 à 416

Création du *Bulletin officiel*. — Modifications au régime commercial, causes de la rupture avec Abd-el-Kader. . . . . 417 à 456

Le général Trezel avait succédé, à Oran, au général Desmichels. — Sa politique. — Reprise des hostilités. — Désastre de la Macta. — Responsabilité de ces divers actes. . . . . 457 à 472

FIN DU TOME Ier

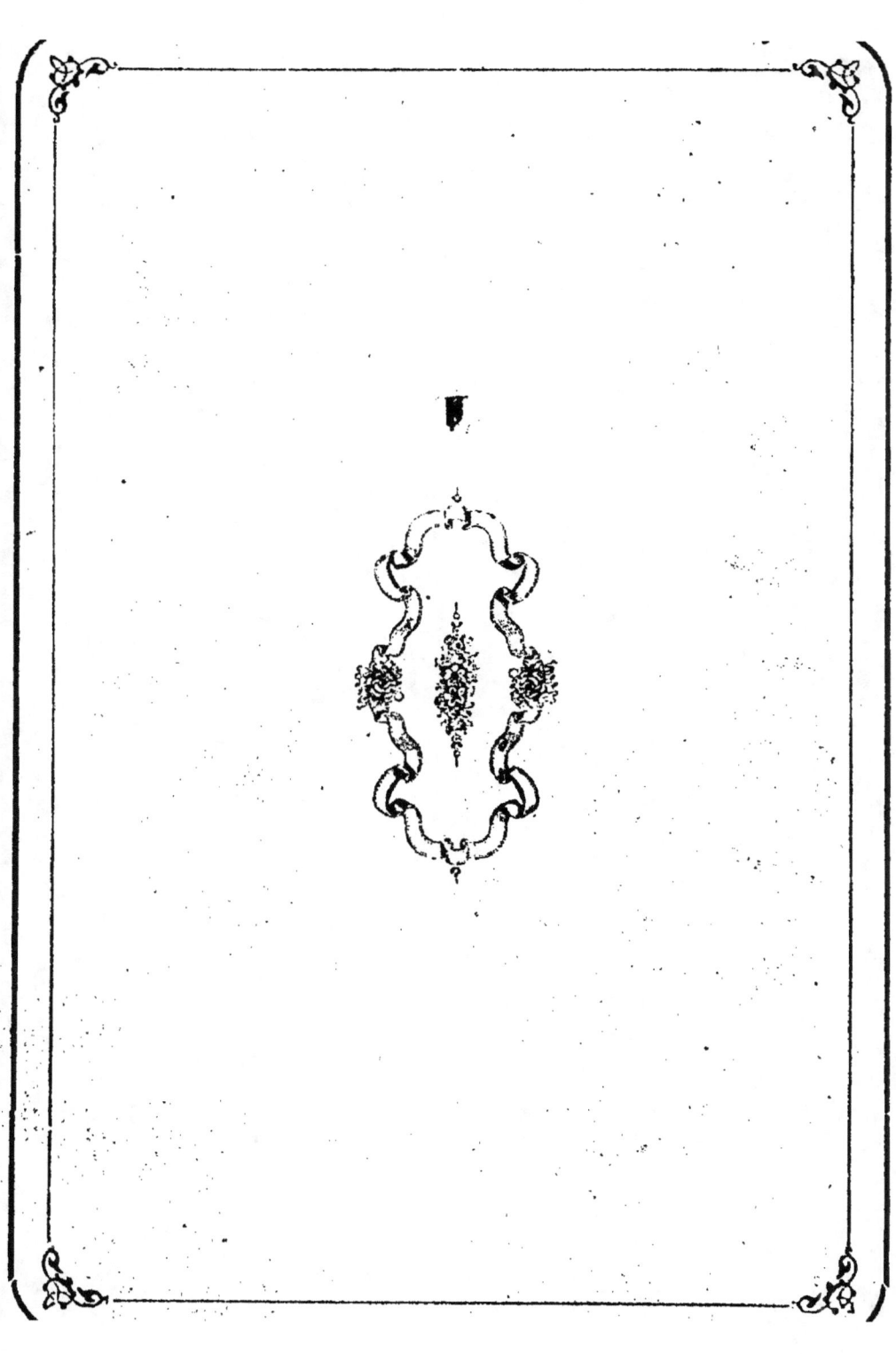

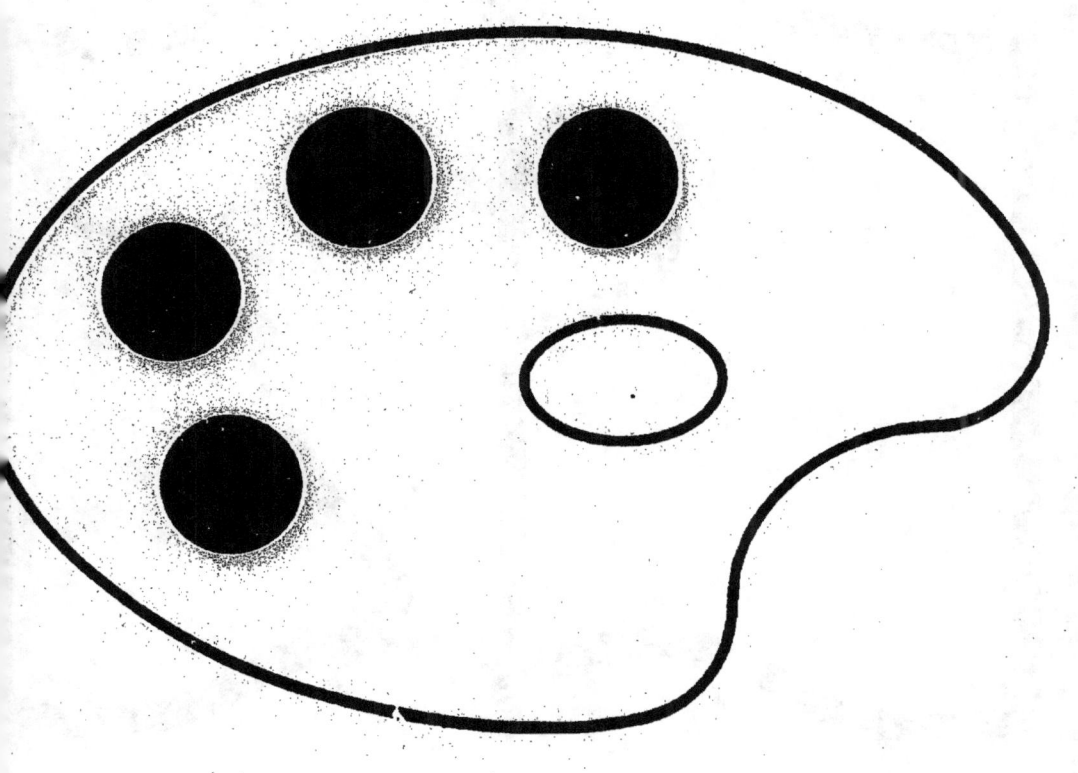

Original en couleur
NF Z 43-120-8

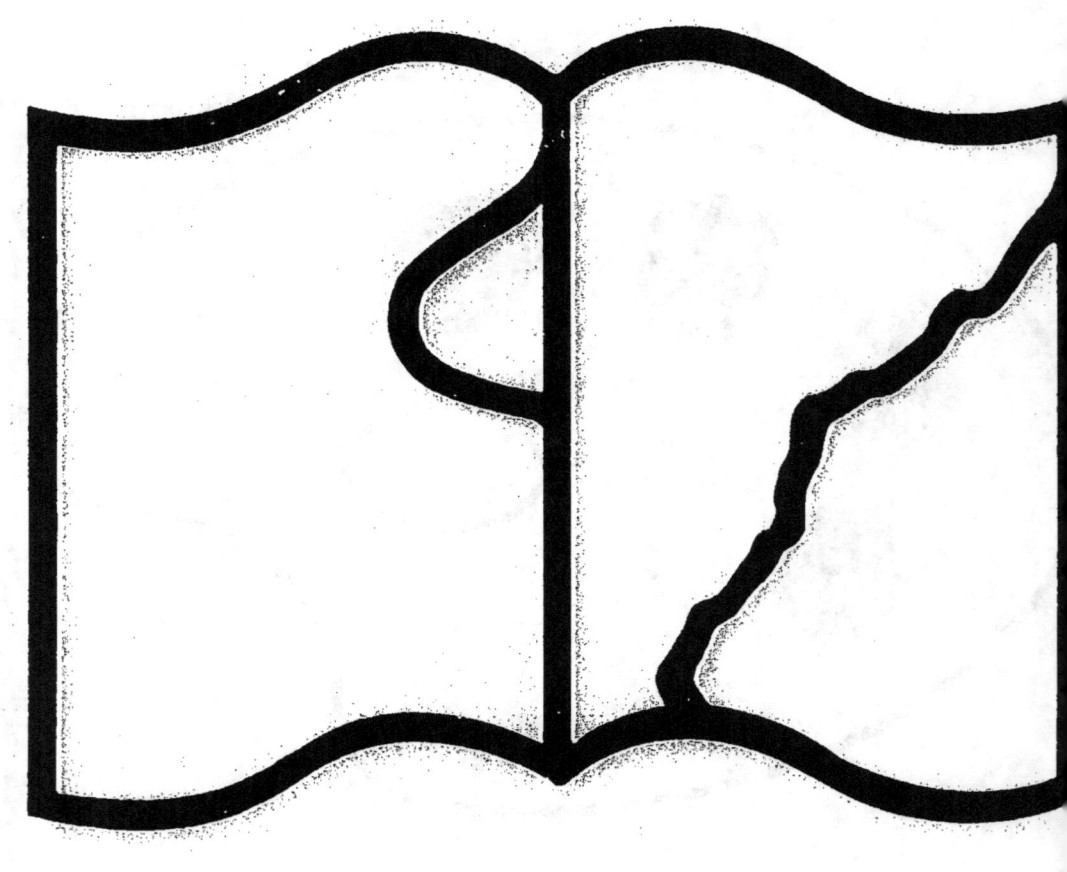

Texte détérioré — reliure défectueuse

NF Z 43-120-11

Contraste insuffisant
NF Z 43-120-14

www.ingramcontent.com/pod-product-compliance
Lightning Source LLC
Chambersburg PA
CBHW071618230426
43669CB00012B/1988